職場倫理
Workplace Ethics

丁志達◎著

國家圖書館出版品預行編目（CIP）資料

職場倫理 / 丁志達著. -- 初版. -- 新北
市：揚智文化, 2014.11
面；　公分

ISBN 978-986-298-161-0(平裝)

1.職業倫理

198　　　　　　　　　103021926

職場倫理

作　　　者 / 丁志達
出 版 者 / 揚智文化事業股份有限公司
發 行 人 / 葉忠賢
總 編 輯 / 閻富萍
特約執編 / 鄭美珠
地　　　址 / 22204 新北市深坑區北深路三段 260 號 8 樓
電　　　話 / (02)8662-6826
傳　　　真 / (02)2664-7633
網　　　址 / http://www.ycrc.com.tw
 E-mail / service@ycrc.com.tw
 I S B N / 978-986-298-161-0
初版三刷 / 2018 年 1 月
定　　　價 / 新台幣 420 元

序

不要走父母的路；不要走長輩的路；不要走師長的路；不要走朋友的路；寧可走自己的路。

——《地糧》·紀德（André Paul Guillaume Gide）

佛光山開山宗長星雲大師有一位徒弟，台大畢業後，到夏威夷讀碩士，又到耶魯讀博士，花了好多年的時間，終於得到博士，非常歡喜。有一天他回來，對星雲大師說：「師父，我現在得到博士學位了，以後要再學習什麼呢？」星雲大師說：「學習做人。」學習做人是一輩子的事，沒有辦法畢業的。法學教授陳長文律師曾說，如果對比東西方對「畢業」一詞的用語，我們會發現一個很有趣的現象，我們所稱的「畢業」一詞，含有結束的意思，意謂著結束了一段學習的過程。但英文畢業典禮叫做commencement，則是「開始」的意思，意謂著即將展開新的人生。

美國第35任總統甘迺迪（John F. Kennedy）有一句經典名言：「不要問國家可以為你做什麼，你應該要問自己可以為國家做什麼。」職場倫理就是要問自己可以為服務的企業做什麼。在職場上，無論勞資雙方，家家有本難念的經，個人在捍衛自己的職場權益的同時，如何維持融洽的勞資關係，如何在職場工作中跟利害關係人之間的做人、處事的相處之道是值得重視的，也是個人在職場生涯上能步步高升的「墊腳石」。

1997年以《池袋西口公園》一炮而紅的日本作家石田衣良說：「茫然地等待別人發現自己價值的人，最後一定會成為別人的獵物。」職場工作者最重要的任務是「找到自己的價值」。誠如第一屆「總統創新獎」得獎者，法藍瓷（Franz）的創辦人陳立恆說：「滿天星斗裡，每一顆星星都閃亮著不一樣的光芒，自我人生的定位，不應該是別人說了算，人人都要衡量自己的興趣與能力，找到一個最能發揮的空間，有了自信，掌握機會，努力鑽研，日新又新，堅持為自己及他人創造價值，就一定不會辜負

與生俱來的那一份禮物。」

　　著者在人資界有四十餘年的工作經歷，在2013年出版的《企業倫理》乙書問市後，獲得閱讀者的好評與肯定，個人乃開始不斷思索如何在個人職涯的閱歷中，將一個人在職場上要如何「適者生存」、如何「出類拔萃」，所須遵循的「做人」（情緒智商）、「做事」（智力商數）的一些「職場倫理」的潛規則匯集成冊。誠如有東洋哲學之師美譽的安岡正篤說，想成為「人物」，就是要具備知識、見識和膽識三個條件，而秉事、待人應有大公無私的氣量，才能出人頭地。

　　「寶劍鋒從磨礪出，梅花香自苦寒來。」寶劍沒有一番磨礪，劍鋒豈能銳利；梅花未經嚴冬苦寒，那有撲鼻濃香，付出與收穫永遠是雙向的。從這個觀點出發，本書乃以〈倫理與道德〉（第一章）起個頭，再分門別類的闡述〈就業倫理〉（第二章）、〈專業倫理〉（第三章）、〈職場禮儀〉（第四章）、〈人際關係〉（第五章）、〈工作倫理〉（第六章）、〈自我成長〉（第七章）、〈離職倫理〉（第八章）、〈維權倫理〉（第九章），然後以〈名人談職場倫理〉（第十章）作為總結論證。在各章節中，大量採用具有啟發性的小常識、小叮嚀、趣味性的故事、實用性的圖表及箴言集，使得本書在理論與實務方面能相互印證，讓閱讀者更容易掌握到職場倫理的精髓所在，書上引用的資料皆可醍醐灌頂，必定能讓閱讀者受益無窮，照著書中的指引，去做就對了，成功人生，指日可待。

　　在本書得予付梓，謹向揚智文化事業公司葉總經理忠賢先生、閻總編輯富萍小姐暨全體工作同仁敬致衷心的謝忱。然而，限於著者才疏學淺，疏漏之處，在所難免，敬希讀者不吝指正是幸。

丁志達 謹識

目　錄

圖目錄

表目錄

個案目錄

第一章

倫理與道德

- 倫理的意涵
- 道德觀與價值觀
- 人生觀
- 企業倫理
- 職業倫理

> 唯一的善是知識，唯一的惡是無知。
>
> ——古希臘哲學家蘇格拉底（Socrates）

　　建於1636年的美國哈佛大學（Harvard University），以「與柏拉圖為友，以亞里斯多德為友，更要與真理為友」為校訓。「真理」二字在哈佛校園隨處可見，因為在「真理」中，哈佛人揭櫫了許多的做學問、做人、做事的準則，這也啟發著哈佛學子要對自我有所要求，讓自己與哈佛校訓靠得更近。

　　在哈佛，它教給每個人的不僅是專業知識，更多的是智慧的啟迪與浸潤。哈佛學子認為，真正的哈佛是無形的，生活在其中的每一個人都能深刻地感受到哈佛精神中最基本的東西，即是人文精神的不懈追求，而職場倫理就是個人在一個組織工作期間內，一種「感受」、「體會」、「認同」的自我實踐歷程，「人人為我，我為人人」的精神信念。

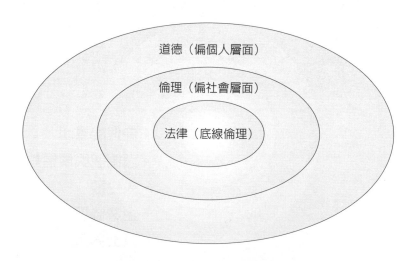

圖1-1　倫理、道德與法律間的關係

資料來源：楊政學（2008），《企業倫理：倫理教育與社會責任》，全華圖書，引自：
　　　　　江岷欽編著（2012），《企業倫理》，國立空中進修書院，頁5。

一、倫理的意涵

倫理是人與人相處遵守的原則，也就是做人的道理，尤其是在特定的背景之下，可引導專業人員的行為。學者羅德（Rhodes）將倫理定義為：「系統化的探究我們在對待他人的行為時，應該如何表現的問題。」2008年因為某些金融業者，例如：雷曼兄弟控股（Lehman Brothers Holdings）公司因為悖離其職業倫理，影響了全球經濟體的發展，對諸多國家人民帶來不可磨滅的創傷。

中國有關倫理一詞的記載，首見於《禮記·樂記》：「凡音者，生於人心者也；樂者，通倫理者也。」「倫」字根據《辭源》的解釋是：「倫常也，如君臣、父子、夫婦、昆弟、朋友為五倫」。「理」的原意為玉的紋理，引申為有條理或分明的意思。換言之，「倫」是指人際關係，「理」是指價值規範，合起來講，「倫理」一詞的簡單解釋，就是人際關係的價值規範，乃是人類是非善惡的標準及行為準則。

(一)倫理的範疇

倫理學的英文是「ethics」，來自拉丁文是「ethica」，原意指風俗習慣（custom or habit）與品行氣質（character）。在《韋氏大辭典》（*Merriam-Webster's Collegiate Dictionary*）上，將「倫理」定義為：「是要符合道德標準或是一專業行為的標準。」就廣義的說，倫理包括社會的一切規範、慣例、制度、典章、行為標準、良知的表現與法律的基礎。因此，在拉丁文中作為研究這一切相關社會的「ethics」就成為倫理學的基本意義。

蘇格拉底（Socrates）在柏拉圖（Plato）的《理想國》（*The Republic*）一書中論及「倫理」這個問題時說：「我們現在討論的可不是芝麻綠豆的小事，而是應該如何生活的大事（We are discussing no small matter, but how we ought to live）。」要瞭解這個大事，可以將攸關「如何

生活」或「如何做人」的倫理原則與其他實踐原則加以比較。這樣的比較，一方面可以讓人清楚「倫理」所指為何，另一方面也更讓人明瞭，何以倫理問題遠比其他實踐問題都要優先而重要（柯明光，〈當前台灣社會的職業倫理淺見〉）。

倫理是社會的道德規範系統，賦予人們在動機或行為上的是非善惡判斷的基準。倫理一詞往往附著在某個形容詞來標示它的適用對象與範圍，例如：家庭倫理、企業倫理、網路倫理、資訊倫理等等。

倫理牽涉到個人事物的「是」與「非」、「對」與「錯」、「善」與「惡」、「好」與「壞」、「應該」與「不應該」等價值判斷與倫理認知，所以很難有一致的定義。

(二)職場的意涵

職場，乃指一個人一生所從事的工作，包括人與自己、與他人、與環境共處互動的場域（workplace），必須遵守的禮儀、守則、法規與道德規範。

職場倫理的定義，是指人在職業生涯中所應遵循的道德規範，以追求自我的完善，使自我在對待他人、事、物的關係能達到和諧與盡善盡美，並發揮自我潛能及善盡個人對工作的職責，從而實現自我的價值和意義（吳錦鳳等，2012）。

講求的是對自己、對長官、對團體、甚至對全公司上上下下，都要能合乎禮儀，涉及的是發生在工作場所中人與人之間、人與企業組織之間、人與社會和大自然之間的道德議題。職場倫理的研究，屬於「哲學」中「倫理學」領域項下的「應用倫理學」。

應用倫理學

在規範倫理學中，分為基礎倫理學（fundamental ethics）及應用倫理學（applied ethics）。應用倫理學屬於哲學的學科，旨在應用倫理學的理論解決日常生活的困境，相關理論包括功利主義、社會契約理論和義務倫理等。

被視為屬於應用倫理學範疇的題目，包括醫學倫理、商業倫理、環境倫理、人權問題、企業社會責任等。例如，醫學倫理上探討安樂死是否為道德上可允許之行為；商業倫理上討論跨國企業的道德責任（血汗工廠）等課題。

編輯：丁志達。

　　職場倫理既然側重職場上的人際關係，廣義的職場倫理就包含下列三個部分：

　　1.與顧客和合作廠商的關係。
　　2.與雇主及主管之間的關係。
　　3.與其他同事以及部屬之間的關係。

　　由於各行各業的屬性及要求不同，因此不同行業間可能會有不同的職場倫理（朱立安，2012：iii）。

(三)職場倫理

　　倫理常與道德混為一談，事實上，兩者之間有相當顯著的差異。世界上有倫理但沒有道德的人群，黑道幫派分子就是典型的例子。他們知道所作所為幾乎都是不道德的，但他們的行為卻合乎他們黑道的倫理，這倫理的特色是軍令如山。黑道倫理，是他們那一團體堅持遵守上司命令的特殊文化，說穿了很難算得上我們通常所說的「倫理」，他們揭櫫的基本原則並不是合乎「道德」的正義（黃崑巖，2005：90-91）。

　　道德（moral），就是指人類品行與行為的卓越表現，同時也是人類人倫關係中判斷是非善惡的標準。倫理與道德皆指某種規範系統，若是嚴格加以區分，則倫理偏重於「社會」層面，不對的事絕不做的判斷與執著；道德偏重於「個人」層面，例如，美國某大銀行集團虧損數百億美元，其總裁仍然拿鉅額分紅，這個總裁就是沒有道德，果然這家銀行最後倒閉了。

　　一個工作者在職場上，一定要掌握符合公司定義的職場倫理，以及公司期望的工作態度。一般而言，最起碼的倫理規範為：

　　1.尊重：即使相敬如冰，也還是要「相敬」。
　　2.包容：即使差異再大，也還是要合作。
　　3.欣賞：即使利益有衝突，也還是要看對方很順眼（沒有競爭對手焉能顯出你的重要與價值）。

4.接納：這地球上固然沒有你不可，缺了你就少了什麼似的；不過，
　這世界上也不能沒有他。

5.肯定：其實我雖然很能幹，但他也是很重要、是不可或缺的。（李
　良達，〈人際關係與職場倫理〉）

　　職場倫理，基本上是為了使公司的權力關係更加堅固，使每個人都
遵守職場上的運作規範，從而讓全公司所有的人，即使在公司之外，彼此
仍然可以有很好的關係。因此，我們應該透過良好的職場倫理觀念，去強
化我們在職場上所有的人際關係，使個人與整個公司都保有極佳的競爭力
（台北國際禮儀協會，〈職場倫理與禮儀〉）。

二、道德觀與價值觀

　　倫理學是探討人類道德的本質，確立人生至善的理想，判斷行為可
為、不可為的準繩，如新聞倫理、法律倫理、工程倫理、醫學倫理、企業
倫理、職場倫理等。道德是一種實踐理性和實踐智慧，它告訴我們如何
過一種「善」與「幸福」的生活，如何正確地行動，要做什麼樣的人，
應該履行什麼樣的義務，要具有何種的美德。德國古典哲學創始人康德
（Immanuel Kant）說：「世界上只有兩種東西令我感動，一是我們頭頂
上燦爛的星空，二是人世間崇高的道德。」（**表1-1**）

　　狹義的道德觀，僅指道德規範和美德，但廣義的道德觀，包括人生
觀和價值觀。如何做人，這一問題本身一方面是人生的，另一方面又是倫
理的。倫理無法離開人生，人生也不能沒有倫理。道德是人的道德，也只
有在人的社會生活中才有道德，因此，離開了對諸如人的本質這樣的人生
哲學的根本問題的回答，是無法說明道德的主體基礎與動力機制的。我們
要真正能夠正確地行動，要做一個好人或君子，是以對人生問題的正確覺
悟相聯繫的。因此，人生觀實際上成為道德觀的主體認識前提（蕭群忠，
2009）。

表1-1 倫理與法律相關議題

議題	說明
法律倫理	律師倫理（律師倫理規範）、法官倫理（法官守則）、檢察官倫理（檢察官參與飲宴應酬及從事商業投資應行注意事項）
醫療倫理	生命倫理、安樂死、代理孕母、人體實驗、動物實驗
環境倫理	環境汙染、環境保護
行政及政治倫理	公務人員利益衝突迴避法、公務人員服務法、公務人員懲戒法、情治人員規範
企業倫理	公司治理、企業倫理規範
工程倫理	工程偷工減料、建築師懲戒案、建商責任
媒體倫理	新聞報導與言論自由、狗仔隊與隱私權
資訊倫理	網路資訊隱私權、電腦駭客、網路詐騙
教育及其他倫理	教師倫理、學生倫理、校園倫理

資料來源：黃源謀著（2012），《法律與職場倫理：拼盤式創新教學模式》，新文京開發出版，頁24。

(一)職業道德

有一位西方的無名氏講過這樣的一句話：「能力可以促使一個人爬上顛峰，但是品德卻是唯一避免他掉下來的憑藉。」職業道德屬於個人層面，員工必須要對自己的工作認真負責，不違反公司的相關規範、遵守相關條款、不洩露公司的機密。以公平、公正、誠實、廉潔的態度，做好個人分內的工作，進而成為組織中良好的公民行為。譬如，上班時懂得自我經營管理，不遲到、不早退，真的有敬業精神，熱愛工作。其實，員工對商業行為的對錯、善惡、好壞、是非、應不應該等道理，原則上是沒有辨別上的困難，而在當其遇到個人利益或權力與價值觀或規範衝突時，則會面臨兩難抉擇的困境（溫玲玉，2010：356-357）。

道德與倫理的相異點在於：道德之意義在於個人精神層面與個人行為的規範與法則，與倫理不同的是，道德屬個人層面，倫理則屬人際層面。一般職業倫理的議題內容包括：賄賂、公平、誠實、價格產品、人員、商業機密、廣告、資料掌控、工作環境、競爭手段等。

 **Story**

個人的道德操守

　　一位成功的青年企業家被問到：「你認為事業成功的最關鍵品質是什麼？」他沉思片刻之後，平靜地敘述了這樣一段故事：

　　十二年前，有一個小伙子剛畢業就去了法國，開始了半工半讀的留學生活。他發現當地的車站幾乎都不設檢票口，也沒有檢票員；甚至連隨機性的抽查都非常少。憑著自己的聰明勁，他精確地估算了這樣一個概率大約僅為萬分之三。他為自己的發現而沾沾自喜，便經常逃票上車。

　　四年過去了，名牌大學的金字招牌和優秀的學業成績讓他充滿自信，他開始頻頻地進入巴黎一些跨國公司的大門，躊躇滿志地推銷自己。然而，結局卻是他始料不及的，這些公司都是先對他熱情有加，數日之後，卻又都是婉言相拒。

　　他寫了一封措辭懇切的電子郵件，發送給了其中一家公司的人力資源部經理，煩請他告知不予錄用的理由。

　　當天晚上，他就收到了對方的回覆：「陳先生，我們十分賞識您的才華，但我們調閱了您的信用紀錄後，非常遺憾地發現，您有三次乘車逃票記載。我們認為此事至少證明了兩點：一、你不尊重規則；二、您不值得信任。請見諒。」

　　對方在回信中最後摘錄的一句話：「但丁說，道德常常能彌補智慧的缺陷，然而，智慧卻永遠填補不了道德的空白。」

　　故事講完了，企業家坦誠的表示：「這就是我自己的故事，我能夠走到今天這一步，只是因為我一起將昨天的『絆腳石』當成今天的『墊腳石』而已。」

資料來源：羅薩，〈專訪遠銀租賃董事長孫宏元：脫胎換骨的工作密笈〉，《新新聞》
　　　　　第1015期，2006/08/17，頁88-89。

六尺巷的故事

　　清康熙時代，文華殿大學士張英的府第與吳宅相鄰。吳家蓋房時欲占張家隙地，雙方發生糾紛，告到縣衙。張英家人遂馳書京都告知此事。

　　張英閱罷，立即批詩寄回，詩曰：「一紙書來只為牆，讓他三尺又何妨。長城萬里今猶在，不見當年秦始皇。」家人得詩，旋即讓地三尺。吳姓家人深為感動，也出三尺，於是便形成了一條六尺寬的巷道。後來康熙知道了這件事，敕立牌坊，以彰謙讓之德。

　　啟示錄：在中國傳統故事中，這則恕道與謙讓的故事，至今傳為美談。

資料來源：黃念義，〈古今有關於六尺巷的故事〉，大紀元網址：http://www.epochtimes.com/b5/3/8/28/n366568.htm

(二)道德與法律

　　法律不禁止年輕人坐博愛座，不讓座給孕婦雖然不違法但不道德。義大利詩人但丁（Dante Alighieri）說：「道德常常能填補智慧的缺陷，而智慧卻永遠填補不了道德的缺陷。」無論做人做事，都要以道德作為基礎，因為只有品德高尚的人才能獲得真正的成功。美國耶魯大學（Yale University）的治校精神是「法律與道德」（Law and Morality）。康德認為，一種行動的是（rightness）非（wrongness）不在於該行動所引起的後果，而在於行動者的意圖（intentions）和動機（motives）。如果是好的行為，就該義無反顧地去做。因此，道德是一種責任，一種義務（**表1-2**）。

表1-2　法律遵循範圍

類別	項目	相關法規
股東	公司證管	公司法、證券交易法、票據法、銀行法、公司之登記及認許辦法、董事會議事辦法、資貸背保處理準則、取得或處分資產處理準則、內控制度處理準則、股東會議事手冊應行記載及遵行事項辦法、獨立董事設置及應遵循事項辦法、董事監察人股權成數及查核實施規則
	大陸投資	管理外匯條例、臺灣地區與大陸區人民關係條例
客戶／競爭者	公平交易	公平交易法
	採購銷售	政府採購法
	進出口貿易	關稅法、貿易法、商港法、海關進口稅則、進出口廠商登記辦法
公司財產	商業會計	保險法、商業會計法、商業會計處理準則、薪資所得扣繳辦法
	稅務管理	稅捐稽徵法、所得稅法、營業稅法、土地稅法、房屋稅法、印花稅法、契稅、貨物稅法、證券交易稅條例、特種貨物及勞務稅條例、營利事業所得稅不合常規移轉訂價查核準則、稅捐稽徵機關管理營利事業會計帳簿憑證辦法、產業創新條例、公司研究發展支出適用投資抵減辦法
	智財保護	專利商標（專利法、商標法）、著作權法、刑法（妨害秘密罪&妨害電腦使用罪）、營業秘密法、個人資料保護法
員工	勞動法令	勞動條件（勞動基準法、勞工請假規則、育嬰留職停薪實施辦法、性別工作平等法、性騷擾防治法）、保險福利（勞工保險條例、職工福利金條例、全民健康保險法、職業災害勞工保護法）、勞資關係（工會法、勞資爭議處理法、團體協約法、大量解僱勞工保護法、就業服務法）、勞工退休（勞工退休金條例、勞工退休準備金提撥及管理辦法）
	安全衛生	工廠法、職業安全衛生法、勞動檢查法、消防法
社會	環境保護	空氣汙染防治法、噪音管制法、水汙染防治法、廢棄物清理法、公審糾紛處理法、環境影響評估法
	政治獻金	政治獻金法

資料來源：陳立齊，〈遠東新世紀推行「法令遵循制度（Legal Compliance）」〉，《遠東人月刊》，2014年5月號。

道德與法律同時可以維持社會的穩定與安全，雖然其目的相同，但是要達到其目的的方法的確有一些差異。

1. 道德規範與法律制定的程序不同：法律是由立法機構所制定，但道德規範並非由單一的中央政府當局所制定，而是社會大眾經過一段時間經驗與理智思考後所慢慢醞釀而成的。

2. 執行力不同：法律是經由法庭、法官或公權力來執行，但道德規範無法藉由公權力或法庭來執行，譬如，當一個人違反「十誡」時，並無法直接加以刑罰。

摩西十誡

第一誡：除了耶和華以外，不可有別的上帝
第二誡：不可拜偶像
第三誡：不可妄稱上帝的名
第四誡：遵守安息日
第五誡：孝敬父母
第六誡：不可殺人
第七誡：不可姦淫
第八誡：不可偷盜
第九誡：不可作假見證害人
第十誡：不可貪婪

資料來源：〈出埃及記〉及〈申命記〉。

3. 刑法的本質不同：假如是刑事犯罪，可以予以拘禁；如果是民事案件，可以令其當事人加以損害賠償；然而，如果是不道德的行為，審判經常只可依據個人的社會道德覺知，包括「譴責」也是個人的事。

4. 衝突的解決不同：法律是解決社會中人與人之間的衝突，而道德經常是去調和人們內心的衝突，因此，很明顯的可以發現，並非社會中所有法律都是根據道德原則，道德是一個較高的系統，有時候法律與道德是可能互相衝突的。

正義（justice），是指正道、公理，我國的法務部稱為「Ministry of Justice」、美國司法部則是「Department of Justice」，足見得正義與法律之間實有密不可分的關係。至於道德與法律之關聯性則有：

1. 道德且合法：例如雇土解聘一位未依照期望的工作標準或未遵循雙方已簽訂的勞動契約履約條件的員工。

2. 道德但不合法：例如個人為了備份的目的而複製有版權的軟體，甚至有時在軟體授權書中都已明確禁止的。

3.不道德但合法：例如研究論文中未註明引用資料的出處。

4.不道德且不合法：例如對有版權的軟體進行未授權的複製。（劉建人等，2006：43-44）

(三)個人價值觀

價值觀（value）是一種信念，深植個人心中指引個人行為，是人類重要特質之一，也是決定人類行為重要變數之一。明朝洪自誠原著《菜根譚》有一段話說：「聲妓晚景從良，一世之煙花無礙；貞婦白頭失守，半生之清苦俱非。」說明人的價值觀是會改變的，才會有「蓋棺論定」之說法。

個案1-1

道德準則

道德準則	說明
廉潔經營	・避免個人工作與供應商、顧客及其他人來往產生的利益衝突。 ・禁止內線交易行為。
無不正當收益	・不容許全體同仁藉由不當方式取得利益。 ・不允許任何形式的賄賂行為。 ・全體同仁在接受餽贈或招待前，皆需事先呈報部門最高主管，並經核可後始得行之，所有活動皆須符合公司內部規定。
資訊公開	・與股東的交流之所有內容皆需秉持完整、公正、準確、及時、便於理解、無重大疏漏之原則。
智慧財產權	・全體員工必須尊重客戶及他人的商業機密。 ・員工有義務保護公司財產不遺失、損壞、不當使用、讀取以及盜竊，並遵守與管理和使用公司財產相關的一切規章和制度。
公平交易／廣告與競爭	全體員工不得以任何不正當手段非法排擠競爭對手或其經營活動，不得蓄意捏造和散布虛偽事實，損害競爭對手的商譽。

資料來源：勝華科技集團，http://www.wintek.com.tw/csr_impl_gmp.aspx（檢索日期：2014/05/04）。

　　價值觀不僅影響個人的行為，還影響著群體行為和整個組織行為。在同一客觀條件下，對於同一個事物，出於人們的價值觀不同，就會產生不同的行為。在同一個單位中，有人注重工作成就，有人看重金錢報酬，也有人重視地位權力，這就是因為他們的價值觀不同。同一種規章制度，如果兩個人的價值觀相反，那麼就會採取完全相反的行為，這將對組織目標的實現起著完全不同的作用。

(四)價值觀的類型

　　價值觀並非指人的行為或事物本身，而是用以判斷行為好壞或對錯之標準，或是據以選擇事物的參考架構。

　　價值觀的類型可分為下列幾項：

1. 理性價值觀：它是以知識和真理為中心的價值觀。具有理性價值的人把追求真理看得高於一切。
2. 美的價值觀：它是以外形協調和勻稱為中心的價值觀，他們把美和協調看得比什麼都重要。
3. 政治性價值觀：它是以權力地位為中心的價值觀，這一類型的人把權力和地位看得最有價值。
4. 社會性價值觀：它是以群體和他人為中心的價值觀，把為群體、他人服務認為是最有價值的。
5. 經濟性價值觀：它以有效和實惠為中心的價值觀，認為世界上的一切，實惠的就是最有價值的。
6. 宗教性價值觀：它以信仰為中心的價值觀，認為信仰是人生最有價值的。

　　一個人的價值觀是從出生開始，在家庭和社會的影響下，逐步形成的。一個人所處的社會生產方式及其所處的經濟地位，對其價值觀的形成有決定性的影響。當然，報刊、電視和廣播等宣傳的觀點，以及父母、老師、朋友和公眾名人的觀點與行為，對一個人的價值觀也有不可忽視的影響效應（王朝網路，〈人生觀、價值觀、事業觀、愛情觀的定義？〉）（**表1-3**）。

表1-3 人類價值觀的本質

價值觀	說明
成就感	提升社會地位,得到社會認同;希望工作能受到他人的認可,對工作的完成和挑戰成功感到滿足。
美感的追求	能有機會多方面地欣賞周遭的人、事、物,或任何自己覺得重要且有意義的事物。
挑戰	能有機會運用聰明才智來解決困難。捨棄傳統的方法,而選擇創新的方法處理事物。
健康(包括身體和心理)	工作能夠免於焦慮、緊張和恐懼;希望能夠心平氣和地處理事物。
收入與財富	工作能夠明顯、有效地改變自己的財務狀況;希望能夠得到金錢所能買到的東西。
獨立性	在工作中能有彈性、可以充分掌握自己的時間和行動,自由度高。
愛、家庭、人際關係	關心他人、與別人分享,協助別人解決問題;體貼、關愛,對周遭的人慷慨。
道德觀	與組織的目標、價值觀、宗教觀和工作使命能夠不相衝突,緊密結合。
歡樂	享受生命、結交新朋友,與別人共處,一同享受美好時光。
權力	能夠影響或控制他人,使他人照著自己的意思去行動。
安全感	能夠滿足基本的需求,有安全感,遠離突如其來的變動。
自我成長	能夠追求知性上的刺激,尋求更圓融的人生,在智慧、知識與人生的體會上有所提升。
協助他人	體認到自己的付出對團體是有幫助的,別人因為你的行為而受惠頗多。

資料來源:美國心理學家洛特克(Milton Rokeach);引自:洪鳳儀著(2000),《生涯規劃自己來》,揚智文化,頁87-88。

(五)醫療價值觀

和信治癌中心醫院院長黃達夫曾說,作為醫界的一份子,我們應責無旁貸地把握每一個機會,告訴我們的下一代,什麼才是正確的醫療價值觀:

1. 尊重生命是做醫師的信條:包括確保病人安全、提供有效的治療、以病人為中心、適時地提供服務,以及對待病人一視同仁。

2.重視病人的痛苦：醫師對於他人的痛苦必須要比常人更為敏感，他甚至於要比病人更能預見未來的痛苦，才能幫助病人在痛苦降臨的時候能夠支撐過去。

3.強烈的責任感和追根究柢的做事態度：一位醫生必須具備這樣的性格，才對得起病人的信賴。

4.重視團隊的合作：為了病人好，醫師必須有經常主動跟別人合作的意願，重視團隊合作，才能不負病人所託（黃達夫，2005）。

三、人生觀

人生觀，是指一個人自己對人生的根本態度和看法，包括對人生價值、人生目的和人生意義的基本看法和態度。人生觀主要回答人為什麼活著，人生的意義、價值、目的、理想、信念、追求等問題。人生觀的基本內容包括幸福觀、苦樂觀、榮辱觀、生死觀、友誼觀、道德觀、審美觀、公私觀、戀愛觀等等。由於人所處的社會地位、生活環境和文化素養不同，因而形成了不同的人生觀。

人生觀不是專講「應該」（ought），而是在講「不行」（cannot）。舊的人生觀哲學常以為一切道德的標準，都是先天的範疇，人生只應該填塞進去。新的人生哲學則不持先天範疇之說，而只認為這是事實的需要，經驗的結晶，經過思考後的判斷。應該不應該的問題較空洞，成不成、要得要不得的問題更切實際。

(一)人生觀的建立

美國波灣戰爭首名在伊拉克失去一條腿的女兵史托克威爾，於返國後克服自身障礙，連續獲得三屆「殘障三項全能」世界冠軍，她對自己的成就作了一個表述：「不要因為你的遭遇而知名，要因為你的抉擇而知名。」生動敘述出其在逆境中成長的堅毅精神。人生就像是去爬一座山一樣，那些好走、舒服的路，往往都是「下坡」，方向都是向「下」的，如

果你期望自己的人生向「高」處行，提升自己生命的高度，就必須對逆境甘之如飴，不斷的自我挑戰（周歡儀，2013）。

哈佛商學院創新教育大師克雷頓‧克里斯汀生（Clayton M. Christensen）在〈如何評量你的人生？〉（How to measure your life？）一文中提出，人生最強大的動機不是金錢，而是學習的機會、在責任中成長、爲他人貢獻、擁有被認同的成就。

根據新的人生哲學態度，「五四運動」的命名者羅家倫提出應該建立下列三種新的人生觀：

第一，動的人生觀。

宇宙是動的，是進行不息的；人在宇宙之間，自然也會是動的，也會是進行不息的。希臘哲學家海瑞克萊圖斯（Heracletus）說：「你不能兩次站在同一條河裡。」就是解釋這個道理。

在動之中，有兩種不同的動，一是無意識的動（例如行星繞日，循著軌道，千百年不差分毫），一是有意識的動（例如人是有靈感的、有智慧的，所以他有思想的自由、有選擇的自由，他可以憑他的判斷來指揮他的動態）。人生值得一活，世事值得努力，歷史值得創造，正是有意識的動產生的結果。

第二，創造的人生觀。

我們要動，但我們的動不是機械式的，而是有意識的，可以憑著我們自己的意識來指揮，那我們應當把這當成是一種動力，發揮到創造幸福的事業方面去。我們不但要「繼往」，更加要「開來」。

第三，大我的人生觀。

我們不要將人生看得太小了、太窄了。太小太窄的人生是發揮不出來的，它一定會像沒有雨露的花苞，不但開不出花來，而且一定會枯萎的。因而，我們必須要極力發揮小我，擴充小我，才能實現大我。小我與大我合而爲一，才能領會到生存的意義，並將小我提高到大我，推進大我，人群纔能向上；不然小我也不過是洪流巨浪中的一個小小水泡，還有什麼價值？這就是大我人生觀的眞義（羅家倫，1976）。

羅家倫的大我人生觀

　　知名教育家，也是五四運動宣言撰寫人羅家倫的上萬本藏書，歷經地中海、印度洋、長江、台灣海峽和太平洋，漂洋過海總算回到台灣，落腳政治大學。

　　政治大學羅家倫文庫，由羅家倫家屬捐贈的書籍共一萬三千一百冊，其中包括清乾隆以前的善本書籍。

　　國史館長呂芳上說，羅家倫這種重視人文的理念，也反映在辦學中，如擔任政治大學前身中央黨務學校的籌備工作時，他就堅持不要辦短期的速成班，要花時間培育人才，才將政校改制為四年制的大學。戰亂中別人急著搬運的骨董與錢財，羅家倫卻是透過各種管道搬運藏書，晚年生病後，特別叮囑：「書籍千萬不能損壞。」

　　羅家倫藏書其中珍貴的明版書有十九種一八三冊，年代最久的是明正德年間的《東里文庫》，以及明萬曆年間的《駱丞集》與《黃御史集》，是世界僅存刻本。

資料來源：林秀姿，〈別人搬錢他搬藏書 羅家倫萬冊書落腳政大〉，《聯合報》，
　　　　　2014/04/23。

　　在這不斷衝刺的時代巨輪上，確定新的人生觀，實現新的生活理想，生活方式，是刻不容緩的。人生的天性，稟賦是不同的，我們必須秉持自己的人生觀，盡一己之力，努力形成個人的新人生觀，達到尋求傳統觀念的突破。

(二)人生策略

　　通往成功的道路上，知道做什麼固然很重要，但是，知道不去做什麼也許更重要。策略，代表重點的選擇，因為時間就只有這麼多，想清楚

要做什麼，把它做好就好了，就這麼簡單。生涯要什麼策略？就是充實自己，做喜歡做的事，慢慢瞭解自己，慢慢瞭解自己長於什麼，短於什麼，在過程中慢慢去塑造自己的優勢，這是比較實際的。根據蓋瑞・布萊爾（Gary Blair）的研究，人生的策略約有下列幾項（Gary Blair, 2010）：

- 人格很重要：這是賦予你人生的方向、意義和深度的核心原則。
- 常識很重要：在「是」與「非」的明確界線上，你永遠要站在「是」的那一邊。
- 卓越很重要：這是持續成長及提升自身和事業的過程。
- 熱忱很重要：滿懷熱忱的人才能完成卓越的成果。
- 堅持很重要：會反映出你有多大的決心，並讓你得以克服逆境。
- 勇氣很重要：形體勇氣和道德勇氣都是普世推崇的美德。
- 耐心很重要：當事態愈趨艱難，它能使你繼續前進。
- 謙虛很重要：你必須瞭解何時該出面領導，何時該跟隨。
- 自律很重要：會讓你有信心發揮全力。
- 規矩很重要：成功的人生與事業，需要一套行為規範作為基礎。
- 樂觀很重要：著眼於可能性，可以創造有利於成功的條件。
- 健康很重要：你必須投注資源維持健康，才能活得有朝氣、積極又有活力。
- 感恩很重要：這能提升你對世界的覺察力，並拓展優質的互動。
- 聲譽很重要：這是遠比金錢珍貴的無形資產。
- 忠誠很重要：不論情況是好還是壞，都必須實踐你的承諾。
- 永續性很重要：採取不會危及後代子孫的作為。
- 個人發展很重要：每個人都喜歡跟積極進取、有上進心的人往來。
- 每個選擇都重要：不是讓你更接近目標，就是與之漸行漸遠。
- 你的後世之名很重要：因為在人生及事業上都要有風度、情操和風範。

Story

劍即一切

　　佐佐木小次郎，為日本戰國時代著名劍術家，自創「嚴流」派、有名劍「備前長船長光」，有名招「燕返」，拔刀與收刀之快速「一擊必殺」，有名銜「天皇禁衛軍總教頭」，更有名言「劍即一切」（劍決定一切）。

　　小次郎向與他名氣相當的宮本武藏下挑戰書，依當時傳統，武藏不能拒絕。雙方約在關門海峽上，無人居住的「船島」（現為紀念小次郎改為嚴流島）一較高下。

　　比武當天，武藏故意遲到，讓小次郎浮躁心急；他又以一把船櫓削成的木劍為兵器，讓小次郎迷惑意亂；兩人對峙時，武藏竟閉上雙眼，小次郎開始心浮氣躁，步步移動，自認已掌握揮劍的角度與時機出手，千鈞一髮之際，武藏將木劍輕點小次郎劍刃，劍反彈，武藏順勢將木劍擊中他腦門，當場頭破命喪。武藏說：「一切即劍，船櫓是劍，時間是劍，定力是劍，角度是劍，陽光是劍，聲音是劍，都是決定勝負的劍。」

資料來源：黎建南，〈占立院如手握劍　傷人也會傷己〉，《聯合報》，2014/03/28，A19民意論壇。

　　花蓮門諾醫院院長黃勝雄說：「我的人生觀是積極正面的；要把握今天，做一些有意義的事，可以快快樂樂，沒有遺憾。」因而，他放棄美國高職厚薪，回東部花蓮行醫。

(三)人生策略目標

　　美國奇異（GE）公司前執行長傑克‧威爾許（Jack Welch）曾給求職年輕人的建議是：「第一，選擇一個能激發你熱情的工作；第二，永遠做到比老闆要求你的更多。」根據心理學家研究發現，確定人生策略目標的

積極效果有：

第一，確定人生目標可以增強自尊、自信、自強。有特定的目標可以超越日常生活中的煩惱、厭倦，產生新的強大的動力。

第二，人類是理想的動物，需要為自己的行為找到理由，目標就是強大的理由。

第三，目標幫助我們發現生活的意義。我們需要克服困難，應對危機，當面臨困難和危機時，有目標的人懂得解釋這些困難和危機對自身的影響，從而超越這些影響。

第四，人都要往前看、向上追求的，確立目標能幫助我們有效地規劃自己的時間、精力、職業發展。

第五，在追求目標的過程中，人們很容易遇到志同道合的人，幫助我們改善人際關係，形成強大的社會心理網絡。

因此設定遠大目標，對個人都有積極、正面的作用，它將會使人們逐夢成真，那就是目標的力量（康洪彬，2014）。

四、企業倫理

企業領導人是否能導引良好的倫理文化、激勵正確的倫理行為，都是關係組織成員能否在行為舉止、顧客服務、業務推動上符合倫理規範的關鍵（曾淑賢，2010）。

企業倫理（business ethice），是以企業為主體，針對各個利害關係人（包括股東、企業主、管理者、員工、工會、供應商等），從事合宜的行為，建立適當關係，進而實現企業社會責任。企業倫理，包括合乎道德觀念的企業思想與行為；企業倫理在企業經營的過程與環境中其重要性，在現代企業中日趨重要。

企業倫理是企業中所有成員都要共同遵循的企業工作行為守則，其好處在於（O. C. Ferrell et al., 黎正中譯，2008：20）：

1.倫理有助於員工承諾。
2.倫理有助於投資人忠誠。

個案1-3

大統混油案

彰化大統長基食品負責人高振利被控混油案，一審判刑十六年、罰金五千萬元，二審智慧財產法院審酌高與多數盤商和解，且付員工資遣費，有誠意解決問題，改判十二年徒刑，罰金降為三千八百萬元，全案定讞。

高振利等人被控七年前起，在純橄欖油等八種油品摻入較廉價的葵花油、大豆油。智財法院合議庭認定，高振利為降低成本並牟利，以摻偽或假冒方式調製油品配方，員工溫瑞彬、周昆明接受公司指示按配方調配油品，進而將虛偽標記的油品賣給不知情盤商及消費者詐取財物。

資料來源：饒磐安、簡慧珍、吳佳珍，〈大統混油案　高振利改判12年定讞〉，《聯合報》，2014/07/25，A13社會版。

3.倫理有助於顧客滿意。
4.倫理有助於獲利等。

企業應在符合倫理的原則下賺錢，同時促進社會的公益，因為財富的來源不是取諸他人，而是創造了新增的經濟價值，與他人分享。

(一)企業社會責任

企業社會責任（Corporate Social Responsibility）是全球公共政策的熱門議題，起源於20世紀的歐洲，最早由企業環境品質報告演變而來，旨在證明本企業生產的產品符合環保要求。隨著經濟全球化和資本社會化，企業社會責任的內涵和外延也在不斷充實更新，現在通俗的理解是：企業在追求利潤的同時，必須主動承擔對環境、社會和利益相關者的責任。它要求企業必須打破把利潤作為唯一目標的傳統理念，強調在生產過程中對人的價值的關注，強調對利害關係人、對環境、對社會的貢獻。

個案1-4

欺瞞消費者

2013年11月，頂新集團旗下的味全食品買進大統長基含銅葉綠素的橄欖油，卻隱匿多時而不報，被大統長基董事長高振利供出後，才緊急承認有買大統油，卻不斷對外說他們的「油」沒含銅葉綠素，但這欺瞞消費者的行為，讓魏家兄弟形象大大折損。

2014年1月28日彰化檢方把魏應充和會計陳錫勳列為違反商業會計法罪嫌的共同被告，傳喚到彰化地檢署接受偵訊。魏應充臉色沉重地在律師團陪同下出庭，他的律師以魏應充坦然認罪，並已繳清逃漏稅額及罰鍰，犯後態度良好，也無再犯之虞，力爭緩起訴，免得魏應充留下犯罪的前科紀錄。

資料來源：黃琴雅、孫曉玫，〈頂新魏家中飽私囊又一樁？〉，《新新聞》，http://www.new7.com.tw/NewsView.aspx?i=TXT20140416141330LRR（檢索日期：2014/05/04）。

企業社會責任通常由以下六個方面內容構成（朱海濤，2014）：

1. 經濟責任：企業要根據市場需求，為消費者提供優質又價格合理的產品和服務，滿足社會日益增長的物質和精神文化生活需要。
2. 法律責任：企業要遵守政府的法律規章，依法經營，依法納稅、公平競爭、誠實守信。
3. 維權責任：企業要遵守勞動法規，改善工作環境，確保員工身心健康和生活安全。
4. 環保責任：企業要自覺履行環保責任，產品符合環保標準，不違法排放汙染物，保護生態環境。
5. 社區責任：企業要為社區建設提供各種力所能及的支持和幫助，與社區建立親密的「鄉親關係」，增強企業與社區的互動，推動社區

發展。

6.慈善責任：企業透過扶貧濟困和志願服務，減輕貧富不均兩極化，緩解社會衝突，創造和諧的人際關係。

 個案1-5

企業社會責任

1970年代，知名食品集團雀巢（Nestle）在第三世界，透過媒體強勢推銷人工調味奶粉，以印有健康形象的嬰兒照片作包裝，在醫院發送免費試用品，讓第三世界母親誤信人工奶粉比母乳更健康。事實上，第三世界貧窮的母親多數必須辛苦工作換取微薄的薪資，更因過勞而無法分泌乳汁，只能以人工奶粉餵食，結果竟導致許多嬰兒死亡。

根據世界衛生組織（WHO）公布，母乳能預防嬰兒免於胃腸炎、呼吸道與耳朵感染、糖尿病、肺炎等疾病，更有助於幼兒發展腦部與神經系統，頻繁地哺乳有助於延遲下一次受孕時間，使母體有充分的時間恢復健康，建議最好以母乳餵食出生六個月內的嬰兒。

雀巢集團大力鼓吹「人工奶粉勝過母乳」，被國際社會質疑涉嫌謀殺嬰兒，1973年，美國、加拿大、英國等地的非營利組織與消費者團體等發起拒買雀巢食品運動，1984年雀巢公司終於承認錯誤，願意實施世界衛生組織（WHO）的國際法規，抵制運動才結束。

以雀巢經驗來說，食品業的社會責任就是：只要涉及有害產品、性別與種族歧視、人權議題、差別取價、賄賂、廣告行銷、避稅和逃稅及破壞環境，皆與公平交易原則違背。

資料來源：呂桔誠口述，陳怡臻整理，〈企業社會責任 應接受公眾檢驗〉，《聯合報》，2014/05/08，AA財經版。

(二)領導倫理

倫理領導人需要知識及經驗來做決策。強勢領導人必須要有相當健全的道德觀。這種健全性必須是透明的,亦即私下裡或公開場合都一樣。成功的領導人不會只依靠單一領導風格,而會在不同的情境下應用不同的領導風格。不同風格在發展一個倫理文化時都可能是有效的,而這與領導人對風險的評估和對達到組織績效的正面氣候的渴望有關。

強勢倫理領導人的特質,包括:

1.倫理領導人有強健的人格特徵(有堅強的個人品格)。

2.倫理領導人有熱情做對的事。

3.倫理領導人是積極主動的。

4.倫理領導人考量利害關係人的利益。

5.倫理領導人是組織價值的榜樣。

6.倫理領導人是透明且積極參與組織決策的訂定。

7.倫理領導人是具有全方位倫理文化觀的有能力管理者。(O. C. Ferrell et al., 黎正中譯,2008:133-136)

個案1-6

社會企業

2006年1月,一個29歲的年輕人到阿根廷的鄉間旅行,看到小孩多半沒有鞋子穿;他們的腳上,有新刮的傷口,也有結疤的舊痕。他暗自發願,要幫小孩找鞋子。

怎麼找?第一個念頭是成立慈善機構,請善心人士捐助。但他想起幾天前,在布宜諾斯艾利斯的咖啡店,偶然遇到一個美國婦女,也在做勸募

鞋子的工作。聽她說，依賴捐助不但來源很不穩定，而且募來的鞋子，也不一定合腳，因此經常青黃不接。

這個年輕人過去十年做過四種生意。這個經驗讓他突然有了頓悟：為什麼不開一間鞋店，把賺來的錢買鞋子送給小孩？他找來教他打馬球的阿根廷教練商量，最後決定一個計畫：他的鞋店每賣一雙鞋子，就送一雙給小孩。

他揹著帆布袋回美國，裡面是二百五十雙阿根廷傳統的帆布鞋（alpargata）。經過一番籌備，2006年5月，他的鞋店在加州的Venice開張，店名叫Toms Shoes，意思是明日之鞋（Tomorrow's Shoes）。這個鞋店沒有店面，只靠網路。剛開始冷冷清清的，幾乎無人問津。

好運突然降臨。5月20日《洛杉磯時報》（*Los Angeles Times*），登出一則報導，介紹這個「賣一雙，送一雙」的故事，還附上新鞋店的網址。那是星期六。一天之內，他接到二千二百雙鞋子的訂單。暑假結束，他已賣出一萬雙。

他帶著父母、弟妹和三個助理，在2006年10月回到阿根廷，租來一輛大巴士，裝滿帆布鞋，由他的馬球教練帶路，一個村莊又一個村莊的跑。每到一地，總有一大群孩子等在空地上，看到大巴士開進來，立刻歡呼、鼓掌、雀躍，迎接他們今生第一雙鞋子。年輕人親手幫小孩穿上新鞋。看到一張張童稚燦爛的笑顏，他卻熱淚盈眶。

這位年輕人是布雷克・麥考斯基（Blake Mycoskie）。2011年他把這段故事寫出來，書名叫*Start Something That Matters*，一出版就登上《紐約時報》暢銷書的排行榜。

Toms Shoes賣鞋子賺取利潤，但目的是為小孩買鞋，不是幫自己賺錢，和一般的營利事業不同。它協助解決社會問題，但不靠別人捐助，不是慈善基金會。這種事業就是社會企業。

資料來源：賴英照，〈年輕人賣鞋子〉，《聯合報》，2012/11/15，財經A4版名人堂。

(三)企業經營自然律

17世紀英國哲學家霍布斯（Thomas Hobbes）說：「人生會是孤單（solitary）、貧乏（poor）、惡劣（nasty）、凶殘（brutish）與短暫（short）。任何有理性的人都會希望脫離這種你死我活、危機四伏的所謂自然狀態。」

霍布斯認為，這些共同原則係經由自然理性（natural reason）產生，他稱為「自然律」（natural laws），以下是若干與企業經營有關的自然律。

· 我們願意給別人多少自由，就只能要求得到多少自由。
· 凡我不欲為之事，亦不要求他人為之。
· 凡我不欲他人如此待我者，亦不應如此待人。
· 我們應承認人皆平等。
· 我們應信守承諾，並履行業經同意的契約。
· 凡不可分割之物應共同享有。
· 如無法達成協議，應提請公斷。
· 法官應公正無私。

霍布斯的觀點從自利出發，認為自律是行為的驅動力，但自律有其限制，沒有限制的自律根本不符合個人的利益。所以，永續經營企業，就必須要有企業倫理（孫震，2005）（**表1-4**）。

五、職業倫理

職業倫理在各行各業會有不同的要求，但是也有「放諸四海皆準」的準則。在職場上要能夠讓自己做到人際關係良好，人人欣賞的人物，工作者必須重視以下的職業倫理：

表1-4　老闆與主管倫理守則

- 公司有營收利潤時，要和員工一起分享，感謝員工為企業創造財富。
- 要為員工訂定充電或成長的計畫，如在職訓練等。
- 要將員工視為你的工作伙伴，而不是工作的機器。
- 多為員工謀取福利，如定期舉辦員工旅遊或發放佳節獎金、出國進修等。
- 員工表現好時，要嘉獎他；員工做錯時，也要給他適當的改正機會，而不是任意辱罵或資遣。
- 主管要以身作則，工作要更加認真負責，同時自己也要多吸收工作知識；並定期和部屬開會溝通，瞭解並解決他們的問題。
- 對待所有的員工一律平等，不要有私心或偏袒。
- 隨時面帶微笑，不要擺出主管的姿態或傲慢的神情，儘量關心部屬、體貼部屬。
- 主管有不懂的地方，也要放下身段向部屬請益，虛心學習，心量要寬大，自我要縮小。
- 每天上班前，要喚起自己的工作熱忱，做員工的榜樣，並鼓舞員工士氣。

資料來源：法鼓山創辦人聖嚴法師，〈職場倫理功課表：給老闆或主管〉，http://bbs.ifeng.com/viewthread.php?tid=3918499&page=13。。

1. 禮貌舉止的養成：在職場上禮貌的養成，讓工作者在職場上「暢行無阻，無所不利」，千萬不能讓人家覺得你很沒有教養，很沒有禮貌。

2. 做好自己分內的事：在職場上，如果想要有好的表現，就必須在出了社會工作後，在職場的每一天學習管理好自己。

3. 腳踏實地的做事：在職場上，一定要有腳踏實地的精神，努力於自己的工作。

4. 偷懶行為的禁止：在職場上不要隨便偷懶打混、混水摸魚，到頭來你是會「吃大虧」的。

5. 盡力而為：在職場上，不要太精明，更不要太「涇渭分明」，因為你用什麼量器量給人，人家也會用什麼量器量給你。

6. 扛起任務與承擔責任：在職場上，你不必怕去接受任務，更不必怕承擔責任，而只要你願意接受任務，萬一最後失敗了，你的承擔一定會受到尊敬，而且你在工作崗位上獲得別人無法得到的寶貴經驗，失敗的「前車之鑑」往後你也不會再「重蹈覆轍」了。

7. 面對失敗與挫折的挑戰：在職場上，不要太計較成敗，更不要逃避失敗與挫折，既然遲早總有一天會遇到，不如越早去經歷一下越好。其實失敗越早發生，對我們的損害越少，因爲我們很快會去應對，事情不是那麼複雜，較容易解決。越早發生的挫折也會使我們做事的效率提高，因爲前車之鑑，我們會想辦法不要重蹈覆轍，「經一事，長一智」，無形中提高我們的做事效率，提高我們的工作競爭力。

8. 全力以赴：要在職場上能夠有競爭力，要求自己在職場上能承擔每一種任務，對任何任務（除非違法亂紀）都不要排斥，而且都要能夠全心全力投入，達成目標，如此職業倫理精神的建立，是敬業精神的表現，我們服務的公司才能夠有遠大前程的達成。

9. 積極奮發：在職場上，倚老賣老容易破壞職場倫理，倚老賣老最容易得罪別人，倚老賣老最不容易發揮出我們的實力，倚老賣老最不容易顯出我們的貢獻。

10. 要與人同舟共濟：與任何同事都要可以合作，而且是眞正的和衷共濟，在職場上應該有同在一條船的想法，無論自己被安排在任何單位或是任何環境，都要與共事者和睦共處，如此才能夠完成我們的工作，達成我們共同的目標（柯明光，〈當前台灣社會的職業倫理淺見〉）（**表1-5**）。

表1-5 職業道德準則

準則	說明
負責盡職	對於工作上所承擔的事務，絕不推拖，敷衍塞責，並盡力在既定時間內完成。
誠實守信	對於工作上所交付的任務，對上、對下都能抱持誠實守信的態度，使工作順利完成。
廉潔自律	堅持廉潔自律的工作原則，敢於拒絕違法的事件，特別是對於賄賂等，相關可能影響職務執行的公平性，自尊自愛，絕對不做。
客觀公正	保持從業的獨立性，以及客觀公正的態度，完成所交付的任務。過程中，絕不徇私舞弊、偏袒。
遵守準則	每一種職業都有其執行時的準則，愈專門的行業，愈是如此。所以從業人員應該要、也有必要熟悉相關準則，並依照準則辦事。

（續）表1-5　職業道德準則

準則	說明
提高技能	全球化職場競爭環境，唯一不變的就是變！唯一確定的，就是不確定！所以必須精益求精，才能不斷提高業務能力，使工作任務順利完成。
保守秘密	商業機密如同軍事機密一樣，尤其是相關於研發與競爭策略，一語外洩、一紙機密外洩，都可能造成公司嚴重的傷害。所以不該問的不問，不該說的不說，守口如瓶。
服務態度	謙虛謹慎，彬彬有禮；態度和藹，語言謙和；以誠相待，尊重事實，團結合作，以和為貴。

資料來源：朱延智著（2010），《新企業倫理》，五南圖書，頁264。

個案1-7

華航機師變造多益成績單　緩起訴

　　中華航空公司機師黃承樞和五名地勤人員，多益（TOEIC）測驗成績未達華航規定標準，六人涉及作弊，竄改成績再列印，或買假成績單混充及格，桃園地檢署認定偽造文書，昨天准六人緩起訴，條件是一年內義務勞務九十六小時。

　　檢方偵辦這件偽造文書案時，因黃承樞是飛國際線的正駕駛，檢方疑惑「英文能力差，他怎麼和國外塔台連絡？會不會影響飛航安全？」

　　華航表示，按規定機師每隔三年必須通過航空專業英文檢定，黃姓機師每次都通過檢定，符合執行飛航勤務資格，與航管等單位的英語聯繫對話絕對沒有問題。

　　初步瞭解，黃姓機師可能是準備升等教官機師，英文檢定所需的成績標準較一般機師高，才會發生擅改成績情事。

　　桃園地檢署調查，黃承樞（46歲）是華航資深機師，還負責訓練新進機師，有機會升總機師；王文賢（41歲）、王崑宗（58歲）、陳登峯（45歲）、李國保（58歲）和林炳宏（45歲）分別是華航地勤和維修技術人員。

由於華航規定，機師要升等、地勤人員要出國受訓或外派，都必須參加多益語文測驗和達到一定標準，其中機師的標準是六百五十分。

今年六月黃承樞參加多益測驗，只考了四百三十分，未達公司標準，他涉嫌先掃描成績單存成電子檔後，竄改成六百七十分，再以彩色列印，把變造後的成績單繳回公司。

地勤人員的標準是五百五十到六百分，五名地勤分別考三百七十五分到四百九十五分，都不及格，五人也以掃描篡改和找報紙小廣告，花一到二萬元買假成績單繳回公司。

黃承樞等人的作弊行為，讓老實、乖乖牌的內部人員看不下去，向士林地檢署檢舉，案件移轉桃園地檢署偵辦。

檢方調出六人繳給公司的成績單，發現偽造得很逼真，不容易看出破綻，經調出多益測驗原始分數，比對六人成績，才查出作弊。

資料來源：呂開瑞、陳嘉寧、李承宇，〈華航機師變造多益成績單 緩起訴〉，《聯合報》，2012/11/15，A8版話題。

個案1-8

使命必達

除夕過午，一位神情落寞的婦人，來到市中心一家國際快遞公司的櫃檯，她因為工作無法回家團圓，希望趕在除夕晚餐前，將兩件毛衣寄回家，送給兩個孩子作為過年的禮物。值班的快遞員一看，送達的地點要開兩個半小時的車程，想到回程可能錯過與家人團聚的時間，心裡老大不願意去，但在公司價值「使命必達」的驅使下，勉為其難地前往。

當毛衣送到小孩子手中，祖母要孩子們穿上，並向快遞叔叔道謝，這位快遞員突然覺得自己彷彿代替媽媽的手，將愛送給那兩個孩子，頓時感

到自己的工作很有價值，也深以工作為榮。

　　這家快遞公司灌輸員工一定要在時間內將郵件送達顧客手中，已成為員工工作的「行為準則」，也形成一種「信念」，每位員工都實踐這個信念，時間久了，自然形成「企業文化」。

資料來源：〈企業賺不賺　看CQ就知道〉，《經濟日報》，2008/09/02；摘自《管理雜誌》9月號。

結　語

　　每家企業都有自己所定義或強調的企業文化與職場倫理。一個新鮮人進入職場要能夠發光、發熱，一定要能夠掌握符合企業定義的職場倫理，以及公司期望的工作態度，這兩大基石缺一不可。而倫理規範基本上應以自律性為其本質，行為者應使其自動遵守規範，實踐規範所要達到之目的，但因個人的生長背景、教育程度、心性品行，自律性無法完全依靠時，則不得已會以賞罰為手段，但賞罰方式及輕重則需公允（陳繼盛，2000）。

　　無論你擔任什麼職位，只要主動尋找機會，努力發現哪些需要做的事情，你就能發揮影響力的機會，讓雇主和你都能出人頭地，這就是職場倫理雙贏的作法，在職場上，你就是「無敵鐵金剛」，成為一位無可取代的員工（The indispensable employee）（Larry Myler, 2010: 2）。

箴言集——戒貪價值觀

序號	箴言	出處
1	不得貪勝。	圍棋十訣之一
2	侵欲無厭，規求無度（一味貪求，沒有限度。形容貪得無厭）。	左傳‧昭公二十六年
3	貪財而取慰，貪權而取竭（貪財而取怨，貪權而耗費精思）。	莊子‧盜跖
4	鳥飛於上，其慾在下，故死於網；魚潛於下，其慾在上，故死於鉤。	明‧莊元臣
5	廉者常樂無求，貪者常憂無足。	隋‧王通
6	歷覽前賢國與家，成由勤儉敗由奢。	唐‧李商隱
7	驥走崖邊須勒韁，人至官位要縛心。	俗諺
8	清、慎、勤，居官三字符也。	清‧張廷玉
9	世路無如貪慾險，幾人到此誤平生。	宋‧朱熹
10	儉以養廉，直而能忍。	清‧曾國藩
11	貪婪是許多禍事的原因。	古希臘‧伊索
12	有些人因為貪婪，想得到更多的東西，卻把現在所有的也失掉了。	古希臘‧伊索
13	貪婪與揮霍一樣，最終都會使人成為一小塊麵包的乞討者。	英國歷史學家‧托‧富勒
14	經營企業，「知止」兩個字最重要。全世界很多企業之所以失敗，最少有一半是因為貪婪。	長江集團董事長李嘉誠
15	幸福的最大障礙，就是期待過多的幸福。	法國作家‧韋特耐爾
16	只想著要贏而不知道也可能輸掉的話，將會深受其害。	日本‧德川家康
17	貪慾開始就會在牢獄裡告終。	德國‧布萊希特
18	過多的貪慾使你忘記自己原來的富有而變成心理上的貧窮。	法國‧羅蘭
19	貪婪，在我們需要的事物以外還想多去占有，多去支配，這是一切罪惡的根源。	英國‧洛克
20	紀律是自由的第一條件。	德國‧黑格爾

編輯：丁志達。

第二章

就業倫理

- 就業前的準備
- 履歷表與自傳
- 面談聖經
- 求職防騙

> 畢業，自然大家盼望的，但一畢業，都又有些爽然若失。
>
> —— 魯迅《朝花夕拾·瑣記》

　　在《穿著Prada的惡魔》（*The Devil Wears Prada*）電影裡，兩位女主角初次見面時，飾演惡魔主管的梅莉·史翠普（Meryl Streep）一開始就問了前來應徵的安·海瑟薇（Anne Hathaway）兩個問題：「你是誰？」（Who are you?）、「你來這裡做什麼？」（What are you doing here?）看似冷酷無情的兩句話，其實道盡了一家公司對員工的需求與期許。「你

 **Story**

懷才不遇

　　某個自認有才華的年輕人，一直無法獲得上司重用，因此心情沮喪。他去請教牧師，為何上帝對他如此不公。

　　牧師帶他到戶外散步，經過一堆石頭時，牧師隨手撿起一塊小石子，又扔了回去，問年輕人：「你能找到剛扔出去的那塊石子嗎？」

　　「不能。」年輕人搖搖頭。

　　牧師取下手上的金戒指，扔到石堆中，又問：「你能找到我的戒指嗎？」

　　「能。」年輕人一下子就找到了。

　　年輕人低頭想了一下，興奮地回答：「我明白了。」

　　當我們自認懷才不遇時，先不要責怪別人不識貨，要反問自己有沒有實力。學習以謙卑的心、海綿般的吸收力，豐富自己的內涵，不但能超越自我，還能游刃有餘。

資料來源：魏悌香，〈懷才不遇：不要責怪別人不識貨〉，《講義》第42卷，2007/11，頁79。

是誰？」，要問的是求職者的優勢與專長；「你來這裡做什麼？」則是要知道求職者能為公司帶來什麼貢獻。

簡單的問題，背後確有相當不簡單的涵義，這也說明了當一位求職者找到自己想要有所貢獻的領域後，必須在面試時，把自己當作一位貢獻者，而非找工作的人，才能讓該公司眞正看到自己的價值，獲得工作的機會就愈大（Covey & Colosimo, 2010）。

雇主僱用一個人，是爲了完成他們願意付錢請這個人執行的任務。無論他喜歡這份工作與否，或是否依循他的熱情，都無關緊要。不必想方設法找尋跟自己熱情相符的工作，反之，只要努力累積職涯資本（Career Capital）就好（Cal Newport, 2012: 8）。

職涯資本

現代人將職涯視為個人能力的累積，個人在不同職務與職位所累積的知識、資源與關係都被視為職涯資本（Career Capital）。

‧每個領域都有一些具體特質，可以用來描述和界定卓越表現。世界一流的工作者都能掌握這些特質。

‧這些特質希有罕見，因此非常珍貴。

‧要擁有這些特質，你必須付出代價去學習、練習，最後表現出來。你必須不計代價讓自己成為領域中的巨匠。

資料來源：Cal Newport，樂爲良譯，〈職涯資本勝出法則：技能比熱情更能幫你找到喜愛的工作〉，《大師輕鬆讀》第466期，2012/11/21，頁4。

一、就業前的準備

離開學校，心中不免有點茫然，但仍要面對工作的挑戰。到底「工作是人類的本能」，書讀得再多，還是要工作，可是找工作也不要「患得患失」，過分焦慮，只要在就業前有充分認識與準備，信心、勤勞與樂觀是成功的基礎，找到一份工作將「指日可待」（**表2-1**）。

表2-1　人格類型與職業選擇

型態	人格傾向	典型職業
實用型 （realistic）	具有順從、坦率、誠實、謙虛有禮、自然、堅毅、實際、溫和、害羞、穩健、節儉、物質主義的特徵，其行為表現：有運動或機械操作能力，喜歡機械、工具、植物或動物、偏好戶外活動。	勞工、工匠、農夫、機械員、飛機控制師。
研究型 （investigative）	具有分析、謹慎、批評、好奇、獨立、聰明、內向、溫和謙遜、精確、理性、保守的特徵，其行為表現為：喜歡觀察、學習、研究、分析、評估和解決問題的人。缺乏領導能力。	工程師、物理家、化學家、數學家。
藝術型 （artistic）	具有複雜、想像、衝動、獨立、直覺、無秩序、情緒化、理想化、不順從、有創意、善表達、不重實際的特徵，其行為表現為：有藝術、直覺、創造的能力。喜歡運用想像力和創造力，在自由的環境中工作。但缺乏文書事務能力。	詩人、小說家、音樂家、作曲家、舞臺導演、演員、室內設計家。
社會型 （social）	有合作、友善、慷慨助人、仁慈、負責、圓滑、善社交、善解人意、說服他人、理想主義、富洞察力的特徵，其行為表現為：擅長和人相處，喜歡教導或訓練別人。缺乏機械和科學能力。	教師、傳教士、輔導人員、社會工作者、治療師。
企業型 （enterprising）	有冒險、野心、獨斷、衝動、樂觀、自信、追求享樂、精力充沛、擅於社交、獲取注意、知名度高等特徵，其行為表現為：喜歡和人群互動、自信、有說服力、領導力。追求政治和經濟上的成就。	企業家、業務員、經理人員、採購員、電視製作人。
傳統型 （事務型） （conventional）	具有順從、謹慎、保守、規律、堅毅、實際、穩重、有效率等特徵，其行為表現為：喜歡從事資料工作的人。有文書或數字能力。能聽從指示、完成細瑣的工作。缺乏藝術能力。	出納、會計員、銀行行員、行政助理、稅務專家。

資料來源：美國學者霍蘭德（Holland）；引自：蔡文瑞，〈共通核心職能課程〉講義，網址：http://www1.tf.edu.tw/top/.../6-1-7.1。

(一)自我定位

　　求職前，首先要清楚自己要的是什麼？一定要先考量自身的興趣與能力，再考慮自身能力與工作需求的適配度，以及要選擇未來有發展潛力的產業。若連自己都不清楚自己要什麼？別人又如何幫助你呢？如果要的是高待遇，那麼工作再辛苦都不能抱怨，這樣就可以換得優厚的酬勞；如

果你對待遇沒有什麼要求，只希望老闆和氣、壓力不大、同事好相處、工作穩定、無風無浪的，那麼公家機構最適合你，人公司也行，反正你在團體裡只是個小螺絲釘，按部就班，待遇還可以，有保障，也不會被炒魷魚什麼的。如果你積極有企圖心，希望在短時間內累積很多經驗、財富，且在一段時間後自行創業，或是在短時間內能獨當一面得到最高的位子，那你最好選擇中小企業，雖帶點風險，成功的機會還是很大（**表2-2**）。

表2-2　完美的創業才能

- ·對工作充滿熱忱、盡責認真，工作成果有一定保證，更可能會有令人喜出望外的成績。
- ·組織能力強，做事井井有條，善於分辨團體中各人的能力，給他們配置恰當的職位。
- ·慷慨大方，可以超額完成工作或不介意做一些超出應得利益的事情。
- ·修正能力和意識的能力都很強，不但自我評估，也能設定標準，成為大家共同目標。
- ·誠實忠信，有讓人信任依賴的本領，相信原則，而且能貫徹執行，絕不半途而廢。
- ·部分人會有改革制度的氣魄，在一般情況下，情緒穩定，顧全大局，有大將之風。
- ·對組織上的缺陷很有警覺性和察覺能力，並會提出實質建議。
- ·道德感強、理想主義，是團體中的精神領袖，勇於追求真理，且會鍥而不捨地堅持下去。
- ·喜愛學習和認識事物，然後極力將它們用於事業和生活中。

資料來源：劉振中（2011），《九型人格的生活與工作應用法則》，菁品文化事業，頁166-167。

　　每個人都有天賦，但是要懂得善於去創造機會。倘若想做超出自己能力的事，通常都會失敗，而如果只做低於自己能力的事，則無法發揮實力，亦無法獲得工作意義。因此，對自己進行正確評估，即所謂的自我評價非常重要，找到自己性格中的DNA（deoxyribonucleic acid，去氧核糖核酸，是一種分子，可組成遺傳指令，以引導生物發育與生命機能運作），做自己最合適的工作，才能夠發揮適才適所的利基（**表2-3**）。

表2-3　自我能力盤點

能力盤點	項目
1.改善力	☐ a.會主動向上司與同事建議「如果這樣做的話，會有怎樣的效果？」 ☐ b.盡己所能，把本分的工作做好。
2.柔軟性	☐ a.即使遭遇失敗，會試試看別的方法是否可以見效。 ☐ b.遇到後輩的挑戰，不會生氣，而是覺得自己要更加油。
3.積極性	☐ a.開會時，同事之間發生爭執，會出面以中肯態度平息爭端。 ☐ b.工作上發生問題時，會主動尋求解決之道。
4.活力度	☐ a.跟後輩共事時，能跟得上年輕人的快速步調。 ☐ b.開會時即使感到有股勢力支持某種看法，也敢於提出我的主張。
5.抗壓性	☐ a.案子被中途喊停，能夠冷靜思考原因，而不是跑去跟上司吵架。 ☐ b.即使心情沮喪，也能在下一個案子開始時以全新的態度面對。
6.謙虛度	☐ a.即使對部下或晚輩，也會主動打招呼。 ☐ b.專案成功的功勞與榮耀，能夠跟部下與晚輩共享，而非自己居功。
7.管理能力	☐ a.能夠掌握部下的工作進度，並瞭解加班情形。 ☐ b.部下犯錯或進度落後，能即時指正，以免擴大。
8.人才養成力	☐ a.會先詢問部下：「你有什麼樣的想法？」而非一意孤行。 ☐ b.部下的提案比自己的好，會以「把事做到最好」為原則而採用。
9.跨部門合作力	☐ a.會主動加強跟其他部門的合作。 ☐ b.會積極到現場走動，瞭解實際情形並蒐集情報，而不只坐在辦公室裡。
10.計畫力	☐ a.每次因公外出之前，會把當天該做的事明確地整理出來。 ☐ b.預定的事會掌握所有細節，開會時間、截止期限均確實遵守。
11.判斷力	☐ a.對於含糊不清的部分，會徹底予以瞭解。 ☐ b.不只是憑經驗來判斷，也會根據科學、理論、數據，以統合思考。
12.反省力	☐ a.專案結束後，不只關心成敗，對於結果與過程，也會跟部下討論。 ☐ b.工作結束之後，即使細節的部分也會歸納整理。

得分結果：24個項目，每項為1分，加總結果如下：
◎5分以下：低階人才
　你不適合在企業裡求生存，不妨試試自行創業，也許更能開拓屬於自己的天空。
◎6-12分：中階偏下的人才
　你是在企業中可有可無的人才，從現在起努力增加自己對企業的價值，還來得及。
◎13-19分：中上等人才
　你擁有戰力與競爭力，在自己擅長的領域頗有貢獻，是企業想要的人才。
◎20-24分：頂級人才
　你是企業夢寐以求的頂級人才，不僅在自己擅長的領域頗有建樹，在其他方面也積極學習、為自己的競爭力加值，而且能夠帶動身邊的人也一起成長。

資料來源：《日經商業週刊》；引自：張漢宜（2006），〈5大關鍵讓你二十年後依然是人才〉，《天下雜誌》第349期，2006/06/21，頁144。

(二)職業的選擇

　　職業選擇（vocational selection），是指人們從自己的職業期望、職業理想出發，依據自己的興趣、能力、特點等自身素質，從社會現有的職業中選擇一種適合自己的職業。1909年，美國波士頓大學（Boston University）教授弗蘭克‧帕森斯（Frank Parsons）在〈選擇一個職業中〉的文章裡，首次提出了人職匹配理論，他指出了選擇職業的三個步驟：第一，應清楚地瞭解自己的態度、能力、興趣、智慧、局限和其他特性；第二，瞭解成功的條件及所學的知識，在不同工作崗位上所占的優勢、機會和前途；第三，實現上述兩條件的平衡（MBAlib智庫百科，〈職業選擇〉）。

　　學生在要畢業後進入就業市場時，首先要衡量自己的性向、興趣與專長能力等主觀條件，並配合社會客觀環境的需要。複雜的環境，繁重的工作，也許就是增進歷練和學習的好機會，記得「天生我才必有用」，不可在求職過程中受到一點挫折便自暴自棄，因而斷送個人美好的未來前景。

(三)本身條件的適合性

　　事先瞭解所應徵職缺需要的專長與個人的興趣。因個性、興趣不同，適任的工作也會有所差異，好高騖遠常會形成就業的障礙。若個性保守寡言，則不適合應徵行銷業務的工作；若個性活潑外向，則選擇與物體相處的工作也不恰當（例如：製程工程師須每天面對機器），切不可不先做考量就貿然去應徵（**圖2-1**）。

(四)善用求職管道

　　在開始尋找工作時，必須知道哪裡有就業資訊，哪裡有就業機會。傳統的報章雜誌，是一般人找工作的第一來源，不過必須注意的是工作的種類及性質，以防受騙。另外，人際關係更是求職的最佳方式之一，透過

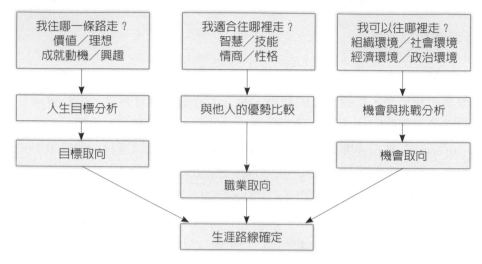

圖2-1 個人職業生涯路徑規劃圖

資料來源：張曉彤（2004），《如何選、育、用、留人才》，北京：北京大學；引自：
蕭新永（2006），《大陸台商經營管理手冊：台籍幹部與大陸幹部之培訓與
人力資源規劃實務作法》，頁90，行政院大陸委員會。

較有人脈關係的親友協助的就業機會，一來可以減少對陌生公司的不信
任感，二來錄取機率也較有成功的勝算。此外，也可透過人才仲介公司
（head hunting，獵人頭公司），由對方幫忙安排找尋適合的工作機會，
而現今上網找工作更是最快捷、最便利的方法，只要上網查詢工作機會，
不論是個人求職或是企業求才，都可以利用資料庫篩選符合需求的對象，
是既省時又省力的方式。

(五)研究你所選擇的企業

每個公司的企業文化不同，用人習慣也不同，譬如：有的公司喜歡
用乖乖牌，有的公司卻喜歡用積極個性的人。要瞭解一家特定的公司資
訊，網路搜尋是不錯的選擇。

個案2-1

務必聘用具有熱情的人

我為「閱讀空間」面談求職者時，經常想起史帝夫·巴爾莫。我想知道和我面談之前，他們是否熱情、辛勤到研究過「閱讀空間」的細節。

有一次，我約談一位應徵發展總監的出色求職者。瑪茜有多年的募款經驗，所以我認為她是另一個不停打電話取得捐款的人。我希望這個面談能成功，但很快地我就看出，這只是她的「另一份工作」，瑪茜沒有我想要的那份熱忱。

「首先，妳能不能告訴我『閱讀空間』建了多少學校？」

「我不確定。十所？」

「不，目前已經有三十所，今年還會蓋另外三十所。」

「這我倒不知道。」

經過一番對話，我知道面談結束了。如果她無法把我們的成果和認捐模式告訴捐助者，那麼她如何促銷「閱讀空間」？我們最後聘用的求職者，是在面談前詳細研讀過我們的年度報告和網頁的人，她有熱情，她知道她的論據、怎麼計算，當然，還要有她算出來的數據。

除非每個員工對於自己的任務都具有熱情，否則任何新的機構必垮無疑。這種熱情對早期的聘用尤其重要，因為它會隨著企業文化傳遞給新員工。因此，每一個企業家都必須對求職者重複這一點。一定要聘用具有熱情以及知道組織數據的人。

資料來源：John Wood著，鄭明華譯（2006），《一個創業家的意外人生》，商智文化；引自：編輯部（2006），〈用微軟經驗打造非營利組織〉。《理財周刊》第321期，2006/10/19，頁91。

1. 此行業有沒有前景？
2. 企業的規模（包括：營業項目、營業額、淨利、市場占有率、員工人數）。
3. 這家企業的主要競爭者是誰？有何相似之處？有何不同之處？
4. 企業的競爭優勢與弱點。
5. 主要的領導人是誰？領導風評如何？
6. 組織文化為何？它的價值觀、特性與願景？企業社會責任？
7. 傳統產業？科技產業？組織規模？
8. 檢視該職缺的工作內容與工作職責（可瀏覽該企業網站得到資訊，或聯絡曾在這一家企業工作過的親朋好友取得資訊）。
9. 僱用的形式（正職員工、臨時性員工）、加班、輪班、休假制度的情況。
10. 需要什麼樣的任職資格條件？月薪大概是多少？福利與保險等問題。
11. 找出企業人資主管的相關信息，以利在求職信上的開頭尊稱直接用其姓氏與職銜，而不要用「敬啟者」的通稱，這樣比較親切與尊重。

　　瞭解了這些狀況後，求職者便知道怎麼去應對未來的面談話題。另外，這家公司的待遇如何？升遷如何？也應在打聽範圍之內，好事先預作評估。

二、履歷表與自傳

　　履歷表與自傳可說是求職的必備文件之一，也是應徵者自我行銷的工具。它能夠策略性地凸顯你的目標、才能、成就與未來潛能。一份好的履歷表，必須真實呈獻自己，將專長、個性、成長過程、優缺點等完全呈現出來。因此，如何準備一份完整生動，有創意及內容的履歷（含自傳）常是贏得面試機會的主要因素（**表2-4**）。

表2-4　寫出亮眼的履歷

項目	撰寫關鍵
基本資料	基本資料通常置於履歷表的最前端，是企業主快速對您建立概念的關鍵，以簡潔扼要為原則，將姓名、年齡、性別、通訊地址及聯絡電話等相關資料條列式或表格呈現，男性須註明其兵役狀況。
應徵項目	明確寫出部門與職稱，個人特質與適切的應徵職務對應是很重要的，除了事先的蒐集資料與分析外，若有說明動機的欄位，可藉此展現您對這份職務的熱情與自信。
教育背景	填寫時應從最高學歷或相關學歷開始依序填寫，註明學校名稱、科系、學習年數等，相關的短期研習也可列出，若是有雙主修或認證的技能，也可列出以增加您個人的優勢。
工作或社團	工作經驗以近期或相關職務為主，依序註明就職期間、機構名稱、職務角色，並進一步強調個人在工作中的學習與成就感。 若是初次求職，大多沒有正式的工作經驗，但可提供在學的打工經驗、社團經歷等，作為企業的參考指標。這些經歷可以凸顯個人的特質，新鮮人在校的社團經驗往往會影響主考官的印象，並成為面試時發問的參考。
專業訓練與專長	列舉出個人相關證照與技能，除了學校與專業機構所學習的課程外，其他的訓練課程以及得獎紀錄、協會成員、個人作品也可一併列入，企業考量的不但是員工的加入，更包含未來的價值。因此適當表達有助主考官評估應徵者所學專長與應徵工作的要求是否相符。但切忌誇大事實，以免誤導主試者。
相關資訊	家庭狀況一欄，主要提供企業瞭解您的家庭組織成員，一般只須寫出父母、夫妻、兄弟、子女即可，除非因健保的關係，祖父母輩係被保險人，才須一併列記。 語文能力是溝通的利器，擁有良好的語文能力將倍受雇主青睞，更可掌握較多的勝算籌碼，條列式的將您會的語言列出，並註明聽、說、讀相關程度。
希望待遇	此欄看似制式規格，卻是企業評估如何看待這份工作與自我的重要指標，所以事前最好查閱該公司及該職缺薪資行情，不可隨意填寫。 若非公司特別要求，一般以保守為宜，填寫依公司規定或可接受的彈性額度，如二萬五到三萬元（大學畢業）。
自傳	自傳是呈現個人特質與補充說明的關鍵，字數請控制在600～800字左右，不超過一頁為原則，除了顯現個人的特質外，還要視不同公司與職務需求撰寫內容。另外說明自己在公司的自我貢獻與期許，可加深閱讀者對您企圖心的瞭解與好感。

資料來源：高佳伶主編（2011），〈技能超殺　讓你求職不瞎：求職防騙暨求職面談教戰手冊〉，台北縣政府就業服務中心發行，頁6-7。

職場倫理

西南航空的人資策略

- 工作應該要好玩，也確實可以很好玩。所以，放輕鬆，享受工作。
- 工作很重要，所以不要太嚴肅，壞了工作興致。
- 員工很重要，每位員工都會有不同的貢獻，要尊重每一位員工。
- 員工只要能夠運用良好的判斷力與常識，盡力滿足旅客的需求，就算違反了公司規定，也絕對不會受罰。
- 讓員工參與招募工作，招募自己未來的同事，並且搭配一套全面的甄選流程，包括填寫申請表、電話面試、集體面試，以及三次個別面試。
- 公司設立「訓練大學」，教導員工怎麼提升工作表現、提供優越服務，並且瞭解其他同事的工作狀況。
- 公司會提供每位員工詳細的營運資訊，這能夠讓員工從企業主的角度思考，不會只從員工角度思考。
- 採取多樣的薪酬制度，包含分紅、配股等獎勵措施。

資料來源：Charles O'Reilly & Jeffrey Pfeffer，〈找人才不必踏破鐵鞋〉，《大師輕鬆讀》第187期，2006/07/20，頁13。

　　完整的履歷表具備個人基本資料欄、學歷欄及工作經驗欄。理查·鮑爾斯（Richard Nelson Bolles）在所撰寫的《求職聖經》（*What Color Is Your Parachute?*）一書中提到，一份有效、有用的履歷，秘訣很簡單，你必須知道你為什麼而寫……為你打開機會，或協助人家在面談之後能夠回想起你來，或兩者皆是。你寫給誰看？有權錄用你的人，你想要讓他知道你的什麼，你可以怎麼來協助他與公司，你又可以怎麼來證實你的說法，使他相信錄用你是明智的決定。此外，你必須知道你主要的功能目標……你有什麼擅長的能力，還有你主要的組織目標，公司需要你什麼能力，你可以做得最有效率。

個案2-2

(一)履歷表撰寫

　　根據人事專家推估，主考官平均翻閱一份履歷的時間不超過一至兩分鐘，多數的管理者只會看履歷表第一頁的上半部，就決定是否給予面試的機會。所以，出奇制勝的履歷表並不是讓你得到工作，而是讓你贏得面試機會。有些人的履歷表是在他進應徵公司時隨手寫的，草率馬虎；有的人則乾脆影印，甚至連照片也是影印的，這代表什麼？代表求職者不尊重這家公司，不重視這份工作，連求職之初都不重視這些細節，以後會重視工作的品質嗎？既然要求職，自然該好好書寫自己的資料，用打字的也好，特別設計一份的也好，照片也要好好挑一張（正式的個人照），如果你抱著極慎重的心理，對方又怎麼察覺不到。說不定在眾多不認真的應徵人員中，面試者就看中你的認真（**表2-5**）。

　　履歷表要寫幾張（頁），取決於企業別、產業別，以及你的資歷多寡。例如：快速變化的廣告與網路業，比較喜歡短而簡潔的履歷表；較保守的企業，例如：財務公司與製造業，則希望瞭解應徵者的資格條件，這種公司會接受兩頁甚至三頁的履歷表。

　　工作經驗欄位，是主試官審核通知面談過程中最被重視的部分，但對於新鮮人來說，工作經驗欄常是最欠缺的，因此，不妨在學經歷部分，強調曾修習過的課程、參與過的社團，甚至是工讀、兼職工作等經驗，不

表2-5　履歷表的5C

能力盤點	項目
Clear	內容精心編排、清楚易讀，易於掌握重點。
Concise	內容簡潔扼要，僅陳述相關資料。
Correct	內容詳實正確，沒有錯別字。
Comprehensive	內容具體易領會，例證、附件資料一應俱全。
Considerate	不以自己主觀的立場撰寫，強調設身處地，使對方閱讀時順暢無礙。

資料來源：侯明順（1998），〈如何寫令人印象深刻的履歷表〉；引自：許書揚編著（1998），《你可以更搶手：23位人事主管教你求職高招》，頁36，奧林文化。

只是寫明職稱、更要強調工作或活動的內容，以及在過程中完成哪些任務、有何積極正向之經驗（行政院勞工委員會編印，2012）。

撰寫履歷表的重點，是在於你要確定自己「尋職」的目標（騎驢找馬、初次找工作），在履歷表的開頭就要以非常簡單、扼要的敘述語法去引起招募人員的興趣。

教育背景的敘述是很簡單的，通常就是載明某某年度畢業於哪一所學校，以及取得什麼學位。要表達專業工作資歷就比較具有挑戰性了。

對於轉業的應徵者而言，履歷表中關於工作資歷的敘述最為重要。一開始就要說明你工作背景中，曾採取過的行動，以及所有能具體衡量的成果，而且愈多愈好。如果以下任何一種情況適合你，則你可以在你的工作經歷中多加著墨：

1.你的貢獻對公司、員工或客戶、股東造成重要結果。
2.你使用極少資源、低於預算的成本，或是截止日期前完成工作。
3.你使得某些事務更容易、簡化、更好或更快。
4.你在某些情況下表現優異。
5.你或他人對你所為感到驕傲；你的行為讓事情全然改觀。

一般人都習慣拿到畢業證書後才去求職，但如果你不事先就開始投寄履歷，而要等到畢業後才「行動」，要馬上找到理想工作，是有一定的難度。寄出履歷表後，求職者必須積極與徵才企業聯繫，要求面試機會，如果因為害怕遭到拒絕而不敢主動聯繫對方，那麼很有可能永遠得不到這個工作機會的（Dowd & Taguchi，劉復苓譯，2004）。

(二)自傳撰寫訣竅

在自傳部分，如何寫得簡潔、生動、有特色，也是令人留下深刻印象的重點要素之一。除了字跡工整、行文流暢外，內容要能凸顯個人的特質，可強調對此份工作的期許，企圖心及人生的規劃等等，還要言簡意賅地說出個人優缺點、成功失敗經驗談、印象最深刻的挑戰等等（**表2-6**）。

表2-6　撰寫自傳的訣竅

・不要全部重複描述履歷表的個人基本資料。
・字數宜在600～800字內，以一張A4紙為限。
・段落分明，標點符號清楚，文句通暢，陳述經歷要符合時間順序及邏輯，例如先受教育才會有專業知識能力。
・強調專長、潛力及未來的可塑性。
・找出案例強調自己的優點。
・誠懇的描述自己的成功經驗。
・避免傳達悲觀人生觀。
・避免對人、事、物有太多批判。
・結束語句要禮貌的表達自己對面試的殷切期盼。

資料來源：台中區就業服務中心（2004），《求職寶典：履歷自傳範例》，頁5，行政院勞工委員會職業訓練局台中區就業服務中心。

小叮嚀　撰寫履歷表

・電腦打字排版清楚。
・確實填寫每項基本資料。
・貼上正式而有自信的近照。
・強調自己的專長及經驗（不要只寫頭銜，更要強調職務內容）。
・社團經驗不可小覷。
・避免用中英文合併的履歷。
・避免用簡式履歷。
・註明清楚應徵項目。
・寄出前影印一份備用。

資料來源：行政院勞工委員會職業訓練局（2011），《青少女求職防騙秘笈》，頁24。

(三)撰寫求職信技巧

　　履歷表（含自傳）不是一份獨立存在的文件，為了增加其效率，還需要附上一封語氣誠懇的求職信（cover letter）加以介紹自己。因為每一封求職信，都先會被人資單位的招募承辦人員過目，所以求職信的撰寫，必須抓住他們的注意力，能從眾多應徵函件中「脫穎而出」，讓你寄出去的履歷表（通常放在求職信之後）能被詳細的閱讀。

在求職信（放在履歷表之外的一封信）裡，要很簡單敘述你想找的工作、為何適合這份工作，以及你為何對這家公司有興趣。

由於有經驗的招募人員早已看過成千上百封的求職信，對於使用坊間書局販售的「求職大全」諸類型書籍上所提供的「老套」範例，千萬不要全文照抄，你必須真實寫出為什麼這份工作最適合你來做它，同時，你得要用最好的紙張，用最專業的電腦字體，盡一切可能去傳遞出語言與文字所無法傳達的訊息：你是一位有品味、有品質的人。

1. 直接稱呼對方頭銜或姓名，讓每封信皆獨一無二。
2. 內容務必保持簡短，以不超過一頁最為適當。
3. 使用簡單直接的語言及適當的語氣。
4. 將重點放在這家公司的需求與風格上。
5. 不要重複履歷表中的細節。
6. 避免傲慢的陳述，或誇大不實的自我吹捧。
7. 避免使用專業術語、咬文嚼字或陳腔濫調。
8. 讓你的興趣與熱忱從字裡行間顯現。
9. 求職信使用的紙張須與履歷表相同尺寸。
10. 一遍再一遍的閱讀，檢查信中的錯別字（Dowd & Taguchi，劉復苓譯，2004）。

小叮嚀　提案式履歷表

現在的求職者應該要有自我推銷的心態，把自己當作商品一樣行銷。如果把履歷表當作是對求職公司的提案，可以為公司解決目前面臨的困難，直接滿足公司的需要，自然更有機會獲得這份工作。

使用提案式履歷表，有幾點注意事項：

1. 明確指出想要挑戰該公司的某項職務，而非只是找份工作。
2. 針對該職務提案，說明可以為公司的某項職務建立多少業績目標，讓企業形象提升什麼境界。
3. 以過去的成功案例來佐證提案的可行性。

資料來源：Ford R. Myers，主題看板，〈操之在我獵職術〉，《大師輕鬆讀》第354期，2009/11/12，頁2-3。

(四)推薦函

許多人發現，利用人際關係得知工作機會，或主動與公司內招聘人員排定面試，是非常有用的作法。應徵者可以在履歷表之外，另請一位有分量的人推薦你一下；再不然，若確有才幹，可在履歷表上加以註明以前服務單位的主管或幾個同事的電話，請招募人員不妨與他們聯絡一下，以正確的得知自己的為人處事。

個案2-3

推薦函

日期：Feb. 11, 1982

Dear Sirs,

Mr. J. D. Ting has been employed by AFE from the beginning in Aug. 1980 up to now, Feb. 1982, when our Company has terminated operations.

In this period Mr. Ting has covered the position of Personnel Manager.

We reached a level of about 300 employees, in the various positions, technical, administrative and clerical necessary to an independent factory operation.

All personnel matters in our Company progressed very smoothly, both the quick increase of staff and the laying off, and I thoroughly recommend Mr. Ting as a capable Personnel Manager.

Sincerely,
Carlo Bertolino
General Manager

敬啟者：

丁志達君自1980年8月創廠時，就受僱於本公司（安達工業股份有限公司）服務，一直服務到我們的公司在今（1982）年2月正式宣布歇業為止。

在這一段在職期間，他擔任的職務是「人事經理」的職位。

我們公司僱用的員工約有三百人，包括各種職位的專業性技術人員、行政人員以及一家生產工廠運作、生產所需的人員在內。

他負責本公司人事功能上的所有行政事務，尤其在僱用員工的時效以及在資遣員工的運作上，相當順利、圓滿的達成目標。本人毫無保留的極力推薦他是一位有才幹、有能力的人事經理。

總經理　白德隆

資料來源：丁志達（2001），《裁員風暴：企業與員工的保命聖經》，頁172-173，生智文化。

撰寫履歷與自傳,要遵守誠信原則。履歷內容絕不可與事實相違背,如學歷造假、工作經歷造假等。

個案2-4

美國雅虎前執行長學歷造假

2012年5月13日下午,美國雅虎(Yahoo! Inc.)董事會宣布,上週傳出學歷造假疑雲的執行長湯普森(Scott Thompson)正式請辭。湯普森今(2012)年1月才出任雅虎執行長,短短四個月就黯然下台。

擁有雅虎約5.8%的股權的Third Point大股東執行長羅布(Daniel Loeb)在5月3日寫了一封公開信給雅虎董事會,揭露湯普森自傳履歷中的學歷不實。湯普森在自傳履歷中聲稱擁有電腦科學學位,經查明後他的實際學歷是會計學學位,引發不小爭議,被迫請辭執行長一職。

資料來源:周文凱,〈學歷不實,雅虎執行長湯普森下台〉,《遠見》雜誌,2012/05/14。

三、面談聖經

面試是整個求職程序中最具關鍵的一環,懂得在有限的面試時間內表現自己,是個人被錄取與否的關鍵。

在面談前,應先再次瀏覽一遍你寄給這家公司的求職信與履歷資料,如此得以避免在回答問題與資料時有所出入。同時,最好在面試赴約前,能請你的家人或好友一起來幫忙你演練一場情境模擬的面談,請他們提出一些可能在真實面談時會提到的棘手問題的答覆方式,或如果你想隱藏不為人知的職業空窗期(失業,正在找工作)被提問時,如何「自圓其說」,以及個人「肢體動作」細節的注意事項,以避免「落出馬腳」而「功虧一簣」。

小叮嚀　情境式考題

　　當你在高鐵列車上巡視時，有一名乘客主動向你反映，坐在他後方的某位乘客一直踢到他的椅背，讓人相當困擾，他期望你能有所行動。當下，你會如何處理呢？

　　這個問題，是台灣高鐵公司在徵選第一線服勤員時，以列車上可能發生的狀況來測驗求職者，期望能藉由他們真實展現的行為，來觀察是否具備該公司所重視的服務態度，這道面試題屬於情境式的考題之一。

資料來源：謝佳宇，〈文憑、經歷擺一邊，第一線人員首重性格與特質〉，《管理
　　　　　雜誌》第454期，2012/04，頁49。

(一)穿著要端莊整齊

　　求職形象就是最重要的名片。面試時穿出合宜形象，內在的專業自然就能外顯、被看見，因而，面試時的準備與態度，可能成為是否獲得此份工作的最重要影響因素了。俗話說：「佛要金裝，人要衣裝。」面試時的儀容，適當的裝扮，容易給面試者良好的第一印象（人們根據最初獲得的信息所形成的印象不易改變，甚至會左右對後來獲得的新信息的解釋），也是一種禮貌。因此，配合工作環境做適度的裝扮是必要的。

　　服裝儀容要乾淨，頭髮要梳理整齊，要使人覺得整潔、有朝氣，並儘量提早十至十五分鐘到達面試地點，除了可緩和自己的情緒，也能讓自己有時間想些面試時的應對技巧。例如：面試時，女士最好穿著套裝或洋裝，衣著避免過於華麗或暴露（領口不宜過低）外，搭配不露腳趾、素淨的鞋子，頭髮則應梳理整潔，儘量能表現自己特質的淡雅妝扮（避免濃妝豔抹），但應徵演藝界或創意、廣告與流行行業的有關職缺時，則較不受此限；男士應徵者以穿著西裝，燙平、無皺紋的襯衫為穿著重點，再搭配素色的領帶，並視工作類型選擇適當的款式及顏色和西裝做整體搭配，髮型則簡單俐落即可，鞋子以黑色為主，款式簡單的造型為考量，並應擦得光亮（台北縣就業服務中心，2007）。

個案2-5

綠豆芽的故事

據說，義大利電信公司客戶服務部門招考員工的筆試結束後，這家公司發給所有甄選通過的人一袋綠豆種子，並說：「客服是最需要耐心和恆心的，誰種出來的幼苗最具生命力，誰就最適合這個職位。」並且要求他們在指定時間，帶著發芽的綠豆回來，誰的綠豆種得最好，誰就能獲得那份競爭激烈、待遇優渥的工作。

果然，當指定時間來臨，每個人都帶著一大盆生意盎然、欣欣向榮的綠豆芽回來，只有一個人缺席。總經理親自打電話問這人為何不現身？這人以混合著抱歉、懊惱與不解的語氣說他感到抱歉，因為他的種子還沒發芽，雖然在過去那段時間，他已費盡心血全力照顧，可是種子依然全無動靜。

「我想，我大概失去這個工作機會了。」據說這是那唯一的缺席者在準備放下電話前所說的一句話。

但總經理卻告訴這孵不出綠豆芽的男子說：「你，才是唯一我們錄用的新人。」

原來，那些種子都是處理過的，不可能發芽。種不出綠豆芽，正證明了男子是一個不作假的人，公司高層認為，這樣的人勢必也是一個有操守的人。

「而這就是我們用人的唯一準則。」總經理說。

那些志在必得的應徵者，所捧出的綠豆芽雖無比美麗茂盛，但不曾以誠實作為人格的保鮮劑，最後，他們終還是失去了那努力爭取、夢寐以求的工作。

資料來源：陳幸蕙，〈敬業精神：道德操守是追求工作卓越的根本〉，《講義》第40卷第1期，總號第235期，2006年10月號，頁52。

要記得，面試官在跟應徵者面談時的興趣所在，不只是想證實履歷所敘述的資料是否屬實，還想透過面談的過程，對求職者個人做一整體評價，想從求職者的外表、服飾、說話態度、氣質、機智及其性格等觀察求職者，來印證求職者是否是那種值得信賴、可以合作共事、又有旺盛鬥志、且易於相處的人（北條利森，謝志河譯，1998）。

個案2-6

就讓外表決勝負

Discovery頻道曾經播過一個關於穿著的有趣實驗，驗證外表對他人的影響遠超過我們的想像。

實驗中，一位女士在研究人員的指示下，喬裝成兩個不同的人，先後到同一家公司去應徵同一份工作。第一次面試時，她並沒有精心打扮，看起來毫不起眼，但她在應對進退間表現出來的專業素養，令人十分激賞；結果，得到的答案卻是雲淡風輕的一句「請回去等候通知」。

隔幾天，她運用了正確的造型知識，打扮地乾淨俐落、光鮮亮麗，雖然在面談過程中，她故意隱藏一部分的專業素養，表現較為遜色，卻當場得到了人事主管的青睞，請她立刻走馬上任。實驗顯示，面試真是「外表決勝負」的場合呢！

資料來源：陳麗卿，〈就讓外表決勝負〉，《30雜誌》第30期，2007/02，頁182。

(二)成功的面談

面談的成功與否得靠事前的充分準備，花點時間蒐集公司資料、概況，除了可以使求職者多瞭解這家公司的文化，資料準備充分也可使面試官對應徵者更加印象深刻，增加自己的信心。在面試的過程中，態度是一個很重要的因素，不要答非所問，要保持誠懇、誠意、不卑不亢，語氣完

整連貫，保持自信，不要顯露出緊張的態度，切勿心浮氣躁，誇大不實。提及自己的缺點時，一定要有技巧，譬如：英文不好，可以委婉地說：「在所有語文能力中，英文是較須加強的。」而不是一味直話直說：「我精通日語、閩南語，但就差在英文」。面談時也不要漫不經心、東拉西扯、前後矛盾，務實與得體的應對，必能增進面試者對求職者的好感，注意觀察面試者的談話內容及舉動，並加以適度的回應。面試官通常比較記得求職者在結束時的表現（近因效果），而不是在剛開始面談的表現，所以，面試過程要始終如一的良好表現，這都是使求職者能夠獲得此份工作的因素之一（**表2-7**）。

表2-7　面談答話一覽表

類型	問題	回答方向
對企業的認知型	你為什麼想來本公司應徵這個工作？	可朝對企業的正面印象來回答，說明是因為公司的體制、業界的知名度、人員素質、福利等吸引人，因此希望能在公司一展自己的長才。
	你對本公司還有什麼問題想要發問？	一般來講，最保守的回答是已經沒有問題，但是如果能夠發問幾個問題是最好不過了。 ‧可否麻煩你介紹一下公司的工作環境？ ‧公司的考績標準是什麼？ ‧對於員工是否有培訓或在職進修的作法？ ‧目前這個工作的基本職責是什麼？ ‧這份工作的成長潛力大概是如何？
自我認知型	請做一下簡單的自我介紹	這個問題雖然簡單，但是有關於自己生平經歷實在太多了，若真的講述從小到大的生長情形、家中有幾人、就讀學校……未免會讓人找不到方向，因此不妨先問對方想要瞭解哪一部分再敘述即可。
	你覺得你自己的優缺點在哪裡？	對於優點方面，儘量強調關於做事情的效率、處理事情態度，以及與群體相處方面的優點；至於缺點，可以說到自己曾經有過的缺點，但改過的過程是如何，將缺點轉化為優點。
經驗型	你曾經參加過社團嗎？什麼樣的社團呢？	可以回答自己在社團中參與活動的情形、表現、曾經擔任過重要職務等，也可以提到最難忘的社團活動經驗。

（續）表2-7　面談答話一覽表

類型	問題	回答方向
工作認知型	為什麼選擇這一份工作？	提出工作性質與眾不同的地方、被吸引的原因，這些都是面試者大都會感到興趣的話題。
	對工作有什麼期望和目標	回答此問題時，必須點出自己具體的目標是什麼，如何達成這個目標，同時表明自己絕對有自信可以擔當。
	如果需要加班時，你的感覺如何？	以回答是否能完成工作為主，若未完成，加班是應該的，但切莫提及加班費之事，否則反而會招致面試者的反感。
	你理想中的待遇是多少？	這個問題十分難以拿捏，可以先反問對方在公司中跟自己同學歷、同職位等級的人薪資情況大概是如何，這樣自己也會有個拿捏的標準。

資料來源：華之鳳（2001），《e舉成功電腦求職術》，頁5-8、5-9、5-10，金禾資訊。

(三)面談時不可做的事

「教養」是可以從面談過程中的個人舉動、言語等肢體動作觀察得到的。下列是一些求職者面談時不可做的事：

1. 若你等候面談時間已經超過排定時間而尚未接受面談時，別露出一臉苦惱的表情。
2. 面談進行前後，千萬不能接聽手機。
3. 開始面談時，別說出一些令人喪氣的言語，例如：這個地方真難找。
4. 進入面談室時，別急於坐下，除非面試者請你坐下時方可。
5. 握手寒暄雖然是友善的舉動，但最好等到面試官先做出此動作，你再與之握手。開始這個誠摯表徵的行為是面試官的特權。
6. 除非應徵者已事先請求面試官並得到允許，否則千萬別將個人的資料袋、手提袋、錢包、外衣或其他私人物品放在其桌面上。
7. 千萬別為過去的錯誤辯解，誠實地回答所有的問題。
8. 避免表現出過多的肢體動作。

9.不要用艱澀難懂的專業用語交談。

10.別抱怨你的上一任上司,或像細數家珍般地詳述你的束縛、煩惱及抱怨牢騷。

11.千萬不可試著出賣良心,或洩漏上一任服務公司的商業機密來迎合、討好面試者。

12.切勿過度彰顯自我,趾高氣揚。

13.讓面試者控制主題和節奏,不要急著表現而搶話或插話。

(四)面談時可做的事

面談的目的是讓面試官能更進一步認識求職者,以便知道彼此是否可以共事。對求職者而言,面談的目的是希望能獲得工作機會,讓面試官產生認同。所以,面談時,求職者可加強使面試官留下良好印象的一些行為舉止,諸如:

1.讓面試官控制或更換主題,不要搶話或插話。原則上只提供本身的長處、優點,除非面試官提出,否則不要主動暴露個人的缺點。

2.言語表達要充滿自信心與對工作的興趣,表達意見應清楚。

3.對面試官的問題要肯定、正確,且從容不迫的回答。

4.對於不瞭解的事情,可以提出問題請教,不要逞強。

5.對於聽不清楚的訊息可以主動、客氣的請面試官再說一下,以表示自己的專心。

6.坦誠的語言,平順的聲調和聲量。

7.注意面試官的身體語言,懂得察言觀色。

8.面談時要認真的聆聽對方的說話,並且將眼光注視對方。

9.適度地自我推銷,造成「捨我其誰」的優勢。例如:可隨身攜帶一些資料或作品,以作為自己能力與經驗的補充說明,證明你的實力。

10.詢問面試官對你的建議,以便日後改進。

11.要說客套話。（台北就業服務中心,http://www.goodjob.tpc.gov.tw/esc/freshman3_1.htm）

在面談時，曾有工作經歷者，至少應以一個實例來向面試者證實你的優秀資歷。在說明實例時，把重點放在因為運用到你的長處或技能，使先前服務的公司可以得到具體或可明確衡量的成果。在被問及為什麼要離開目前服務的公司時，千萬不要批評你的主管或「訴說」公司的壞事，對於一位不會「感激」而只會「批評」他人的應徵者，誰敢用你呢？像這類問題的回答是要把焦點放在未來的展望上，不要談心中的不滿。

小叮嚀　10大面試禁忌

1.千萬不要遲到！遲到是面試最大禁忌，等同於直接給面試官不錄取你的理由。
2.隨意批評前公司或前主管。
3.談及個人隱私。
4.面試中看錶，給人不耐煩或趕時間的錯覺。
5.面試屬於正式場所，千萬不要穿著隨便，像牛仔褲、T-shirt之類的衣服。
6.思考時間不要過長，過長的沉默會讓氣氛尷尬。
7.少說「對不起，您能再說一遍嗎？」會讓面試官認為你心不在焉。
8.使用氣味過於濃郁的香水。
9.隨便翻看桌上的私人物品。
10.對工作頭銜過於斤斤計較。

資料來源：趙君綺，〈學長姊不會教你的陷阱題：10大面試禁忌〉，《30雜誌》第93期，2012/05，頁25。

(五)事先準備想要請教的問題

有哪些問題是你在面談中希望得到答案的，你必須列出一份清單，適時就教於面試官。例如：

1.這是一份永久性的職業嗎？或是暫時性或季節性的工作？
2.公司內部文化的價值是什麼？
3.公司有哪些要素能協助我成功？
4.有哪些要素使公司有競爭力？
5.這份職缺的前任者服務多久？什麼原因離開這份工作？

6.通常員工能多快獲得升遷？升遷的標準是什麼？

7.關於員工的職涯發展，公司的處理方式及政策是什麼？

8.面談後要多久，我才能知道是否被錄用？

總之，先看自己適不適合這份工作，再準備好該做的功課，接下來是大方誠實面試，例如：應徵工程師職缺面談的秘訣，答案不是重點，重點在於推論與邏輯思考的過程，至於待遇、福利、加班這些相關事項，先問好、談好是最佳，但也不要太斤斤計較，以免引起反感（趙少康，1995）（**表2-8、表2-9**）。

表2-8　面試前應探聽的十大方向

探聽主題	說明
企業成立時間	瞭解企業成立的時空背景，可從中判斷企業主個性、企業生命週期、未來發展等。
企業組織型態	瞭解企業股東組成，並確認公、民營或非營利單位，有助於判斷企業文化與型態。
企業經營項目與目標	透過企業經營目標，可瞭解其未來發展的策略，並從中與自我專長連結。
企業營運狀況	判斷企業獲利能力與前景，並判斷企業面臨哪些困境，從中掌握自己的競爭優勢。
企業文化價值	不妨將自己的人格特質與企業文化、價值觀連結，作為說服主考官的論點。
過去與未來產品線	多瞭解企業過去與未來的產品線內容或發展方向，以備主考官詢問相關問題時，提出具建設性的策略。
經營項目的市場現況	瞭解企業經營現況，有助於思考自己未來的發展。
主要競爭對手	知己知彼，不妨擬定超越對手的競爭計畫，以備不時之需。
社會對企業的評價	可以從媒體與股價瞭解社會對企業的評價，並問問自己對企業有多少認同感。
企業的最新消息	能掌握企業的最新消息，將會讓主考官對你產生認同感。

資料來源：丁永祥整理，〈求職轉業加分秘笈：100分的履歷表〉，《管理雜誌》第440期，2011/02，頁111。

表2-9　面試模擬考

項目	關鍵說明
一、面試前準備	
找出當初原始招聘廣告並做足功課	大多的求職者可能會投寄（傳遞）多封的履歷，除了寄出履歷外，也要把該公司的招聘廣告留存，便於在收到面試通知時，重溫該企業的背景情況及應徵何項工作及職位，複習各項必要的資訊，以避免面試時張冠李戴。
充足睡眠	充足的睡眠，讓頭腦保持清晰，面試時才能從容應對各種狀況。
備妥個人資料	1.面試前，除了面試通知單提到要攜帶的物品外，也要把一般常用的物品整理好，例如：文憑、證件、個人作品、文具等（最好影印一份備用）。 2.倘個人容易緊張造成身體不適，平時用藥請記得隨身攜帶。
面試考題演練	1.請先簡單自我介紹。 2.你為什麼想要應徵本公司。 3.談談你未來的生涯規劃。 4.你過去在學業或事業上的成就。 5.你如何處理工作上的壓力？ 6.你對本公司及該產業有何瞭解？ 7.你在工作上遇到問題時，會如何處理？ 8.你覺得自己是能在團隊工作，又能獨立作業的嗎？ 9.你希望的待遇多少？
確認交通方式避免面試遲到	接到通知後，除了研究要怎麼到達面試場所外，記得提早出門避免塞車。不熟悉的路線請把路線圖（含公司名稱、地址、電話等資料）帶在身上，以便詢問查找。
面試的穿著	1.服裝不要太花俏、誇張或暴露，但要注意整潔、大方。 2.正式服裝為主，衣服顏色與樣式別亂搭配。 3.注意個人儀容整潔。 4.避免幼稚或老氣的穿著，穿出專業。 5.男性襯衫要洗乾淨，皮鞋要擦亮，頭髮要梳齊，鬍鬚要刮乾淨。 6.女性可化淡妝。
二、面試時千萬要記得的事	
面談時要注意避免扣分的行為舉止	1.不可貿然入座，須等對方邀請才坐下，較為得體。 2.避免表現出過多的肢體動作。 3.不用艱澀難懂的專業用語或外語。 4.勿答非所問或無言以對。 5.忘記隨身攜帶面試工具。 6.切勿過度彰顯自我，趾高氣揚。 7.讓主試官控制主題和節奏，不要因急著表現而搶話或插話。 8.最忌遲到（若無法準時，記得打電話告知對方原因及會晚多久到），更不要隨便無故缺席。

（續）表2-9　面試模擬考

項目	關鍵說明
面談時要注意避免扣分的行為舉止	9.不要一副無所謂的樣子，讓公司覺得您並不想要得到這份工作。 10.千萬不要獅子大開口的要求高薪，嚇跑主考官。 11.不可穿著隨便或誇張暴露。
面試時有加分作用的行為舉止	1.面談時認真地聆聽對方說話，眼光注視對方。 2.言語表達充滿自信與對工作的興趣，意見表達清楚。 3.回答問題時針對問題，且能從容不迫地誠懇據實回應。 4.對於不瞭解的事情或答不出的問題須坦白承認，並虛心請教，不逞強。 5.對於聽不清楚的訊息主動、客氣的請主考官再說一下，以表示自己的專心。 6.針對應徵工作的內容適時發問，讓企業感受到求職者的積極心。 7.詢問主試官對你的建議，以便日後改進。
三、面試時的表現	
應對技巧	1.第一印象。言談舉止要有禮貌，姿態穩重又大方。 2.提問預想。預先設想考古題或主試官可能發問的問題事先演練，臨場時放鬆心情抓緊回答的主架構，並且重視主考官依據你的回答而接續發問的問題，做簡潔扼要的回答。 3.態度誠懇，不宜過分客套和謙卑。當不太明白主試官的問題時，應禮貌地請他重複一次問題。陳述自己的長處時，要誠實而不誇張，視申請職位的要求，充分表現自己有關的能力和才能。 4.不懂得回答的問題，不妨坦白承認，隨意回答被主試官揭穿時反而會弄巧成拙。 5.有條理的應答。可適當運用術語，以表示自己對該行業有興趣或是有一定的認識及經驗。但應記得適可而止，否則會給人過於刻意的感覺。 6.要加以闡述論點，不要只回答「是」、「不是」、「有」、「沒有」等，給人被動及不可靠的感覺。 7.最好將重點逐一陳述清楚，多引用實質例證支持，增加你與公司職缺的關聯性。不脫離主題，也不妄加斷論與批評。 8.語調要肯定、正面，以表現信心。儘量避免中、英文夾雜。 9.儘量少用助語，如「啦」、「囉」、「呢」之類語詞，避免給主試官一種用語不清、不認真及缺乏自信的感覺。 10.注意非語言因素、聲音可略微低沉，語速要適當放慢，可以有適當的手勢，但不要過多。
危機處理	1.面試時，如失言會影響主試官的評分，則必須即時作出更正，重申自己認為正確的答案。例如：「不好意思，我剛所講的意思應該是……」。 2.不要打斷主試官說話，這是非常無禮的行為。

（續）表2-9　面試模擬考

項目	關鍵說明
危機處理	3.主試官可能會問一些與申請職位完全無關的問題，以便進一步瞭解您的思考能力與見識，不要表現出不耐煩或驚訝的表情，以免給人太計較的印象。 4.切忌因主試官不贊同你的意見而驚慌失措，部分主試官會故意測試應徵者的意見，以觀察他的反應。 5.遇惡劣天氣、交通阻塞、身體不適、主試官失約或面試安排錯誤等突發狀況時，切記應變的原則：事先準備資源清單以備不時之需，最好帶備用手機或電池，必要時聯絡該公司或向其他人尋求協助；遇到困難時，應保持鎮定，靈活應變；在緊急的時候，也要謹記以禮待人。
四、面試後的調整	
感謝函	可在面試後，寄一封信感謝主試官，表達你的感謝與強烈想進入公司服務的熱忱，以展現自己的企圖心。
放眼未來	無論面試結果如何，都該相信未來會更美好，然而不懈怠的積極態度是必須的基礎。所以面試後著手規劃此職務的未來發展與同時接觸其他職務以多元選擇，都是調整心態與情緒的重要關鍵。

資料來源：高佳伶主編（2011），〈技能超殺　讓你求職不瞎：求職防騙暨求職面談教戰手冊〉，台北縣政府就業服務中心發行，頁8-10。部分資料引自：http://www.fhvs.ntpc.edu.tw/office/practical/fu_hsin/dates/c1-6.pdf

(六)薪資報酬的商榷

年輕人不一定要找薪水最高的，但要能建造一個更美麗、更美好的未來。一般企業對於薪資有其基本的給付制度。關於薪資的協商，應徵者應先明確的知道自己求職的最大目的是什麼？心中的期望值是要放在行業的發展趨勢上？或採取「打帶跑」先賺一票的「高薪」要求？薪資行情的資料可事先上一些提供相關薪資資訊的網站搜尋。除此之外，打聽已就業的同學（或離職的舊同事）目前所領取的薪資總額，也可以作為薪資協商參考的指標，甚至於從報章、雜誌等刊登的人事欄上去蒐集片段的各職位的起薪標準。但待遇的要求不能只鎖定底薪，有時一份工作帶來的價值，不全然能以薪資來界定，例如：公司的福利制度、工作可以給求職者帶來成長的空間，都是求職者在衡量薪資時應該同時評估的內容（**圖2-2**）。

報酬不單是指金錢而已，它還包含下列一些有形、無形的給付：

1.基本薪資（底薪）。
2.試用期薪資及試用後的薪資差異。
3.調薪日期。
4.簽約金。

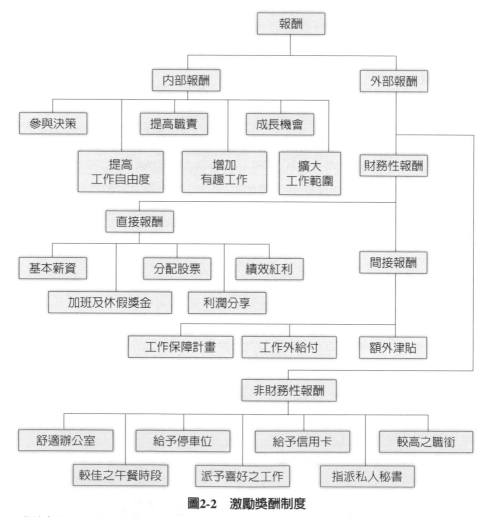

圖2-2　激勵獎酬制度

資料來源：Stephen P. Robbins (1983). *Organizational Behavior: Concepts, Controversies, and Applications,* 2nd ed, p. 440. Prentice-Hall, Inc.

5.其他津貼名目（伙食津貼、交通津貼、輪班津貼等）。

6.獎金（年終獎金、績效獎金、年節獎金等）。

7.分紅、入股、股票選擇權。

8.職稱（名位）。

9.福利措施（停車位）。

10.勞動條件（加班、有薪休假天數、簽訂競業禁止條款）。

11.教育訓練的機會。

　　在求職時，應徵者也要有一重要的觀念，不要太在意職位及起薪，因為第一份工作薪水不是重點，重點是累積能力跟經驗，趕快把自己的劍（謀生工具）磨好，才是最重要的。視野要比薪資或物質報酬更重要，因為視野可以讓自己的格局放大，有助於未來職場發展，尤其對於年輕人來說，無形的視野所帶來的收穫，比有形的薪資與頭銜來得更多。

　　如果你是被挑中的人選，公司一般會在幾天之內就馬上與你聯絡，並與你洽談進一步的入職細節，例如薪資、報到日期等。如果你沒有被聯絡，也要主動的和對方保持聯絡，甚至可以要求再面試一次，積極的人一定比較有機會找到工作，因為企業就是在找尋積極的伙伴。

小叮嚀　成功的面談

1.瞭解、分析其求職常見的問題：將求職時常見的問題事先模擬答案，並且找人預演，使自己滿意，他人也滿意。

2.守時：許多對於守時這個觀念非常重視，尤其是外商企業。

3.對答如流：記得對答時表現不宜太誇張但也不要太謙卑，只需針對問題本身做適當的回答，表現儘量自然大方，就像平常在聊天一樣。

4.謝函：不論面試的結果如何，都應該寫張謝卡致謝，一來可加深主管的印象，二來可表現對工作的興趣。

資料來源：行政院勞工委員會職業訓練局（2011），《青少女求職防騙秘笈》，頁26。

四、求職防騙

　　近年來，國內產業結構與勞動型態轉向多元化，求職待業的週期也隨之拉長，有許多不肖人士利用求職者謀職心切的弱點，於各種媒體刊登不實徵才廣告，製造求職陷阱，使得初入社會、涉世未深的職場新鮮人，或負擔家計重責、經濟狀況處於弱勢的待業族群，因一時求職心切與疏忽而蒙受損失。

小叮嚀　求職前3大準備

1. 蒐集應徵公司資料：
   - 蒐集職務相關的討論、BB討論版、入口網站提問公司狀況。
   - 搜尋應徵公司專屬網站。
   - 搜尋各縣市勞工局求職防騙資訊。
2. 告知前往面試地點：
   - 請朋友、家人陪同面試，或事先打電話告知親友欲前往面試之地點。
3. 檢視應徵資料屬實：
   - 連續數週或數月刊登徵人廣告。
   - 徵人廣告內容記載不合乎常情的待遇優厚，公司業務、工作內容、模糊不確定，如「工作輕鬆、免經驗、可借貸」等用詞。
   - 徵人廣告內容僅載有公司名稱及地址或僅留電話、聯絡人、郵政信箱、手機號碼。

資料來源：新北市政府勞工局（2012），《防騙十要，求職一把罩》，頁2。

　　有關求職詐騙的訊息隨時可見，不法業者假借徵才名義，對求職者進行產品銷售、誘導加盟或加入多層次傳銷、詐騙財物或進行招生受訓等，使得求職者不僅沒找到心目中理想的職位，還在心理或財物上蒙受重大損失。記住天下沒有白吃的午餐，切勿因一時貪念、疏忽而簽具不合理的勞動契約或交付財物及證件。

小叮嚀　　求職七不原則

應徵當天，求職者應當堅持「七不原則」，以防受騙。

1. 不繳錢：不繳交任何不知用途之費用及不繳任何存摺。
2. 不購買：不購買公司以任何名目要求購買之有形、無形之產品。
3. 不辦卡：不應求職公司之要求而當場辦理信用卡。
4. 不簽約：不簽署任何文件、契約。
5. 不離身：證件及信用卡隨身攜帶，不給求職公司保管。
6. 不飲用：不飲用酒類及他人提供之不明飲料、食物。
7. 不非法工作：不從事非法工作或於非法公司工作。

資料來源：新北市政府勞工局編印（2014），《求職多留心就業有信心》，頁5。

(一)就業陷阱的定義

就業陷阱，是指將來從事的工作內容，並不是雇主與求職者雙方在書面上或原先口頭承諾的內容要件，或者是藉著工作機會的誘因，違背應徵者個人的意願，用騙術使應徵者付出不在原訂立勞動契約內容的額外財務支付，或是從事違背善良風俗行為而言。

(二)常見求職陷阱危險類型

現行求職陷阱多為「假徵才、真推銷」、「假徵才、真收費」、「假徵才、真招生」、「假徵才、真詐騙」的情況。

常見的求職陷阱有以下幾類（台北市政府勞工局，2003）：

1. 生前契約靈骨塔類：利用招募員工之機會，藉機推銷生前契約。
2. 演藝經紀公司類：要求模特兒繳交訓練費、拍照費、海報製作費等費用，但遲遲沒有推介演出機會。
3. 技藝補習班類：刊登「公家機關」、「航空公司」招募員工機會，實則「電腦」或「空中服務員」補習班的學員招攬生意的花招。

求職者防騙守則

花招伎倆百樣出	防騙守則
徵才廣告強調「待遇優厚、工作輕鬆」、「純內勤工作、無需業績、不需經驗」。	要抱定懷疑的態度，分析其可靠性，不可貿然應徵。
表明可以「先行貸款」、「協助解決困難」、「身分保密」、「月入數十萬」、「小費多」或是用「貌美」、「英俊」字眼。	求職者必須知道「天下沒有白吃的晚餐」，這類徵才條件的廣告，多為色情行業，切勿應徵。
招收演員、歌星、模特兒的廣告，並只註明信箱號碼或電話徵才，沒有刊登公司（單位）名稱及地址者。	先要考慮自己的條件，再查明其真實性，不可一味想當明星而落入圈套，應徵時最好結伴同行。
不必舉行甄試，但要先繳納報名費、工作保證金，或扣留證件、印章等。	求職者到一家公司應徵或就職時，就必須先判斷這家公司的狀況及負責人是否為正當的生意人，即使覺得一切都正常，在繳交身分證時也要謹慎小心，一切要求自己蓋章，如公司堅持一定要繳交身分證印章，也要明確知道用途並儘快收回。
職位名稱好聽（如培訓幹部、行政助理），標榜高薪（不符合市場薪資行情），且表明需要所謂不必有專長的人才，只要受訓合格即給予錄用。	要先弄清楚其中實際的工作內容，通常這些公司在面談後開出繳納保證金之類的條件，在收了錢之後，竟又要求吸收其他希望就職者前來就職，成為一種「循環騙術」的情況。
要求夜間面試，或要求前往非上班地點（如泡沫紅茶店），或要求換地點面試。	面試地點偏僻，或是要求從一個地方換到另一個地方再面談，求職者都要小心防範，因為可能的陷阱就設在新的面談地點。
「家庭副業長期代工、小投資大發財、家庭代工賺錢創業良機」等廣告，但要求購買材料費。	求職者在未領到工資前最好不要繳付任何費用，如材料費、保證金、儀器費，若有受騙情形，立即向警方報案或打電話到勞動部申訴。
應徵工作須繳保證金、保險費等。	求職者應瞭解公司此要求是不合理的收費行為，要提高警覺，不要輕易付費。

資料來源：行政院勞工委員會職業訓練局中彰投區就業服務中心網站：http://tcesa.evta. gov.tw/frontsite/contentAction.do?method=viewContentDetail&contentId=111。

4.期貨外匯買賣業：利用招募員工之機會，藉機誘導求職者投資從事期貨買賣或假造交易資料詐騙金錢。

5.電子商務類：利用招募員工之機會，藉機推銷未上市股票、網路空間銷售。

6.多層次傳銷類：刊登徵才廣告，實為推銷產品或遊說加入傳銷事業。

7.其他類型：諸如家庭代工類（名為代工，實賣原料。以高價購買原料，辛苦完工後，公司藉故不買回成品）、生物科技類（利用招募員工機會，藉機推銷氣血循環機、靈芝、胎盤素等健康器材、健康食品）。

(三)求職多留心

科技日新月異，求職方法越來越多元，除了假徵才、真銷售的案例一再發生，須特別小心防範外，隨著網路被廣泛運用，網路徵才也成為當前企業最重要的徵才管道之一，求職者不得不提防踏入網路世界的求職陷阱（圖2-3）。

以下是求職時要多留心的詐騙案例，以維護自身的安全與權益。

1.公司常以分擔風險為由，要求員工或求職者繳交保證金，並要求員工到職或任職一定時間後返還。依據《就業服務法》第5條第2項第3款規定，雇主招募或聘僱員工時，不得扣留求職人或員工財物或收取保證金。

2.詐騙集團常以高薪招募為誘因，使受害人疏於防範，接著再以各種手法誘使受害人交出錢財後便消失無蹤。因而，求職者於應徵任何工作時，可先查證該公司是否合法存在，在交付任何金錢前，可透過多方管道（像是就業服務中心、求職防詐騙網路、反詐騙諮詢專線：165、110等）蒐集資訊，以確認真實性，以免求職不成反遭詐騙，若不慎遭詐騙，應立即報案。

3.如果求職者求職時，發現應徵的公司要求到職後必須簽發本票作為

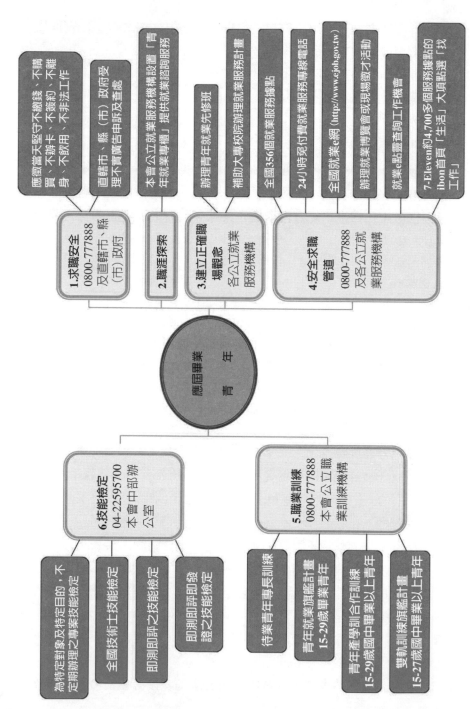

應屆畢業青年

1.求職安全
0800-777888
及直轄市、縣
(市) 政府

- 應懲當天堅守不繳錢、不購買、不辦卡、不簽約、不離身、不飲用、不非法工作
- 直轄市、縣 (市) 政府受理不實廣告申訴及查處

2.職涯探索

- 本會公立就業服務機構設置「青年就業櫃檯」提供就業諮詢服務

3.建立正確職場觀念
各公立就業服務機構

- 辦理青年就業先修班
- 補助大專校院辦理就業服務計畫
- 全國356個就業服務據點
- 24小時免付費就業服務專線電話
- 全國就業e網 (http://www.ejob.gov.tw)
- 辦理就業博覽會現場徵才活動
- 就業e點靈查詢工作機會
- 7-Eleven約4,700多個服務據點的ibon首頁「生活」大項點選「找工作」

4.安全求職管道
0800-777888
及各公立就業服務機構

6.技能檢定
04-22595700
本會中部辦公室

- 為特定對象及特定目的，不定期辦理之專案技能檢定
- 全國技術士技能檢定
- 即測即評之技能檢定
- 即測即評即發證之技能檢定證

5.職業訓練
0800-777888
本會公立職業訓練機構

- 待業青年專長訓練
- 青年就業旗艦計畫 15-29歲畢業青年
- 青年產學訓合作訓練 15-29歲國中畢業以上青年
- 雙軌訓練旗艦計畫 15-27歲國中畢業以上青年

圖2-3 青年就業安全網絡

資料來源：行政院勞工委員會主編（2012），《職場高手秘笈：就業所向無敵》，勞工保險局印製，頁28-29。

擔保，此公司有相當大的可能性是一間慣性違法、不正當經營的公司，遇到這種雇主，還是先自保拒簽本票較為妥當，以免事後莫名揹下龐大債務，有苦說不出來。

4.詐騙集團手法推陳出新，常以求才為藉口吸引求職者，藉機遊說或慫恿進行投資，求職者往往在還沒領到薪水前就先損失一大筆錢。因而，求職者或剛被僱用時，若被要求交付錢財或鼓勵投資應謹慎。

5.求職公司所謂可以很快累積錢財的行業，如果是靠小費而不是專業的工作內容來累積，或是付出與回收不成比例，過於輕鬆的行業，大部分都是不正當的公司。因此，求職時若發現公司服務型態特異，如被告知錄取後仍應提高警覺與家人討論是否適合從事外，就職後如有發生公司要求進一步配合或進行違法行為時，應立即抽身主動離職，才不會因此觸犯相關法律。

6.所謂詐騙集團「車手」，意思是中間過手的人，通常車手並不瞭解完整詐騙集團之運作模式，只是做別人交代的事情。因此，求職者在應徵工作時，可先查證公司是否合法存在，對於雇主交辦的工作要儘量搞清楚前因後果，經手財物務必謹慎，若發覺不對勁，可尋求警方協助。

7.依《就業服務法》第5條第2項第2款規定，雇主招募或僱用員工，不得違反求職人或員工之意思，留置其國民身分證、工作憑證或其他證明文件，或要求提供非屬就業所需之隱私資料。身分證代表個人，將身分證正本隨意交給他人，有延伸自己法律行為的作用與風險，戶頭不但可能被盜領，若被有心人士利用去偽造身分證或是建立人頭戶從事法律行為，後果不堪設想。所以，不可輕易將正本給予他人，影印給予也要三思，非得提供時，最好親自將身分證影本印好，並在正反兩面寫清楚用途，例如：此身分證影本僅供○○公司做○○之用，再加上自己的簽名和蓋章，以免被挪作不法他用而不自知。

8.不肖人士利用年輕男女懷抱著明星夢的機會從事非法行為，工作或應徵時，除了應避免隻身前往可疑的地點（如汽車旅館、人煙稀少

的郊區）外，更不能食用來路不明的食物或飲料，若發現任何異狀應想辦法脫身並立刻報警，以保人身安全（新北市政府勞工局編印，2014）。

現實社會中求職陷阱無所不在，求職者應謹慎小心。倘若不幸受了騙，除了可向父母、師長反應外，更應積極向警察單位報案以打擊犯罪，或向消費者基金會、公平交易委員會檢舉申訴，轉交當地主管單位處理，勿使歹徒逍遙法外。

小叮嚀　小心求職8大陷阱

　根據人力銀行業者統計，近三成的求職者曾有受騙經驗。求職者最容易遇到「求職八大問題」，包括：求職者被公司「放鴿子」、正職工作卻要簽定「定期勞動契約」、上班後發現徵才企業非法營業、強迫交出身分證與繳交保證金、找人作保才能錄取、實領薪水和當初談的不同、刊登不實廣告、徵才廣告就業歧視。

　求職者收到企業的錄取通知，但到職前被告知不用去，求職者可以依法主張徵才企業須負起不履行契約的損害責任。還有部分求職者上班以後才發現，公司根本沒有合法登記，應徵者在應徵前，可先上網查閱經濟部商業司網站查詢是否有設立公司登記，或財政部網站查詢公司是否辦妥營業登記，或仍在營業中。

　擔任正職工作是屬於「不定期契約」，若求職者擔任正職工作，公司卻要求簽定臨時、短期性的「定期契約」，求職者一定要捍衛自身權利，否則到了簽約期滿被公司解僱，是不得向雇主請求加發預告工資及資遣費。

　報到第一天，公司要求員工提供身分證影本並非詐騙，但要求強迫交出身分證或繳交保證金，則是違法行為。

　有的公司會要求找人作保，才能錄取，這項規定本身也沒有違法，但找人作保的功能，只限於當出現「財產損害」，保人需負起代償責任。

資料來源：周小仙，〈近3成受騙…小心求職8大陷阱〉，《聯合報》，2013/07/16，AA2版產業/基金。

結　語

台積電（TSMC）創辦人張忠謀說：「如果我現在剛要踏出校門，我會先想好要投入什麼產業。青年人不要太早創業，在自己創業前，最好先

到一家價值觀相符，有成長潛力的公司待一陣子，年輕人可以先學習，不要貿然創業，因為這是很大的風險。依我看來，要創業的話，30歲左右最好。」（張忠謀主講，台灣大學商學院研究所編，2006）

箴言集——謙恭價值觀

序號	箴言	出處
1	滿招損，謙受益，時乃天道。	尚書
2	人之患在好為人師。	孟子·離婁上
3	強梁者不得其死。	老子·道德經
4	桃李不言，下自成蹊。	司馬遷·史記
5	木秀於林，風必摧之；堆出於岸，流必湍之；行高於人，眾必非之。	三國·李康
6	念高危，則思謙沖而自牧；懼滿盈，則思江海下百川。	唐·魏徵
7	勞謙虛己，則附之者眾；驕慢倨傲，則去之者多。	東晉·葛洪
8	天不言自高，地不語自厚，海不言自闊，水不語自清。	中國諺語
9	切忌浮誇鋪張。與其說得過分，不如說得不全。	俄國·托爾斯泰
10	我們的驕傲多半是基於我們的無知！	德國·萊辛
11	凡過於把幸運之事歸功於自己的聰明和智謀的人，多半是結局很不幸的。	英國哲學家培根
12	雄辯是銀，沉默是金。	瑞士諺語
13	一個驕傲的人，結果總是在驕傲裡毀滅了自己。	英國·莎士比亞
14	傲慢的性格只是會偶爾傷害你，而傲慢的表情卻會使你不斷受到傷害。	法國哲學家狄德羅
15	禮儀不良有兩種：第一種是忸怩羞怯，第二種是行為不檢點和輕慢。要避免這兩種情形，就只有好好地遵守下面這條規則，即，不要看不起自己，更不要看不起別人。	英國的哲學家洛克
16	我越是成功，就越是覺得脆弱。	微軟創辦人比爾·蓋茲
17	我們即使是大公司，也絕不可以用大公司的心態去思考，否則我們就必死無疑。	微軟創辦人比爾·蓋茲
18	你越成功，就越有人想分一杯羹，而且一杯杯分下去，直到你一無所有。企業成功本身，就蘊含了毀滅的種子。	Intel前總裁安德魯·葛洛夫
19	成為《財富》的封面人物，並不能保證成功。	DELL創辦人邁克爾·戴爾
20	謙遜並不是內心對自己的蔑視，而是要慎重，以免自視過高。	英國主教納旦尼爾·克魯

編輯：丁志達。

第三章
專業倫理

- 專業技術
- 人才類型
- 核心職能
- 時間管理
- 職場衝突

> 做你沒做過的事情叫成長；做你不願意做的事情叫改變；做你不敢做的事情叫突破。
>
> ——投資之神・巴菲特（Warren Edward Buffett）

「中年歲月苦風飄，強半光陰客裡拋。」這是清代學者黃遵憲在〈海上雜感〉詩中，感嘆自己長年浪跡異鄉，人海奔波，大好歲月白白度過，飄泊無根的人生，實在是痛苦不堪。職涯漫漫，立根何處？答曰：「專業」。

身處多元化的社會，光是事業無往不利，只能算成功了一半。惟有兼顧人生其他層面的圓融和諧，才是全面的成功。金融界鉅子羅基爾・基奇曾說：「一個年輕人，如果既無閱歷又無背景，只有自己可以依靠。那麼，他最好的起步方法是：首先，獲得一份工作；第二，珍惜你的第一份工作；第三，培養勤奮、忠誠、敬業的習慣；第四，以認真學習和觀察，獲得真經；第五，要努力成為不可或缺、舉足輕重的人；第六，成為一個謙虛、有修養的人。」這段話語中，道出了成功的普遍真理，也道出了一個人的素質和能力對其事業發展的重要意義（宋紅超，2006）（**表3-1**）。

表3-1　成功（success）的定義

英文字母	翻譯	說明
Sense	感覺	你必須要有一個確定的目標；一個力所能及的目標。
Understanding	理解	你必須明瞭你的和他人的需要。法朗士（Anatole France）說：「寧可理解少些，也勝於誤解許多。」
Compassion	同情	你對人對己必須有同情心。叔本華（Arthur Schopenhauer）說：「同情乃是所有道德的底蘊。」
Esteem	尊重	如果你對自己都不尊重，那麼沒有人會尊重你。艾皮科蒂塔斯（Epictetus）說：「我獲得的失去，我付出的我占有。」
Self-Acceptance	自我接受	你必須接受自己的現實。絕不要試圖去充當某人。蕭伯納（George Bernard Shaw）說：「最好的辦法是保持潔身自好和聰慧明理，透過你自身這扇窗口視察世界。」
Self-Confidence	自信	對你目前從事的職業，你必須保持以往成功的自信。

資料來源：馬克斯韋爾・莫爾茲著，毛宗毅、蔣成紅譯（1992），《人生的支柱》，新潮社，頁61-62。

一、專業技術

　　基於經營環境的變幻莫測，多數企業已無法提供員工終身僱用的保障。因此，對於工作者而言，職場倫理不單只是如何對待一家企業，更要在專業領域中發展出應有的專業倫理，並用於對待個人在職涯中所要面對的不同企業。《紐約時報》（*The New York Times*）報導，大學文憑對畢業生仍是優勢，但已不再是找到好工作的保證，尤其不是名校畢業。目前，美國年輕人約有三分之一會設法讓自己大學畢業，但逾三分之一不大可能找到有終身保障的工作，賺取足夠的錢償還學貸，同時未來所得也無法超過父母。如果他們想有機會擠進收入金字塔最高的百分之二十，在獲得工作前就要學會一項技能（編譯組，《聯合報》，2014/06/22）。

(一)專業倫理的定義

　　專業倫理（professional ethics）的定義，係指融合價值、規範、專業知識與技能、法律的紀律。誠如學者貝里斯所言：「專業倫理獲得重視應歸因於20世紀80年代所發生一些不符合倫理作為的傷害案例及困難的倫理議題所致；更深入的理由在於當代專業倫理反省到消費者主義及對專業人員的角色及行為的再思考之立論需要。」所以，真正的專業是要放下自己的本位主義與好惡，將每一個工作做好，這才是專業。

　　專業，《牛津英語辭典》（*Oxford English Dictionary*）上的解釋是：「一個人專門從事於一種職業，這種職業必須有高度的學術或科學上的知識與技能，以應用於他人的事務，而提供專門性的服務。」

(二)專業人員的定義

　　行政院主計總處編纂之《職業標準分類》裡對「專業人員」做如下的定義：「凡從事科學理論研究、應用科學知識以解決經濟、社會、工業、農業、環境等方面問題及從事物理科學、環境科學、工程、法律、醫

學、宗教、商業、新聞、文學、教學、社會服務及藝術表演等專業活動之
人員均屬之。本類人員對所從事之業務均具有專門之知識,通常須受高等
教育或專業訓練或經專業考試及格者。」(**表3-2**)

表3-2　行業標準名稱

A大類:「農、林、漁、牧業」
B大類:「礦業及土石採取業」
C大類:「製造業」
D大類:「電力及燃氣供應業」
E大類:「用水供應及汙染整治業」
F大類:「營造業」
G大類:「批發及零售業」
H大類:「運輸及倉儲業」
I大類:「住宿及餐飲業」
J大類:「資訊及通訊傳播業」
K大類:「金融及保險業」
L大類:「不動產業」
M大類:「專業、科學及技術服務業」
N大類:「支援服務業」
O大類:「公共行政及國防;強制性社會安全」
P大類:「教育服務業」
Q大類:「醫療保健及社會工作服務業」
R大類:「藝術、娛樂及休閒服務業」
S大類:「其他服務業」

資料來源:行政院主計處第9次修訂(100年3月),http://www.dgbas.gov.tw/ct.asp?xItem
　　　　=28854&ctNode=5479&mp=1(檢索於2014/10/10)。

　　專業(professional)與專家(specialist)是不同的,專業是面臨挑
戰,願意創造挑戰,因為挑戰而成長並感到興奮的。專家只求把他的例
行工作做好,用電腦就可以完成的工作。專業的語源是profess,有自稱、
斷言、告白的意思,帶有「在神前發誓就職」的味道,希波克拉底誓詞
(The Oath of Hippocrates)便有這樣的意思。

(三)希波克拉底誓詞

美國家喻戶曉的電視影集《急診室的春天》，是一部以芝加哥郡立教學醫院爲背景的人生大戲。在劇中的「誓詞」（oath），更精確的說，是醫學界有名的「希波克拉底誓詞」。

這誓詞由被尊稱爲醫學之父、醫聖的希波克拉底（Hippocrates）所撰寫，並在醫神阿波羅（Apolo）、藥神阿克斯勒庇俄斯（Asclepius）等神祇面前發誓，具體的內容共有九條。許多醫學院也會讓學生就此誓詞發誓。

> 鄭重地保證要奉獻一切爲人類服務。給師長應有的崇敬及感戴：憑良心和尊嚴從事醫學；以病人的健康爲首要顧念；尊重所寄託予我的秘密；盡我的力量維護醫療的榮譽和高尚的傳統；視同業爲同胞；不容許有任何宗教、國籍、種族、政見或地位的考量介乎我的職責和病人之間；最高地維護人的生命，自從受胎時起；即使在威脅之下，我不運用我的醫業知識去違反人道。我鄭重地、白主地並且以我的人格宣誓以上的約言（黃崑嚴，2005：182）。

從這份誓言的角度來看專業，會有更清楚的意象。有幾種職業自古以來就被視爲專業，如與人命攸關的醫生、藥劑師、護士，或評斷人類行爲善惡的律師等。後來連會計師、稅務人員或大學教授等等，只要能取得國家資格認證的人，都被稱爲專業人員（大前研一，呂美女譯，2006）。

所謂的專家，比如像會計師，只要精通所有的會計規則，就可以做好有關會計的工作；但是隨著顧客的國籍愈來愈多，也必須在不同幣制、稅制下操作。而與會計工作相關的法律，主要是由專家組成的官僚或公會（產業團體）運作而修改制訂的，總是慢半拍、趕不上時代需要。能夠掌握這些狀況，正確指導客戶的，才是會計中的專業（《遠見》雜誌，2006年4月號）。

職場倫理

個案3-1

阪神虎隊十訓

> 1.專家是為工作燃燒生命的人。
> 2.專家是把不可能變成可能的人。
> 3.專家是對自己的工作感到光榮的人。
> 4.專家是能看見趨勢的人。
> 5.專家是把目標看得比時間更重要的人。
> 6.專家是永遠邁向更高目標的人。
> 7.專家是對成果負責的人。
> 8.專家是以成果決定報酬的人。
> 9.專家是毫不鬆懈的人。
> 10.專家是永遠為了提升能力而努力的人。

資料來源：Cacatokori，林欣儀譯，〈阪神虎隊十訓〉，《講義》第50卷第1期，2011年11月號，頁102。

(四)專業的定義

　　如果沒有專業的實力，資格只不過是一張紙罷了。趨勢大師大前研一說：「能擁有比以往更高超的專業知識、技能和道德觀念；秉持顧客第一的信念；好奇心和向上心永不匱乏，加上嚴格的紀律，這樣的人就可以說是專業。」專家與專業的差別，就是未來與過去、未知與已知、變動與穩定、挑戰與例行工作之間的差異。真正的專業人才眼光永遠放在未來、面對的永遠是未知、永遠可以在變動中學到新的技能、永遠樂以接受挑戰與待開發的版圖。專業是一個跨領域、跨行業的共通標準，只要擁有「洞察力」（未來趨勢的預測力）、「構思力」（創新構想力）、「議論力」（據理力爭的溝通力）和「矛盾適應力」（解決危機的能力）的人，才有資格稱之為專業人士。

　　1.洞察力：它指的是將注意力放在一般人從未正視過的地方，能察覺看不見的事物的洞察力。培養此能力最重要的就是破除陳舊思想，

凡事抱持追根究柢的態度，不斷嘗試錯誤。

2. 構思力．除了「洞察力」之外，還要配合完整的構思能力，將創意轉換成具體行動力。在此過程中，專業人才必須常常逆向思考、自我否定、客觀的審視自己，重新全面性的構思新想法。

3. 議論力：議論的目的是求得真實。透過鍥而不捨的探究問題本質，在邏輯思考這個平台上，討論、詰問、爭論、直到最佳結果出現。

4. 矛盾適應力：面對衝突矛盾的態度，最重要的，不是求得唯一最佳解決方案，是藉由「假設─求證─結論─實施對策」的過程，養成全方位合理分析事情的習慣（盧淵源，2006）。

在台南成功大學醫學院圖書館右邊的標示板上，寫著創院院長黃崑巖說的一句話：「做良醫之前先做成功的人。」如果不能先做成功的人，身上就是具備一技之長，人將不會找到適當的刀口而會走入歪路。這句話不僅能用在醫生，也可以適用在所有的職業人。這兩句話其實就是「教養」之所在（黃崑巖，2005：183）。

(五)專業執照

當今社會，一個人如果用傳統的緩慢學習方式，或是單靠一張文憑、一種技能，而要吃上一輩了飯，恐怕有困難了。在國內日前最熱門、最有身價的是擁有「五照」之一的人，也就是「會計師執照」、「律師執照」、「醫師執照」、「精算師執照」及「建築師執照」，因此，要身價就要有證照。專業執照是證明在職場工作者提供的服務技術可讓人「信服」、「放心」的交給你去「辦事」的憑證。因此，在自己的工作領域內的證照，一定要設法去取得，「多照在身」是工作的「護身符」，「藝多不壓身」，只有這樣才能始終把握主動權，在激烈的「競技場」上才不會被判提早出局。

(六)專業人員倫理思考

　　真正的專業要能在荒野中找出路；在看不見的空間，尋找更多機會。資訊科技的進步，產生了許多相關的倫理與道德問題，造成了整個社會激烈的改變，而且威脅了個人現在所擁有的財富、權力、人權以及義務的分配。每種行業都有必須遵守的行為規範，例如醫藥倫理、工程倫理、律師倫理等等，而且各專業公會都有專門部門制定規範，制裁違反職業道德之會員，嚴重的話有可能吊銷執照。

　　資訊科技可以促進社會進步，但也可能造成行為不當或犯罪行為，進而危害整個社會的安全與價值。電腦機械協會（Association for Computing Machinery, ACM）在1947年成立了世界上第一個科學性及教育性組織。1992年，電腦機械協會對其會員要求其遵守專業人員的倫理要項有：

1. 在專業工作的流程與產品上，會努力達到高品質、效能與尊嚴。
2. 努力獲得與維持專業能力。
3. 瞭解並尊重與專業工作相關的法律。
4. 接受並提供適當的專業評述。
5. 對於電腦系統以及其可能的影響，提供周詳與全面性的評估，包括風險的分析。
6. 尊重契約、協議與被指派的責任。
7. 促進電腦執行及其結果的公開瞭解。
8. 只有經過授權，才能存取電腦及通訊資源（劉建人等，2004：53）。

　　專業精神（professional spirit），就是在專業技能上發展起來的一種對工作極其熱愛和投入的品質，具有專業精神的人對工作有一種近乎瘋狂的熱愛，他們在工作的時候，能夠達到一種忘我的境界，把工作視為天職。擁有專業精神的人，在工作的過程中會不斷付出，對工作力求盡善盡美，對工作質素的追求，置於個人榮辱和利益之上。所以，專業人員在自我道德規範上，要有比較高的自我要求。

二、人才類型

　　管理大師彼得・杜拉克說：「人才，將是我們面對21世紀最大的管理挑戰。」在2014年台大舉行畢業典禮上，華碩董事長施崇棠期盼畢業生要有既能深又能廣、兼具專才與通才的T型人，跨越科技、管理及藝術的不同能力。

　　國學大師胡適說：「爲學要如金字塔，要能廣闊要能深。」也就是一個人才要懂得打破自己的習慣領域，訓練自己成爲T型人。因而，職場上的人才趨勢，乃是由「I型人」轉變到「T型人」。專才已不能滿足職場上雇主的需求，現在「通才」正是目前的職場最熱門的人物。

(一)I型人才

　　日本知名作家村上龍在《工作大未來》一書中提出，考上好大學，能進入大公司或政府機關工作，從此過著安心穩定的生活，這樣的時代已經結束了。擁有一項專長、技能、語言能力者，就像「I」這個字母一樣，只靠一隻腳來支撐自己的工作，當遇到經濟風暴，或公司大裁員時，容易支撐不住而倒地，這是所謂站不穩的「I型」（I-Shaped）人才。

(二)T型人才

　　T型（T-Shaped）人才的概念，在1995年是由哈佛商學院（Harvard Business School）教授桃莉絲・巴登（Dorothy Barton）提出。巴登在其著作《知識之泉》（*Wellsprings of Knowledge*）中提到，如微軟（Microsoft）、惠普（Hewlett-Packard）、國際商業機器（IBM）等科技巨人，現在需要的不只是單純的工程師，而是擁有第二、第三專長的T型人才。換言之，在「I」的架構下，如何伸出兩隻手搭在別的領域（即T的開展），可以長出什麼樣的可能性。

　　傳統教育培養出來的所謂「I型人才」，也就是專才；而「T型人

才」，則是具有專才外，同時具備跨領域的專長，也就是「通才」。現代企業包括傳統科技、資訊科技、生命科技都快速跨領域整合，智慧型穿戴裝置也如火如荼創新中，「鋼鐵人」的世界已經不是電影或小說場景，跨領域創新已成為時代新顯學，未來需要能跨越科技、管理及藝術的「T型人」（林秀姿，2014/06/08）。

「T型人」有深度也有寬度，在自己熟悉的範疇之外，也勇於擁抱改變，思考創新事物，這才是新世代所需要的人才。

(三) π 型人

大前研一說：「如果現代人想在工作上獲得升遷、加薪，就必須努力成為擁有兩種以上專長的 π 型人。」所謂「 π 型人」正是時下企業主管心中的「跨領域人才的人」，也就是「T型人」再瞄準另一種專長鑽研、發展，使你在職場上競逐時比別人多出另一隻腳，正因為這隻多出來的腳，使得你可以更快地奔馳。

「 π 」是希臘文第十六個字母，發音近似於「拍」，在數學上代表圓周率，埃及古夫金字塔的周長除以兩倍塔身高度，就恰恰等於這個數值。「 π 型人」就像 π 字一般，伸出左腳，踏出右腳，再平舉雙手，以穩固的姿態屹立於職場中，無畏於環境的嚴酷挑戰。「 π 型人」除了擁有雙專長、熟悉雙領域、懷有雙視野外，更可以跨專長、跨領域、跨視野，所以除了具備一般上班族應有的基本工作條件外，還有更高的附加價值，故是職場上的搶手人物，亦是各領域的常勝軍。

根據呂宗昕著作《 π 型人——職場必勝成功術》書中，提供的成為「 π 型人」的五大步驟為：

1. 充實基本知識：各領域均有必學的基礎知識，懂得基礎知識，才能有能力修習進階知識。以基礎知識建立起穩固的地基，才能搭蓋出高聳入雲的專業知識大樓。

2. 精通第一專長：別再同一時間學習太多專長，這將會使自己疲於奔命。先全力培養第一專長，徹底熟悉專長的知識與技能，並深入理

解該專長的重要概念與內容。

3. 學習第二專長：在職場中，可以參加各類訓練班、在職進修班、學分班、市民大學等單位所提供的課程，修習第二專長，為自己帶來實質的附加價值。

4. 貫通兩大專長：當你兼具雙專長後，應以宏觀的角度審視這兩大專長，尋找兩者間可相輔相成之處，將兩大專長的知識重新排列與組合，充分融會貫通。

5. 尋找發揮舞台：當你養成雙專長的絕世武功後，還需要欣賞你能力的伯樂，也需要供你發揮實力的舞台。請積極與主管溝通，爭取更具挑戰性的任務及職位，使自己的雙專長淋漓盡致地施展。

大前研一認為，在瞬息萬變的時代，單一專長已無法滿足顧客或主管的要求，成為「π型人」將是重要的職場趨勢，「π型人」特色也會成為就業最有利的敲門磚。因為「π型人」擁有「紮實的理論基礎＋專業的技術能力＋精準的實踐經驗＋行業的深刻理解」，故對企業而言，是真正多面向的個中高手（〈什麼是 π 型人〉，http://www.jnps.tp.edu.tw/class/JN143/files_dl/%E4%BB%80%E9%BA%BC%E6%98%AF%CF%80%E5%9E%8B%E4%BA%BA.doc）。

雖然在瞬息萬變的未來，「π型人」僅是面的延展，還是無法達到工作上的需求，屆時大家可能要更精進的成為「爪型人」、「瓜型人」、「鼎型人」，成為一位全方位的立體人才（賴惠君，2009）（**表3-3**）。

世界知名教育與創造力專家肯·羅賓森（Ken Robinson）說：「你的職業並不見得等同你對自己的認知。工作領域若非你的天賦歸屬，你就更需要往其他領域去追尋自己！」

表3-3　I型人、T型人、π型人的差異比較

項目		I型人	T型人	π型人
定義		全力培養第一專長，澈底熟悉專長的知識與技能，並深入理解該專長的重要概念與內容。	專精第一專業外，又能多方瞭解其他領域的概念，廣泛吸收新知。	同時熟悉兩項專業，又有廣博的延伸技能，且兩項專業間有相關性，可以交互支援。
優點		對於單一專業十分專精	可擴展原有專業應用技能	精通雙專業，可隨心所欲調整專業比重
缺點		遇環境驟變時可能身陷被淘汰的風險	環境驟變時無法立刻找到可供發揮的第二舞台	缺乏立體的視野及組織中其他π型人連結的能力
舉例（人）		醫生	國小老師	專案經理
組織中角色		I型人在組織中較有本位主義觀念，認為該專業非他莫屬。	T型人充實與原專長相關的衍生知識及能力。在組織中能與其他技能做橫向之連結。	π型人能將兩大專長知識加以應用並融會貫通以應用在業務上，並能深入作業。
圖形意涵		●（點）	─（線）	□（面）
數字意涵		1＋0＝1	1＋1＝2	1＋1＞2
建議	個人	努力於職場上充實與原專長有關的衍生知識及能力。	透過其他進修，積極培養自己的第二專業。	精通兩種專業並延伸串聯兩種能力，形成綜效後，努力培養第三能力並活用之。
	組織	透過職務調整使其接觸其他領域業務。摒除本位主義，學習橫向連結經驗。	可透過訓練活動及工作輪調培養其第二專長，使既有知識更加深入專精，朝π型人邁進。	組織中可將π型人加以連結，彼此有更多交集。形成立體穩固的企業體。

資料來源：賴惠君，〈I型人、T型人到π型人〉，《台肥季刊》第50卷第2期，2009/06。

三、核心職能

用體力謀生，是勞動者；用腦力賺錢，是知識工作者（knowledge staff）。知識工作者的興起，以及人力資源已經躍居為重要的策略性地位，因而優秀員工的獲得與培育，即成為企業發展與存續的經營要務。在此背景下，企業界相繼導入職能的經營技術，並視為是新的能力指標。職能就是一項潛在的個人特質（personality characteristic），這些特質與效標參照組（criterion-referenced）的工作表現，具有高度的因果關係。潛在的個人特質，是指職能在人格中扮演深層且持續的角色，而且能預測一個人在複雜的工作情境及擔當重任時的行為表現；因果關係的意義，是指職能導致績效或可用來預測績效及行為表現；效標參照，是指利用特定的效標或標準來衡量績效職能，可以實際預測一個人工作績效的好壞，例如，衡量業務人員的標準是其銷售金額或顧客數目。

小常識

想飛，就要飛對方向

佛光山用人原則是物盡其用，人盡其才。

· 有智慧者，勉其從事思想方面的工作。

· 口才好，佛學底子深厚者，勉其教書上課。

· 有行政理想者，勉其從事辦公辦事。

· 具慈悲心者，勉其從事慈善事業。

資料來源：星雲日記（1996/04/20星期六）。

(一)職能特質

核心職能（core function），係指組織內任何職位的在職者要達到卓越績效水準所需要條件總和，包括：專業知識、技術、能力、經驗與人格特質等。職能被應用於人力管理措施以改善員工績效，此一概念濫觴於麥克蘭（David C. McClelland）在1973年發表〈評量職能而非智力〉（Testing for Competence Rather than for Intelligence）一文，他主張高績效的動力來自於個人深層的動機與人格特質，而非取決於智力。他找出一些因素，例如：態度、認知、個人特質等，稱之為「職能」，當這些特質被

單獨或組合使用時，就可獲得成功的績效。

　　史賓塞夫婦（Lyle M. Spencer & Signe M. Spencer）於1993年提出職能（competency）的定義：「個人具備的深層和持久的特性，這些特性和其在某項工作或情境上所設定的高績效表現，具有因果預測的相關性。」

　　史賓賽夫婦認為有五種深層特性的類別，包含動機（motive）、特質（trait）、自我概念（self-concept）的內隱部分和知識（knowledge）及技巧（skill）的外顯部分等五構面組成。換成用冰山模式（iceberg model）來表達的話，技能和知識乃是顯露於外看得見但體積較小的冰山，另外三者是隱藏於水面下看不見但體積更大的冰山（**圖3-1**）。

1.動機：它指一個人對某種事物持續渴望，進而付諸行動的念頭。因此，動機是驅使並引導我們做抉擇，於是我們就會在眾多目標或行動中，心有所屬，而且堅定不移。這就好比一位具有強烈成就動

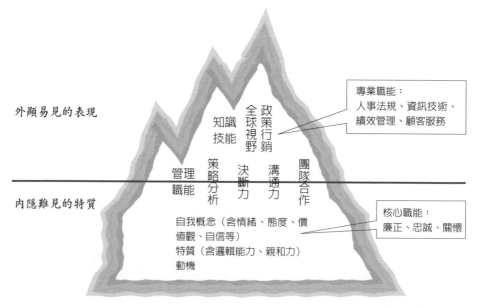

圖3-1　人事人員核心職能模型

資料來源：黃積聖，〈職能意涵與建構公部門人事人員職能模型之芻議〉，《人事月刊》
　　　　　第333期，2013年5月號，頁26。

機的人，會一直不斷的為自己一次又一次設定具有挑戰性的目標，而且持之以恆的去加以完成，同時透過回饋機制不斷尋找改善的空間。

2. 特質：它指身體的特性以及擁有對情境或訊息的持續反應。比方說，對時間的即時反應和絕佳的視力是戰鬥飛行員所必須具備的必要特質。

3. 自我概念：它係關於一個人的態度、價值及自我印象。就如同自信，一個人深信自己不論在任何狀況下，都可以有效地工作，這可以說是個人對自己自我概念的認定。英國學者索洛雛契克說：「缺乏自信常常是性格軟弱和事業不能成功的主要原因。」

4. 知識：它係指一個人在特定領域的專業知識。好比說，外科醫生之於人體的神經及肌肉的專業知識。知識只能探知一個人現在能所及的範圍而無法預知未來可能涉入的狀況。

5. 技巧：它指的是為執行有形或無形任務的能力。比如，一位牙醫師能夠以熟練的技巧填補病人的牙齒而不傷到他的神經。

　　知識與技巧的職能，是傾向於看得見以及表面的特質；自我概念、特質與動機，則是較隱藏，深層且位於人格的中心能力（Lyle M. Spencer，魏梅金譯，2002）。

　　一般來說，企業高層接班人所需的核心職能，大致包括誠信、熱情、思考格局人、企圖心、洞察力、人際領導能力等。行政院人事行政局人事總處所屬地方行政研習中心，於2009年曾針對十一萬名地方公務人員進行職能評鑑，依其人格特質、職能潛力、能力需求等分析，以老虎、海豚、企鵝、蜜蜂、八爪魚等五種動物詮釋公務人員的屬性，發現公務人員最多像八面玲瓏的八爪魚，占了44.47%，擅於整合、處事周延具彈性；而象徵具有領導風範的老虎特性者最少，僅有7.56%。整體說來，地方公務人員擅於整合，處理公務亦維持一定品質與效率，但必須再強化「風險管理」、「創意思考」及「規劃執行」等能力（**表3-4**）。

表3-4　公務人員的動物屬性及基本特質

動物屬性	基本特質	公務人員比率（%）
老虎	勇敢、挑戰、積極	7.56
海豚	熱情、分享、樂觀	9.90
企鵝	耐心、和諧、合作	13.54
蜜蜂	品質、程序、分工	24.53
八爪魚	整合、周延、彈性	44.47

資料來源：行政院人事行政局地方行政研習中心（2009），《地方公務人員使用職能評鑑系統之行爲分析與職能課程規劃報告》。

四、時間管理

　　美國著名報人、政治家賀拉斯‧格里利說：「一個人如果根本不在乎別人的時間，這和偷別人的錢有什麼兩樣呢？浪費別人的一小時和偷走別人五美元有什麼不同呢？況且，很多人工作一小時的價值比五美元要多得多。」因此，如何做好個人時間管理（time management）是職場工作者的一門大學問。古諺說：「昨日是一張作廢的支票，明天是一張尚未到期的本票，而今天則是一張可運用的現金。」時常地，個人成功與失敗的分水嶺，決定於是否善用時間。勤奮、運氣或靈活的手腕固然重要，卻非關鍵。唯有掌握重點才是成功的不二法門。英國海軍中將納爾遜（Horatio Nelson）說：「我一生事業的成功，要歸功於做事總是提早一刻鐘的習慣。」遵守時間不僅是對自己的一種約束，也是對他人的一種尊重。

(一)時間陷阱

　　奧運比賽中，百分之一秒就可能是金牌和銀牌之間的差異。正如《舊約聖經‧傳道書》第九章第十一節所言：「快跑的未必能贏；力戰的未必得勝；智慧的未必得糧食；明哲的未必得資財；靈巧的未必得喜悅；所臨到眾人的，是因爲『時間』與『智慧』。」台積（TSMC）創辦人張忠謀認爲，別人比你有錢、比你成功，並不表示他的能力比你高，並不表示他比你有智慧，而是時間和機會占了很重要的因素。由此可知，時間的重要性。

螞蟻與蚱蜢

　　冬天裡的一個早晨，下了一場大雨。午後，太陽出來了，螞蟻們忙著把倉庫裡的穀粒搬出來曬曬太陽，防止受潮。

　　這個時候，一隻饑餓的蚱蜢經過這裡，非常饑餓的樣子，他虛弱地要求道：「我的肚子好餓，分一點穀粒給我吃，好嗎？」

　　螞蟻們問他：「那你夏天的時候都在做些什麼啊？為什麼你不預先儲存一些食物起來呢？」蚱蜢回答說：「我那個時候每天都很忙，一點閒置時間都沒有！忙著唱歌、到處遊玩，根本沒考慮到冬天的事情啊！」螞蟻們聽了齊搖頭，說道：「如果你整個夏天勤快一點，冬天就可以安心的在床上跳舞了。」

　　啟示錄：時間管理不當，缺乏遠見，做事沒有章法，是蚱蜢在冬日所面臨的困境。

資料來源：〈螞蟻與蚱蜢〉，磐安教育網，http://www.paedu.net/geyan/story/thyy/201002/43528.html。

　　1991年，有個學者針對美國商學院的學生提出一份研究報告，他發現了十個時間陷阱，從第一名排下來分別是：拖拖拉拉、看電視、跟朋友聊天、做白日夢（發呆）、思考要如何做作業、身體上的問題（如生病、體力不濟）、睡過頭、沒有計畫、等候別人、講電話。現代則又多了一大干擾源：電腦。就時間管理而言，相信很多人是對電腦又愛又恨，因為它可以是個幫助你管理時間的好工具，但常常可能你還是在電腦上耗費許多不必要的時間，所以我們需要思考如何使用電腦，才能有效避免它成為我們的干擾源。

Story

慢了三小時

　　貝爾發明電話，於1876年2月提出專利，當天另一位發明人葛雷也提出申請，其主要構想與貝爾接近，但是慢了三小時。不管當時落後的葛雷如何懊惱，氣得跺腳，嘆息不已，就是改不了那一紙專利所有者的名字，那一次決定命運的三小時。

　　就這樣，貝爾不但為他個人贏得種種名利，數年後搖身一變而成巨富，且榮獲海德堡、哈佛、牛津等大學的名譽博士學位。

資料來源：丁志達（2014），「提升主管核心管理能力實務講座班」講義，中華工商研究院編印。

　　世界生產力科學聯盟（World Confederation of Productivity Sciences）主席托爾‧達爾（Tor Dahl）說，一般人把時間浪費在：

1. 23%的時間花在等待許可、原料，或是支援。
2. 20%的時間花在根本不應該做的事情上頭。
3. 15%的時間浪費在應該是由別人處理的事情。
4. 18%的時間則浪費在做錯事情上頭。
5. 16%的時間則是浪費在無法做對的事情。

　　時間陷阱中的外生陷阱有：提供解決問題資料不全、例行性工作、溝通欠佳和電話干擾；內生陷阱有：在同一時間想做太多的事、不好意思拒絕他人的請求、事必躬親、主管只指派工作而不授權（**表3-5**）。

表3-5 最常見的時間陷阱

・缺乏計畫、錯誤的變更
・缺乏目標（未訂完成期限）
・以前處置不當的事項（倉促的決策）
・授權能力不佳（只授與下屬責任，但不授於權力）
・電話干擾
・不必要的開會（召開會議技巧欠佳）
・不速之客的干擾（冒然而來的訪客）
・救火（狀況頻傳、危機處理）
・等候某人和他一起討論公事
・無法推卸的工作
・不聆聽他人意見（一意孤行）
・拖延、猶豫不決（想法、嘗試過多）
・事必躬親
・個人組織能力不佳（責任劃分不清，範圍不明）
・做事缺乏輕重緩急先後次序的考量（亂了章法）
・辦公桌紊亂不堪，文件滿桌（鉅細靡遺，閱讀過度）
・優柔寡斷，拖延成習
・沒有說「不」的能力
・外界活動（廣結良緣，應酬太多）
・原可避免的差旅（交通及商務旅行）
・與助手欠缺協調（溝通不良、徒耗唇舌）
・上司的不定時打擾
・不需要的回信
・家庭、私人問題多
・缺乏自律，過於隨性
・不好意思拒絕他人請託（過度承諾）

資料來源：丁志達（2014），「提升主管核心管理能力實務講座班」講義，中華工商研究院編印。

(二)重要和緊急的事情

　　辨別事情的輕重緩急，急所當急，充分授權，是個人時間管理之鑰。緊急的事例如電話鈴響之類，使我們感到壓力，催促我們行動，但往往不重要。有人每天都給「緊急」問題搞得焦頭爛額，在「緊急」之中度日。但所謂「緊急」，往往只取決於別人的要求和期望。不重要的問題，不管看上去多麼緊急，辦事效率高的人都會置之不理，而先去處理要事：

建立關係、長遠規劃、做好準備⋯⋯，這些是我們都知道必須做，但往往因為看似不緊急而少抽空去做。如果我們把重要的事做了，將重要的事置於首位，那麼，辦事的效率就會提升，執行每週工作的能力就會大增（**表3-6**）。

表3-6 誰偷走您的寶貴時間？

- 行事前缺乏計畫（Poor planning）
- 常面臨期限壓迫，沒有危機管理意識（Crisis management）
- 拖延不動手做（Procrastination）
- 受到人或事的干擾（Interruptions）
- 事必躬親，不授權或委任他人（Not delegating）
- 參加不必要的會議（Unnecessary meetings）
- 未即時做好系統分類與歸檔（The shuffling blues）
- 花時間找重複的東西（Poor physical setup）
- 缺乏解決問題的人際網路（Poor networking）
- 情緒管理不良，讓抱怨影響效率（Bad attitude）
- 時常接收周邊人們消極態度，偏離自己的焦點（Negative People）

資料來源：Donald E. Wetmore；引自：張書瑋，〈編製工作與生活的平衡表〉，《會計研究月刊》第279期，2009/02，頁60。

在日本被譽稱「超級上班族」的筆記術達人美崎榮一郎認為，在職場上成功的人，很多都懂得善用筆記技術來「記錄」工作內容，將經驗當作存款累積，就不會遇事手腳忙亂。

一般我們處理的事情分為重要的事情和緊急的事情，如果不做重要的事情就會常常去做緊急的事情。比如鍛鍊身體保持健康是重要的事情，而看病則是緊急的事情。如果不鍛鍊身體保持健康，就會常常為了病痛煩惱。又比如防火是重要的事情，而救火是緊急的事

80/20原理

義大利經濟學家巴雷多（Vilfredo Pareto）提出「80/20原理」（Pareto Principle）。其意涵指出，在任何系統中，80%的結果是由該系統中約20%的原因產生。推廣到時間管理領域，很多情況下，工作的80%的收益都來源於20%的工作。這就意味著80%的工作都是在做低效率的事情。所以我們要將精力放到那20%的工作中，這樣我們的工作就會更有效率。

情，如果不注意防火，就要常常救火。

(三)造成緊急且重要的原因

德國詩人歌德（Johann Wolfgang von Goethe）說：「凡事都有輕重緩急，重要性最高的事情自然應該優先處理，不應該和重要性最低的事情混為一談。」在職場上，造成緊急且重要的原因有：

1.時常解決眼前的問題而重複的問題不斷地發生。
2.浪費時間處理救火隊的問題而無法防患以未然。
3.對於問題的根本原因一直判斷錯誤。
4.處理問題的優先順序不易研判，或是時常研判錯誤。
5.無法對公司長遠規劃做全盤考量。

全美十大傑出業務員甘道夫（Joe Condolfo）說：「每天晚上，在你睡覺之前，列出你隔天需要做的最重要的事情，然後按照重要性的先後次序依序做完，如此一來，你的一天結束時，將做完最重要的事，並略過一些沒有意義的事情。」（Joe Condolfo口述，Donald Jay Korn執筆，許順青譯，1996）。

(四)時間管理的重點

奧林‧米勒（Olin Miller）說：「如果你要把一件容易的事變得困難，只要一直拖延就行了。」善於時間管理，就可以平衡在時間上的眾多壓力，以及目標要求，這種平衡將有助於避免工作者心力交瘁和壓力過劇。
時間管理的重點有下列十項：

1.確定目標。
2.有拒絕別人的勇氣。
3.工具準備、檔案管理。
4.學習授權。

5.增加個人能力。

6.設法由無意義的場合中獲得最大的好處。

7.重視休息，不在疲勞中工作。

8.預留寬裕時間。

9.一次完成一件工作。

10.花工夫在刀口上。

時間管理的目的在於協助運用時間，來達成個人或組織的目標，同時排定工作的順序，並優先處理「重要且有價值」的事務，以期用最少資源，創造最大的效益。所以，管理大師彼得・杜拉克說：「時間是世界上最短缺的資源，除非善加管理，否則一事無成。」管理好自己的時間，就是讓自己無論在做什麼事的時候，都能輕鬆應對，遊刃有餘。

五、職場衝突

工作職場中的衝突，是一項令人難過，卻存在的事實。衝突（conflict），是指同時出現兩個或兩個以上，彼此對立或互不相同的衝動、動機、慾望或是目標時，個體無法使之皆獲滿足，但又不願將其中部分放棄的心理失衡狀態，導致內在動態緊張（dynamic tension），就會產生衝突。在任何一個組織內衝突也是不可避免的事。

衝突不一定就會爆發對抗的行為，它在初始之期可能只是一種態度，這種態度在沒有辦法化解的情況下，然後才慢慢沉澱、發酵，終於爆發出對抗的行為。

例如：不少組織中研發部門與銷售部門間都會有溝通障礙，這其實就是一種衝突：研發人員以「我能做出好東西」為目標，力求技術突破，甚至單純滿足「我最強」的虛榮心；而銷售人員以完成交易為目標，儘量將產品推給客戶，自然必須回應顧客的需求，以表現「我最感心」的誠意。雙方目標不同，合作不成，反變成衝突的起因，彼此責怪、攻擊，終將演變成不可收拾的惡性循環，也把整個組織一同綁架，拖下水（陸洛，

2009）。

　　衝突本身並不是問題，如何管理衝突才是一門很深的學問。組織產生衝突的原因往往是立場不同，這時候管理者就不能陷入雙方的角度去看事情，而是必須跳到更高的一個層次去看問題，才有辦法將問題釐清。

(一)衝突的形式

　　職場衝突中，很多時候的衝突發生來自於想法的差異與溝通的誤解。當同事間發生衝突狀況時，他們會生氣，都處於負面的情緒中，而認為一切都是對方的錯，他們因此而衍生的行為會影響到生產力與工作績效。在上述的定義中，包括了感覺面（情緒）、認知面（想法）和行動面（行動），心理學家認為人類的體驗，就是由這三面向構成。因此，衝突根源於人類的天性，但陷入緊張關係的員工身體和精神上均會受到影響。英國金融業工會曾進行的一項調查顯示，在兩百六十五名郵局員工中，因為緊張關係，每人平均一年請五十一天病假，由此給郵局帶來的成本總計高達一千五百萬英鎊（Higginbottom, 2003）（Tony Buon，冷元紅譯，2005）。

　　現實中職場衝突在所難免，每個人面對衝突的方式不同，有的人妥協，有的人強硬，有的人順從，有的人逃避，有的人就事論事討論，但無論何種方式，衝突發生時，人的情緒很難控制。

　　要預防無謂的衝突，首先就該瞭解並掌握衝突發生的可能因素，才能夠進一步以同理心去思考對方的處境，化解可能發生的衝突。

　　一般而言，職場衝突的形式約有下列數端：

1.目標衝突：當雙方對所欲達成的目標（即期望的結果）無法獲得一致時，衝突便產生。例如，採購部門關心及時以低價進貨；行銷部門的目標則在產品的銷售和收益的增加上；品管部門則注意品質的提升並確保產品符合標準；生產部門則追求效率，企圖維持穩定的生產狀況。這些不同目標，如果沒有進行整合，衝突就容易產生。
2.認知衝突：當一個人或團體持有與其他人或團體不同的觀點或思想

時，這種衝突便極易發生。

3.情感衝突：當個人或團體的感受或情緒（態度）彼此互不相容時，便常發生此種衝突。

4.行為衝突：當個人或團體有一些舉止或行為無法見容於別人時，此種衝突就會發生。

5.程序衝突：對於解決某種事情所採取的方法或過程，雙方意見相左且堅持己見，此種衝突就會發生。

　　組織衝突的原因，可能是來自於個人因素與組織因素。許多溝通不良的原因是來自於人際關係的相關因素，其中包括宿怨、錯誤的歸因、個人特質、文化差異、價值觀的差異、性別的差異或專業化等。組織結構性的問題，包括任務的相互依賴性、共同資源的缺乏、利益關係者的數量、地位問題（代表性）、協商者的權力、目標的差異、急迫性或曖昧不明、溝通管道。個人因素包括每個人的期望、價值觀（基本道德觀、宗教信仰不同等），以及可以突顯個人特質和差異的性格，例如高度權威性、獨裁性和低自尊等特質，容易導致潛在的衝突（**表3-7**）。

表3-7　職場衝突四大類型

類別	說明
關係衝突	成員彼此之間缺乏信任感，相互不滿或是有敵意產生。這種牽涉到個人感情的衝突大多是負面的，且通常很難獲得解決，不僅對於組織造成很大的傷害，也很難復原。
任務衝突	例如部門之間的工作必須相互依賴，生產線上下游單位之間的關係，若上游單位的工作沒做好，就會影響下游部門；另外是角色扮演的不同，例如業務單位希望可以提前交貨，但是生產單位有自己的排程，不可能隨意更動，這時就會發生爭端。
程序衝突	像合作專案時，成員間因為工作習慣不同，或部門間工作流程有差異，造成衝突。
資源衝突	例如任務、程序及資源衝突，都是因為工作關係而造成的。若可以有適當的制度設計，讓衝突不至於擴大，反而可增進成員彼此的瞭解。

資料來源：吳永佳，〈面對衝突，你要這樣做：說對話 吵好架〉，《Cheers快樂工作人雜誌》第132期，2011年9月號，頁99。

(二)衝突三階段

一般來說，辦公室常見的衝突，包括意見不合、立場不同、資源分配有限、工作流程突然改變、職權劃分不清楚等。因為衝突可能會演變成危機，因此，及早面對衝突十分重要。以下為職場衝突的三個階段：

1. 第一階段：日常的事物與爭執。它是最不具威脅的衝突，要用妥協的策略，例如傾聽與參與，就能處理得非常好。
2. 第二階段：這個階段的衝突是較長期累積而來的，涉及更多的情緒，例如學習特殊的處理問題的技巧。
3. 第三階段：進入公開的爭鬥，並且要贏得勝利的願望超過被懲罰的願望時，就會變得想傷害他人。

不要害怕職場衝突的發生，因為職場衝突是人與人（上司與部屬、個人與同事）在日常的交往中會正常出現的偶發事件，我們應學習如何及早覺察衝突的徵兆，並檢視解決衝突的機會。

(三)職場衝突要件

職場本來就是個充滿衝突的地方，聚集著來自四面八方、不同成長背景、不同生活經歷以及不同行事風格的人，加上每個人承受壓力與化解壓力的模式都不相同，大小衝突總是難以避免。正確的「衝突」定義，必須符合下列所提到的四個要件。

1. 當事人雙方具有相互依賴性。雙方都必須從對方身上得到某種有形的或無形的「東西」，如果得不到就會認為是受到傷害。
2. 當事人雙方彼此指責。雙方都各自認為錯在對方，是因為對方的關係，才會造成問題。
3. 當事人雙方都在生對方的氣。雙方都處於負面的情緒中。
4. 當事人雙方的行為都會影響生產力與工作績效。雙方無法合作共

事，會導致工作上的問題。

工作上與人發生衝突在所難免，但是，只要能以正面態度化解，透過衝突也能適時溝通彼此心底眞正的想法。

(四)衝突的指導原則

職場衝突可算是一種棘手的職場壓力來源。若是未能及時予以妥善的處理，受影響的不僅是當事人，甚至會影響到整個辦公室的士氣。處理職場衝突之前，一定要先營造良好的氣氛，才能讓雙方冷靜下來溝通。

以下便是心理學家們提出的有效解決人際衝突的指導原則：

1. 溝通要誠實公開。別保留訊息，也別誤導別人，不欺騙，不操弄。
2. 指出別人令你不悅的具體行為，不要做籠統的人格批評。評論具體的行為較不具威脅性，也較不會引起反彈，同時又表明了你希望看到的改變。
3. 避免挑戰性的字眼。有些措辭很容易引起聽者的負面情緒反應，因此，措辭要儘量小心。
4. 用正面的說法，留個面子給別人。
5. 只處理最近的行為和眼前的問題。翻舊帳，炒冷飯只會挑起積怨，讓你分心而無法處理眼前的問題。（陸洛，2009）

職場衝突除了負面的影響，也有其正面的價值，若能化危機爲轉機，創造空間，讓彼此的想法可以再次澄清與溝通，將衝突轉化爲建設性的討論，不僅可以促進彼此關係的增進，也可以增加工作的效率。

結　語

台塑集團創辦人王永慶說：「企業不是只給你薪資、安定生活，絕不是這樣的，要獲得最起碼的生活溫飽，到處可得，不必到企業裡來的，各位必須有這個認識，薪資只是你工作的副收穫。在一個企業裡面，藉著

它龐大的組織、資金、機械設備，可以使你的能力獲得充分的發揮，這個發揮間接創造了社會福利，直接創造了企業的利潤，個人也因而獲得寶貴的工作經驗，增加許許多多的知識，這是花錢買不到的。」（王永慶，1973）

對於企業而言，能創造獲利就是成績，所以每一位工作者都必須要能讓自己帶給公司的收入，大於公司在你身上花費的支出。無論是要爭取晉升機會，或者只是想在不景氣中保住工作，如果都能有證據自我推銷證明自己的價值，都會是一大優勢（Larry Myler, 2010: 3）。

箴言集——惜時價值觀

序號	箴言	出處
1	人生天地之間，若白駒過隙，忽然而已。	莊子·外篇
2	人壽幾何？逝如朝霜。時無重至，華不再陽。	晉·陸機
3	盛年不重來，一日難再晨；及時當勉勵，歲月不待人。	晉·陶淵明
4	莫等閒，白了少年頭，空悲切。	宋·岳飛
5	花有重開日，人無再少年。	元·關漢卿
6	古人賤尺璧而重寸陰，懼乎時之過已。	魏·曹丕
7	不飽食以終日，不棄功於寸陰。	晉·葛洪
8	志士惜年，賢人惜月，聖人惜時。	清·魏源
9	白日去如箭，達者惜今陽。	宋·朱敦儒
10	一天只有二十一小時，剩下三小時是用來沉思的。	民國·傅斯年
11	合理安排時間，就等於節約時間。	英·培根
12	把時間用在思考上是最能節省時間的事。	英·培根
13	時間像彈簧，可以縮短，也可以拉長。	柬埔寨諺語
14	辛勤的蜜蜂永遠沒有時間的悲哀。	布萊克
15	善於利用時間的人，永遠找不到充裕的時間。	德·歌德
16	完成工作的方法是愛惜每一分鐘。	英國·達爾文
17	消磨時間者，亦必消磨事業。	美國·福布斯
18	三延四拖，你就是時間的小偷。	日本·上田敏夫
19	處理時間的秘訣就是學會拒絕。	管理學教授賽維特
20	光陰潮汐不等人。	緬甸俗諺

編輯：丁志達。

第四章

職場禮儀

- 職場關係
- 辦公室禮儀
- 會議禮儀
- 服飾儀容
- 餐飲禮儀
- 品酒文化

職場倫理

　　南開大學在張伯苓校長主校期間，爲了培養和規範學生的儀表，在校內樹立鏡框，由嚴修老師書寫四十字鏡箴：「面必淨，髮必理，衣必整，鈕必結；顏容正，肩容平，胸容寬，背容直；氣象勿傲、勿暴、勿怠；眼色宜和、宜靜、宜莊。」這就是實踐的生活教育。在職場上，何嘗不是也要這樣注重自己的儀表嗎？

　　禮是禮貌、禮節，是一種要求；儀是儀表、儀態，是一種被人們規定的共同認可的秩序，合二爲一，禮儀是在交往中體現出來的人們之間互相尊重的意願，就是與人交往的程序、方式以及實施交往行爲時的外在表象方面的規範，包括語言、儀容、儀態、風度等等。一般來說，社交禮儀之目的在於以良好之言行舉止表現於他人之前，也就是在聚會，相遇或是在職場上，透過合適之服裝穿著，談話習慣與內容、表達之方式與技巧，餐飲之姿態等等，來達到給人良好之印象，從而使與其相處者得以留下良好之印象，進而開拓人際關係，達到極佳的群我關係，所以社交禮儀之基本功能是讓自己成爲一個「受歡迎的人」（**表4-1**）。

一、職場關係

　　多年前，學者阿格拉瓦（Subhash Agrawal）在《遠東經濟評論》（*Far Eastern Economic Review*）的一篇專文中說，外國人對印度的印象往往是從下飛機開始，到進入市區，很少看到笑容。他說，企業管理雖然有很多時髦的理論，但其實最重要的就是禮貌（politeness）、回應（responsiveness）和關懷（caring）。員工對待顧客應有禮貌，顧客有所詢問或要求應迅速負責任地回應：公司的員工能自動自發做到禮貌與回應，基本上是因爲有發自內心的關懷（孫震，2003）。

表4-1　生活的基本禮貌

1.遵守諾言，尤其與時間有關的諾言。
2.走路靠右邊行走（或左邊，視你所在的國家而定）。
3.排隊等候。
4.照顧弱勢者。
5.遵守法令規定。
6.留意自己正在做的事，一心多用是禮貌之敵。
7.對別人的善意舉動表示感激。
8.多數時候，閉上嘴巴。
9.尊重他人的意願，顧慮對方的感受。
10.常將請、謝謝、對不起等禮貌用語掛在嘴邊。
11.出於誠懇的問候他人。
12.在公共場合講話時，放低音量。
13.不侵犯他人隱私。
14.不隨意亂丟垃圾。
15.講手機時，注意場合並降低音量。

資料來源：Lucinda Holdforth，郭寶蓮譯（2008），《禮貌的力量》（*Why Manners Matter*），商周出版，頁222-223。

　　一份針對產業界調查發現，技職教育除了產學落差大，不少應徵的年輕人職場態度不佳，面試穿著隨便、遲到也不會事先告知，離家超過十分鐘車程工作就嫌遠，這種普遍存在的「態度落差」，讓企業界常在應徵新鮮人時瞠目結舌（林秀姿，2014/05/25）。

(一)商業禮儀

　　細節藏在魔鬼裡（The devil is the details），指的是：「困難的部分都躲藏在很多小細節的地方」。在職場上，沒有任何小事真的微不足道。小事並非不重要，商業禮儀不只能展現溫文有禮的風度，更是重要工具，是你為了表示尊重、贏得信任而發出的訊號，目的是能將彼此關係向前推進。在職場上，這些都是不可或缺的重要支柱（**表4-2**）。

　　與人交談，往往會出現「無話可說」的冷場，要懂得問與答的技巧，才容易與人相處甚歡。英國人際關係專家李爾‧朗茲的建議：

表4-2 員工禮儀守則

第一條 為維護公司良好形象，加強職工禮儀規範，特制定本辦法。
第二條 職員必須儀表端莊、整潔。具體要求是：
 1.頭髮：職員頭髮要經常洗，保持清潔，男性職員頭髮不宜太長。
 2.指甲：指甲不能太長，應經常注意修剪。女性職員塗指甲油要儘量用淡色。
 3.鬍子：鬍子不能太長，應經常修剪。
 4.口腔：保持清潔，上班前不能喝酒或吃有異味食品。
 5.女性職員化妝應給人清潔健康的印象，不能濃妝豔抹，不宜用香味濃烈的香水。
第三條 工作場所的服裝應清潔、方便，不追求修飾。具體要求是：
 1.襯衫：無論是什麼顏色，襯衫的領子與袖子不得汙穢。
 2.領帶：外出前或要在眾人面前出現時，應配戴領帶，並注意與西裝、襯衫顏色相配。領帶不得骯髒、破損或歪斜鬆弛。
 3.鞋子應保持清潔，如有破損應及時修補，不得穿帶釘子的鞋。
 4.女性職員要保持服裝淡雅得體，不得過分華麗。
 5.職員工作時不宜穿大衣或過分臃腫的服裝。
第四條 在公司內職員應保持優雅的姿勢和動作。具體要求是：
 1.站姿：兩腳腳跟著地，腳尖離開約45度，腰背挺直，胸腔自然，頸脖伸直，頭微向下，使人看清你的面孔。兩臂自然，不聳肩，身體重心在兩腳中間。
  會見客戶或出席儀式站立場合，或在長輩、上級面前，不得把手交叉抱在胸前。
 2.坐姿：坐下後，應儘量坐端正，把雙腿平行放好，不得傲慢地把腿向前伸或向後伸，或俯視前方。
  要移動椅子的位置時，應先把椅子放在應放的地方，然後再坐。
 3.公司內與同事相遇應點頭行禮表示致意。
 4.握手時用普通站姿，並目視對方眼睛。握手時脊背要挺直，不要彎腰低頭，要大方熱情，不卑不亢。伸手時同性間應先向地位低或年紀輕的，異性間應先向男方伸手。
 5.出入房間的禮儀：進入房間，要先輕輕敲門，聽到應答再進。進入後，回手關門，不能大力、粗暴。進入房間後，如對方正在講話，要稍等靜候，不要中途插話，如有急事要打斷說話，也要看住機會。而且要說：「對不起，打斷您們的談話」。
 6.遞交物件時，如遞文件等，要把正面、文字對著對方的方向遞上去，如是鋼筆，要筆尖向自己，使對方容易接著；至於刀子或剪刀等利器，應把刀尖向著自己。
 7.走通道、走廊時要放輕腳步。
  無論在自己的公司，還是對訪問的公司，在通道和走廊裡不能一邊走一邊大聲說話，更不得唱歌或吹口哨等。在通道、走廊裡遇到上司或客戶要禮讓，不能搶行。

（續）表4-2　員工禮儀守則

第五條	正確使用公司的物品和設備，提高工作效率。
	1.公司的物品要愛惜公物，不可挪為私用。
	2.及時清理、整理帳簿和文件，對墨水瓶、印章盒等蓋子使用後及時蓋緊。
	3.借用他人或公司的東西，使用後及時送還或歸放原處。
	4.工作檯上不能擺放與工作無關的物品。
	5.公司內以職務稱呼上司。同事、客戶間以先生、小姐等相稱。
	6.未經同意不得隨意翻看同事的文件、資料等。
第六條	正確、迅速、謹慎地打、接電話。
	1.電話來時，聽到鈴響，至少在第二聲鈴響前取下話筒。通話時先問候，並自報公司、部門。對方講述時要留心聽，並記下要點。未聽清楚時，及時告訴對方，結束時禮貌道別，待對方切斷電話，自己再放話筒。
	2.通話簡明扼要，不得在電話中聊天。
	3.對不指名的電話，判斷自己不能處理時，可坦白告訴對方，並馬上將電話交給能夠處理的人。在轉交前，應先把對方所談內容簡明扼要告訴接收人。
	4.工作時間內，不得打私人電話。
第七條	接待工作及其要求：
	1.在規定的接待時間內，不缺席。
	2.有客戶來訪，馬上起來接待，並讓座。
	3.來客多時以先後次序進行，不能先接待熟悉客戶。
	4.對事前已通知來的客戶，要表示歡迎。
	5.應記住常來的客戶姓名和職銜。
	6.接待客戶時應主動、熱情、大方、微笑服務。
第八條	介紹和被介紹的方式和方法：
	1.無論是何種形式、關係、目的和方法的介紹，應該對介紹負責。
	2.直接見面介紹的場合下，應先把地位低者介紹給地位高者。若難以判斷，可把年輕的介紹給年長的。在自己公司和其他公司的關係上，可把本公司的人介紹給別的公司的人。
	3.把一個人介紹給很多人時，應先介紹其中地位最高的或酌情而定。
	4.男女間的介紹，應先把男性介紹給女性。男女地位、年齡有很大差別時，若女性年輕，可先把女性介紹給男性。
第九條	名片的接受和保管：
	1.名片應先遞給長輩或上級。
	2.把自己的名片遞出時，應把文字向著對方，雙手拿出，一邊遞交一邊清楚說出自己的姓名。
	3.接對方的名片時，應雙手去接，拿到手後，要馬上看，正確記住對方姓名後，將名片收起。如遇對方姓名有難認的文字，馬上詢問。
	4.對收到的名片妥善保管，以便檢查。

資料來源：企業標準化管理應用中心編（2004），《人力資源管理：制度、表格、文書》，
　　　　　中國言實出版社出版，頁41-43。

1. 不要回答單字。例如，當人家問你從事什麼行業，可回答詳細一點（例如我是社會工作者、專門服務長者），這樣較容易讓話題延續下去。
2. 不要只以「啊、哈」做反應。對方說話後，應針對對方談話的內容發問，鼓勵他繼續說下去。
3. 選擇適當的問題。「哪裡？」、「何時？」這類的問題，通常只會帶來簡單的答案；儘量多問「為什麼？」、「怎麼會這樣？」、「然後呢？」。
4. 就算對方的話有點悶，也要展現笑容。社交高手會讓每一個人都感受到被尊重（編輯部，《讀者文摘》，2007年3月號）。

(二)微笑的重要

在人與人之間，微笑是一個表達方式，表示愉悅、歡樂、幸福或樂趣。微笑是世界上最美麗的語言，也是世界上通用的語言。微笑能讓人變得具有親和力，容易讓對方放下心理戒備。勵志成功大師拿破崙·希爾（Napoleon Hill）這樣總結微笑的力量：「真誠的微笑，其效用如同神奇的按鈕，能立即接通他人友善的感情，因為它在告訴對方：我喜歡你，我願意做你的朋友。同時也在說：我認為你也會喜歡我的。」

在所有國家中，最重視微笑禮貌的國家首推日本，對日本數十萬女性來說，職業性的微笑是工作的重要部分。所以，在職場上親切與微笑是絕對必要的。我們不可能拒絕一個真心向你微笑的人。只要我們把微笑變成一種真誠的工作態度，就能獲得更多的人緣（朱立安，2012：161）。

(三)道歉的藝術

道歉（apology），是人類社會的行為，是社交禮儀，也是做人處事的藝術。道歉一般是表達做錯事後的愧疚感，有時也用來請求別人的原諒。向別人承認自己犯的錯誤並道歉似乎非常困難，但是你一定可以做到的。說一句「對不起」並不難，但當你犯了大錯，或在職場上傷害了同事

的感情，想得到對方原諒，那就得真心誠意地道歉了。事實上，道歉是有學問的，沒有掌握其中的要訣，不但沒有達到修補關係的目的，甚至讓人覺得火上加油。

小叮嚀　道歉智商

‧同別人產生衝突時，你會第一時間檢討自己而不是責備他人。

‧不會懼怕在別人面前說「對不起」。

‧出現矛盾或者犯了錯誤，你通常會很快為此道歉，而不是採取拖延戰術。

‧道歉時語言、態度得體，不卑不亢。

‧不僅僅使用語言道歉，根據情況，你還會選擇不同的「方式」補助。

‧道歉的態度真誠（至少應當讓對方覺得你是真誠的）。

資料來源：張楚宇（2007），《道歉的力量》，福地出版社，頁12。

溝通顧問葳可思（Holly Weeks）指出，道歉有三個要素：承認錯誤、遺憾，以及為這件事情負責，你可以同時表達這三點，但是不一定要三個都表達，應該視情況而定。很多人沒有把三點分開，因此覺得道歉令人羞愧（編輯部，《EMBA世界經理文摘》，2003/05）。

加拿大心理治療師貝弗莉‧恩格提醒我們，誠心道歉，必須做到以下三點：

1.對所造成的損失或傷害，誠懇地表示歉意。

2.願意承擔責任，不為自己找託辭，不推卸過失。

3.提出具體的補救之道，並承諾不重犯。

在道歉滿天飛的時代，別忘了掌握道歉的藝術，讓對方感受到你的誠意，才算真正的道歉，方有機會得到別人的原諒，修補裂痕（Stuart Foxman, 2007）（**表4-3**）。

表4-3 辦公室的不道德行為

- ·管理部門在一些財務數字上做假，使得它們看起來對自己比較有利。
- ·應徵工作的人在履歷表上填寫不實的資料。
- ·將辦公室的用品拿回家給家人使用。
- ·申請不實的健康證明或者意外保險給付。
- ·用公司的電話打私人的長途電話。
- ·在未知會顧客的情況下，以舊零件取代產品上的新零件。
- ·利用公務車處理私人的事情。
- ·惡意中傷本來就該比你升得快的人。
- ·出差明明搭乘的是經濟艙，但回公司報出差費用時，卻藉口機票收據遺失而申請商務艙的費用。
- ·說服同事將你犯錯的事實匿而不報。
- ·剽竊別人的功勞，據為己有。
- ·贈送或者接受貴重的禮物。
- ·洩露他人私底下告知的個人隱私。
- ·未能信守諾言。
- ·僱用不合資格的人，因為一些人情關係，或者他們比較容易受你控制。
- ·破壞某項物品卻沒有承認。

資料來源：Letitia Baldrige，陳芬蘭譯（1997），《企業人完全禮儀手冊：商業社交禮儀》，智庫文化，頁140-141。

二、辦公室禮儀

　　辦公室是一個小型社會，是處理公司業務的場所，辦公室的禮儀不僅是對同事的尊重和對公司文化的認同，更重要的是每個人為人處事，禮貌待人的最直接表現。說話不可口沫橫飛，更不可講得太興奮，用手指去戳別人。打哈欠要用手遮住嘴巴，不可讓別人看到你的大牙。與人說話時，要保持一臂之距，不可貼著人說話，更不可咄咄逼人。

　　一個人的工作習慣，包括說話的態度、坐的儀態、處事的涵養，都會影響別人對這個人的觀感，間接影響一個人的升遷。所以，禮儀的主要意義在於尊重和關懷別人，以別人感受為先，表示出誠意和歡迎的態度待客。

(一)電話禮儀

接電話，以電話鈴響三聲以內接聽為原則，至少在鈴響五聲以內接聽，不要讓電話久響不接。接聽電話時，應先報明自己所屬的服務單位及名字，並主動問好，再詢問對方要找誰或說明來意。

電話轉接時，不是把電話按了分機號碼就算完成，得要確認分機是否有人接聽；如果對方要找的人不在，或是無法接聽，必須再把電話轉接回來，請對方留話，記錄對方姓名、交待事項及接聽電話時間，並應確實交給受話之同事。

舉止禮儀

· 上下班打卡時應依序進行，不可因趕時間就爭先恐後。
· 使用公務器材應有節約的觀念，不可公器私用；使用後應將物品設備歸回原處，保持整齊。
· 在禁止吸菸的場所，絕不可為滿足個人菸癮而侵害別人健康。
· 上班不可遲到早退。
· 不隨便翻閱他人東西，或任意打斷別人工作。
· 化妝室不要隨意聊天、洩露公務機密或道人長短。
· 應對進退須合宜，在樓梯或走廊遇見主管或客人應主動問好，並請其先過。
· 不在辦公室作私人事情。
· 於上班地點禁止穿拖鞋，走路放輕腳步，保持清靜。

資料來源：嘉義市政府。

(二)待客禮儀

接待不只是總機櫃檯人員的事，每位來訪的客人都有可能是客戶，必須先詢問對方找誰，向對方請教一張名片，並引導對方到會議室等待，千萬不要讓客人到處走動，一來會讓客人無所適從，二來會影響辦公室內其他人工作。接著端上茶水，如果需要等待，告知客人大約需要多久，可以提供報紙、雜誌讓對方打發時間。

當你接待客人到會議室，這便是一種「儀」（儀式、儀軌），如何做好這件事（例如，如何對客人好），這就是「禮」。基本上奉茶是一種「儀」，人人都知道奉茶給客人是基本功，但是以什麼態度來奉茶才恰當？這除了「儀」之外，還關乎「禮」的表現。當你奉茶給對方時，是放下茶杯，隨便說一句「請用茶」，之後便走，還是真是以關切之心向對方說：「茶熱，小心燙，請慢用。」禮要從心出發，當中包含個人心態及素質。

(三)遞名片禮儀

公務名片的主要功能，在於跟陌生人（客戶）第一次見面時的自我介紹之用。通常是職位低的，或是主動拜訪的一方要先掏出名片。在國內，無論遞名片或收名片，都必須用雙手奉上，在國外時則可免矣；遞名片的同時，應該一併說出「您好，我是某某公司的某某某」，同時眼神要注視對方。名片文字的方向，要便於對方正著讀，而不是倒著讀。接過對方名片後，理應端詳一陣子後再收入自己的名片匣內，以視尊重。在談話過程中，千萬不要忘我地把玩對方名片，這是非常失禮的舉動。

(四)稱呼禮儀

即使老闆或上司很親切或洋派，也不可直呼其名字，還是要加上職稱，例如「林總經理」或「吳董事長」。不要以為只要是外國人，就可以直呼英文名字，其實歐洲人相當重視禮儀，無論是稱呼誰，一定要加上先生、小姐。

(五)發電子郵件禮儀

在職場發送電子郵件，宜用正式的書信體例，稱呼、招呼語、結尾敬語等，都不要擅自省略，也千萬不要隨便用注音文或火星文。信末記得要附上聯絡方式，不要讓對方還得翻箱倒櫃找你的電話號碼。

發送電子郵件後，不要理所當然以為對方就會看到，最好再撥電話確認一下，以免被歸類成垃圾信件。

(六)開會時，管好你的手機

許多人手機不離身，但會議時請把手機調成震動提示。無論講公事或私人電話也須輕聲地說。

(七)乘車禮儀

乘車時，一般都會幫老闆開關車門，自己再繞到車子左側上車。「右尊左卑」是基本規矩，如果老闆走中間，就要讓長官站在老闆右邊，自己在左側；同事開車時，前座的人下車，自己一定要換到副駕駛座，不要讓同事變成司機，唯國際通例，女賓不宜坐前座。乘坐公務車時，位高者後上先下，位低者先上後下，並宜依次就坐。同時乘車時，男士應該幫女士開車門。

職場禮儀千頭萬緒，只要懂得尊重別人注意細節，自然就會有禮貌。對老闆上司有禮貌，對同事、秘書、總機、司機也都一樣要有禮貌，否則別人看在眼裡，就不是有禮貌，而是裝模作樣拍馬屁了（陳培思，《Career職場情報誌》，第409期）。

乘車禮儀

一般來說，與人搭乘交通工具，座位的尊卑是以座位的舒適和上下車的方便為考量標準。

一、小轎車

有司機駕駛時，以後座右側為主位，左側次之，中間座位再次之，前座右側又次，以前座中間座最末。

主人駕駛，以駕駛座右側為首位，後座右側次之，左側再次之，而後排中間座為末席，此時，前座中間座則不宜再安排乘客。

主人夫婦駕車時，則主人夫婦坐前座，客人夫婦坐後座，男士要為自己的夫人服務，宜開車門讓夫人先上車，然後自己再上車。

二、九人座車

接待團體客人時，多採用旅行車接送客人。旅行車以司機座後第一排即前排為尊，後排依次為小。其座位的尊卑，依每排右側往左側遞減。但是有例外情形，若是九人座車的中間是拉門時，則第二排最左之位子才是最高階的，這是因為最右的位子是活動的，人員上下車時都要翻疊以利進出，因此最高為左移至邊位。

資料來源：陳冠穎（1996），《生活社交禮儀》，中華民國禮儀推展協會出版，頁218-219；朱立安（2012），《職場倫理》，揚智文化，頁301。

職場倫理

電梯禮儀

· 欲搭乘電梯，應於門口側面依序排隊等待，電梯門開了，亦應等待電梯內所有的人出來，方可進入，縱有急事，也不應爭先恐後。
· 如同時等候搭乘電梯者中，有年紀、地位或輩分較長者，應有一人先行進入協助控制電梯，其餘者應禮讓他們先行，以示尊敬。
· 當電梯到達目的地時，如你站在後排而要先走出電梯時，應先說聲「對不起」，再請別人讓路。
· 如搭乘其他同仁負責操作的電梯，在入電梯時，要禮貌的說出所要上樓的層數，出電梯前，應該說聲「謝謝」。
· 絕不可在電梯內吸菸。
· 應暫時停止談話，無論公務私事，均不宜在電梯內談論。
· 遇有殘障人士同時搭乘電梯，應特別禮讓並予以扶助。
· 等待即將快步到達者。
· 不當眾對鏡整裝。
· 避免過度使用香水。

資料來源：嘉義市政府。

三、會議禮儀

　　會議主要目的是將眾人的意見透過討論及意見交流產生共識，進而公平合理的分派工作，以達到問題的解決及效益的提升。在會議進行過程中，因意見或共識的謀合落差，造成部門或同事間的對立及衝突，深究其源於多數出於參加會議的成員於會議進行中遺忘了應具備的會議禮儀與尊重。

　　會議禮儀，是召開會議前、會議中、會議後的事項。合宜的會議籌備與禮儀，將創造較佳的會議效率。

(一)準備工作

　　1.瞭解會議的性質、會議的目的為何及誰是與會者。
　　2.會場應有明確指標，特別是有外賓的會議，各項指標一定要安放在

明顯合適的位置。

3.會議如有主賓或演講人，應詳細告知會議地點，或是派員接送，務必使其有充分的時間抵達會場。

4.應準備背景資料，如之前會議紀錄或協調會共識等事情原委，供主席參考。

5.會議前至少半小時，應至會場檢查各項準備是否完善。

6.會議若要發布新聞，除了事先應發帖邀請外，同時將資料袋、新聞照片、新聞稿準備好，將資料送公關室發布。

7.會議開始前應站立門口妥為招呼與會者，協助報到手續，並引導就坐。

(二)會議進行時注意事項

1.準時出席，不遲到早退、擇適當座位就坐。

2.遵守會議程序。

3.會議進行中，應將行動電話關機或調整為靜音或震動狀態，而且若非必要不接電話，專心傾聽。

4.服裝得體、留意肢體語言。

5.發言應有禮貌，就題論事，除了以對人為主題之議案外，不得涉及私人私事，如言論超出議題範圍，或有失禮貌時，主席應予制止或中止其發言，其他出席人員亦得請求主席為之。

6.會議中承辦人員應坐於主管附近或後面，最好選擇近門位置，以便進出及接聽電話。

7.會議時間如過長，可安排休息時間，讓與會者食用點心或到洗手間。

8.如需贈送禮品、紀念品，應及早準備並包裝妥當，安排適當場合贈送。

(三)會後處理

1. 會場桌椅恢復原狀，會議室清理乾淨，垃圾帶走。
2. 有些資料僅在會議時參考用，會議後要記得收回，以免外流或遺失。
3. 盡早將扼要會議紀錄分送相關單位或人員，以求盡速執行。
4. 會議紀錄裁示事項，應有效追蹤後續辦理情形，並於下次會議一併報告。
5. 會議結束後，特別是有晚餐的會議，應先送外賓離去，除非熟識外賓，否則不應與外賓一同乘車離去。
6. 會議結束後，如有準備餐點，應派專人於會議室出口分送，長官之餐點盡量先行送至辦公室，並避免於長官送客或與客人談話時分送餐點。（嘉義市政府，〈嘉義市政府禮儀基準規範〉）

四、服飾儀容

衣冠不整不是名仕派，是對別人的不尊重。人會根據對方的穿著儀容，來判斷他有什麼樣的影響力，因此看對場合穿戴適合的衣著，可以讓一個人在職場上無往不利，功成名就。諺語說：「人要衣裝，佛要金裝。」就是強調人需要靠衣飾的裝扮，才會有體面的外表。衣著雅緻，彬彬有禮的人，自然討人喜歡；相對地，衣著不整，頭髮散亂，疏於修飾自己，自然使人敬而遠之。美國人力資源協會一份報告顯示，只有34%的企業主允許員工每天穿休閒服來上班，遠比2002年時的53%下滑將近兩成。老闆們的理由是，一味追求輕鬆、舒適，卻缺乏美感的穿著，已在辦公室演變成災難。當上班場所出現露出下背部刺青的低腰牛仔褲、連帽T恤、夾腳拖鞋，甚至低胸上衣時，連美國時裝節目主持人克林頓·凱利（Clinton Kelly）都公開批評「看不下去」。

美國Mervyns百貨曾做過一項調查，高達九成的上班族根本搞不清楚正式上班服（formal business attire）、半正式休閒服（business casual）以及純休閒服（plain casual）之間的差別。商務便服的英文叫「smart casual」，意

思是它雖然休閒，但你需要讓自己看起來很smart。因而，上班族追求自由時尚的同時，也別大意（洪懿妍，2011）！

(一)男士衣著之禮

　　根據研究，一個業務員在與人洽談時，外在的重要性就占了55%。其次是說話語調的38%，最後談話內容占7%。男士服飾以表現穩重、專業，令人信賴爲最重要。國人一般多以西裝來代表男士的身分、地位，而在正式的場合中，也多以深色西裝來應對。

　　男士的西裝依扣式的排列，有單排和雙排之分。若上衣爲單排扣，則最底下的一顆扣子不可扣上；若內有穿著西裝式背心，最下面的一顆扣子也是一樣不扣；而穿著雙排扣西裝則必須全部扣上。在坐下時，爲求舒適，西裝扣子是可打開的，但站起來或走路時，應扣上西裝的上釦，是尊重他人的行爲，而且記得要將西裝口袋的袋蓋放在外面，盡可能西裝上下身同一色系，較能凸顯權威感（陳冠穎，1996）。

　　黑領帶，白襯衫，黑西裝成爲了傳統紳士的經典三部曲。男士的領帶就好像女人脖頸之間的珠寶，能夠在增添光彩的同時提升你的個人魅力，扮演的是調合整套西裝的角色；領帶最好能同時擁有西裝外套和襯衫的顏色，這樣就能調合外套和襯衫的顏色，產生協調感。領帶搭配得好可以彰顯出你的紳士風度，深色領帶必須搭配淺色襯衫，方才顯得精神抖擻，且襯衫必須燙得平整，切不可有皺紋、汙點。皮鞋應以黑色爲主，而繫鞋帶的皮鞋比不用鞋帶的皮鞋來得正式。襪子與皮鞋相同，以黑色爲主，長度不宜太短以免坐下來時可能露出「飛毛腿」。

休閒穿著

　　赴國外出差或參加午茶形式的會議，主辦單位可能在邀請函上註明出席的穿著要求爲「smart casual」。「smart casual」，泛指一種「體面」的休閒穿著，「smart」點出它必須是能凸顯自我風格及特色的穿著，這有賴於對個人身材及性格特質的充分瞭解，平時也須多留意學習穿搭技巧，另外，最重要的就是對「smart casual」穿著原則的清楚掌握。

　　「smart casual」一詞最早源於上世紀20年代的美國。從50年代開始，專指輕鬆又不失專業形象的上班穿著風格。

資料來源：吳永佳，〈穿出聰明風格 解碼smart casual〉，《30雜誌》，2008年11月號，http://dgnet.com.tw/articleview.php?article_id=3620&issue_id=703。

此外，男性穿西裝褲時，絕對不能穿白襪，或過短的襪子，長袖襯衫會比短袖襯衫更顯得專業。切記，沒有將皮鞋擦拭乾淨，將會毀了辛苦塑造的個人美好形象（**表4-4**）。

(二)女性衣著之禮

美，對企業來說是品牌的新象徵，展現在個人身上則是一種職場競爭力。對上班族的女性而言，儀容是建立良好第一印象門檻，適度修飾個人外在儀表，除了建立良好的第一印象，更可提升職場女性的專業形象，搭配優雅語言，有禮貌的應對，將會散發無法抵抗的魅力，穿著打扮還是不要太前衛。

表4-4 適當的服裝儀容（男士篇）

項目	適宜	不宜
頭髮／髮型	・長度不超過衣領 ・修剪整齊、維持清潔	・長度超過衣領　・染色 ・油膩
鬍子、鬢角	・每天刮乾淨	・蓄鬢角或絡腮鬍
裝飾品	・儘量少佩戴 ・手錶必須式樣簡單	・佩戴過多飾品　・飾品誇張 ・名貴配件
指甲	・修剪整齊	・指甲長度過長 ・指甲留有汙垢
制服	・乾淨 ・燙整齊 ・扣子扣齊	・汙垢、油漬 ・未整燙有皺紋 ・衣袖、領口未扣、挽袖 ・衣服上留有頭皮屑 ・扣子脫落
名牌	・擦亮、掛正	・未戴正　・不戴
皮帶、領帶	・顏色、花色與制服搭配	・式樣花色繁複、誇張
鞋子	・深色素面、顏色與制服搭配 ・低跟 ・擦亮	・汙垢、灰塵 ・式樣繁複
氣味	・不搽香水、古龍水 ・僅限於氣味清淡的古龍水	・避免氣味濃郁

資料來源：王萬來（2000），〈服務技巧〉，中國國際商業銀行89年第一次新進職員講習班講義（2000/01/10-2000/01/15），頁4-7。

　　在職場上，女性有六不露原則，分別是胸線、手臂、大腿、腳指頭、肚皮、股溝等都不宜露出，裙子的長度最短最好不要高於膝蓋一個拳頭，其他則依個人特質來表現，但也建議女性在上班時間，儘量不要穿出性感豔麗或是太時髦搶眼的感覺，套裝或襯衫配裙子是最安全的穿法。女性要避免單穿無袖的衣服，裙長最好不要短於膝蓋上方10公分。

　　窄裙，長短需合宜，太長會顯得保守呆板，太短則失之輕浮、輕佻，另需注意褲襪顏色的搭配與選擇避免突兀。首飾、耳環、項鍊、手鐲等最好選擇同一樣式，以小巧精緻為原則，避免太過炫耀。化妝，以淡裝、整齊乾淨為主，不時散發出淡雅香味，永遠是受人歡迎的（**表4-5**、**表4-6**）。

表4-5　適當的服裝儀容（女士篇）

項目	適宜	不宜
頭髮／髮型	・短髮、梳理整齊 ・長髮往後梳紮馬尾或挽起	・瀏海蓋眉　　　・披散／久未修剪 ・髮飾誇張　　　・染色
化粧	・淡妝、均勻 ・紅色系口紅	・濃妝　・不化粧 ・上粧時間太久產生浮油現象
首飾、耳環、項鍊	・儘量少佩戴 ・手錶必須式樣簡單	・佩戴過多飾品　・飾品誇張 ・名貴配件
指甲／指甲油	・修剪整齊 ・近膚色指甲油	・指甲長度過長　・指甲油剝落 ・指甲留有汙垢
制服	・乾淨 ・燙整齊 ・扣子扣齊	・汙垢、油漬　　・未整燙有皺紋 ・衣袖、領口未扣、挽袖 ・衣服上留有頭皮屑 ・扣子脫落
名牌	・擦亮、掛正	・未戴正　　　　・不戴
絲襪	・膚色、無花樣 ・在儲物櫃隨時多準備一雙，以備不時之需	・顏色過深　　　・帶花紋 ・著短襪　　　　・不穿絲襪 ・絲襪抽絲破損
鞋子	・前後包的鞋子 ・低跟、素面 ・擦亮	・靴子、涼鞋 ・汙垢、灰塵 ・式樣繁複
氣味	・僅限於氣味清淡的香水 ・不搽香水	・避免氣味濃郁

資料來源：王萬來（2000），〈服務技巧〉，中國國際商業銀行89年第一次新進職員講習班講義（2000/01/10-2000/01/15），頁4-6。

表4-6　女性儀容基本檢查

> ・頭髮是否梳理整齊？瀏海是否有垂下來？髮飾是否太顯眼？長髮是否往後梳好綁好？頭髮的顏色是否染得太顯眼？
> ・眼鏡是否擦拭清潔？
> ・是否有掉妝或是化妝不均勻？
> ・口紅顏色是否合適？
> ・注意口腔衛生，是否有口臭、狐臭等體味？
> ・手指是否乾淨清潔？指甲是否太長？指甲油是否有脫落？指甲油的顏色是否太濃或太紅？
> ・服裝是否穿得太邋遢？是否有縐摺或不清潔？裙子是否有脫線？扣子使否有扣好？
> ・肩膀上是否有掉落之頭髮或頭皮屑？香水是否太濃或太刺鼻？
> ・絲襪顏色是否不協調？是否有破洞？（可多準備一雙襪子以備不時之需）
> ・鞋子是否擦拭乾淨，並保持光亮顏色？

資料來源：朱立安（2012），《職場倫理》，揚智文化，頁9。

　　職場穿著要配合公司的產業及風格。服裝整齊、清潔，適合辦公室辦公環境穿著；男性不宜過度花俏或休閒，女性不宜過度可愛或性感。如果是像會計師事務所和律師事務所這類需要穩重感覺的行業，最好採取比較保守穩重的穿法。穿著雖是無聲的語言，充分代表個人自我的形象，學會穿衣三部曲：掌握人時地，穿對衣服；依工作性質，穿出專業；活用色彩學，穿出品味，讓你的形象管理拿滿分（陳慧寧主講，柯淇聆文，2010）。

小叮嚀　職場上的行為

1.觀察那些你嚮往擔當其職務的人，看看他們是如何穿著打扮，然後從善如流。
2.無論是什麼風格的服裝，都應該保持整潔、合身，以及保持狀況良好。
3.頭髮和指甲應該保持乾淨、修剪整齊。同樣地，這點也是不限風格如何。
4.良好的個人衛生習慣，會受到同事的欣賞和感激。
5.在工作場合裡，若要噴灑香水和古龍水時，應盡可能少量使用。
6.男士應格外注意刮鬍、修容的習慣；若留有鬍子，就要適度修剪。保養或修飾若不得宜，就算你自己不在意，別人也會忍不住注意到這點。

資料來源：W. J. King著，James G. Skakoon修訂，齊立文譯（2008），《最重要的工作書：巴菲特、威爾許盛讚的職場守則》，先覺出版，頁113-114。

五、餐飲禮儀

餐桌禮儀是個多元且綜合的藝術，它的主要目的不只是「吃」，就和日本的茶道一樣，它的主要目的不只是「喝」。

日本語的「禮儀」，是用一個字表達「躾」，這可以引申出來的意思為：禮儀就是求自身之美。在日本有一句諺語：「看你拿箸（筷子，發音為hashi），就知道你的出身。」

英語的「禮儀」是稱「Manner」，若把它直譯成man＋ner，可以意寓成如何做人的意思。在歐洲有一句話：「和你吃一次飯，就看得到你母親的臉。」

筷子使用守則

‧筷子不用時，要擱在筷枕上，或橫放在自己的碗上面。
‧有公筷的話，一定要用公筷。不要用自己的筷子為別人夾菜，除非是剛開動，你還沒有把筷子放進嘴裡之前。
‧不要將筷子垂直插在一碗米飯上，這麼做會讓筷子看起來像是香，而這碗飯也讓人聯想到祭拜亡者的腳尾飯。
‧不要拿筷子敲碗。在古代，這是乞丐討飯的方式。
‧不要拿著筷子比手劃腳。
‧無論食物多麼美味，都不要舔吮筷子。

資料來源：MAURA FOGARTY，〈禮讚質樸的筷子〉，《讀者文摘》第93卷第6期，2011年8月，頁97。

東方一句，西方一句，都是說著同樣的意思：「你的吃相，就是你的父母的家教」。吃相也是衡量一個人的「自我控制能力」的指標。

(一)日本料理的禮儀

日本料理是很多人喜歡的異國料理，由於日本是個重禮儀且多禮的社會，在用餐禮儀上也特別講究，也有許多規矩，最顯著的特色就是筷子的用法。

1. 使用筷子時，需要用右手拿住筷子的中段，再用左手輔助，把筷子挪到胸前再開始使用，避免馬上用單手拿取筷子。不只是筷子，捧碗喝湯、拿杯子喝水時，都要用雙手優雅地進行。

2.在用餐過程中，如果想要放下筷子，應將筷子擺在筷架上。如果餐桌上沒有筷架，可以用裝筷子的紙袋摺成臨時筷架。把筷子擱在飯碗上有「腳尾飯」（祭拜死人）之意，日本人很忌諱。

3.日本人使用筷子，普遍以「利用筷尖1.5公分，長約3公分」的程度夾取食物，儘量利用筷子的前端，以避免弄髒整雙筷子。

4.如果湯碗的碗蓋打不開，可用左手的指姆與食指用力按壓碗蓋，右手就可以輕鬆掀開了。

5.碗蓋應該朝上方放置，湯喝完以後再重新蓋回湯碗，避免將碗蓋倒放或未蓋回。

6.魚類料理的食用方法與西餐一樣，不可以將整隻魚翻身，應先吃完朝上的那一面，並以筷子取出魚骨之後，再繼續吃另一面。

7.吃串燒或油炸料理時，應將所有食物從竹籤上取下再食用。（岡田小夜子著，NyaKo譯，2006：220-222）

　　在吃「握壽司」時，因為用筷子的力道，容易把「握壽司」弄得四分五裂，所以，要用拇指與中指輕輕捎住壽司，食指用來按住魚片與米飯，用魚肉端沾醬油，因如用米飯處沾醬油，不僅飯粒會吸收過多醬汁，還會使飯粒因潮濕而鬆脫。入口時，魚片朝上、米飯朝下。

(二)日本料理的正確用餐

　　日本人講究禮儀，飲食上也是如此，高級料亭的御膳料理會一道一道上菜，依序為前菜、生魚片、煮物、烤物或炸物、握壽司、茶碗蒸、湯品，部分餐廳會分2～3次上菜。

　　吃生魚片時，應由油脂較少、白肉魚片先食用。油脂較豐富或味道較重者，如鮭魚、海膽、魚卵等，宜留到最後吃，這樣才不會吃到後來味覺都被打亂。在食用生魚片與生魚片之間，可用蘿蔔絲或薑片清味蕾。勿將山葵拌入醬油沾取，夾一點山葵放生魚片上，一角沾醬油即可。佐料少量，才能吃出魚片的原味。

　　炸物（天婦羅）擺在盤子愈前面的口味愈清淡，要從最前面食材開

始吃，再依前菜品嚐的原則從左吃到右。

(三)日本料理用餐完畢的禮貌

用餐完畢時，主人會對客人說：「謝謝你今天的賞光，很榮幸與你用餐。」等等的禮貌用語。受邀請者也應回話：「謝謝你的招待，用餐很愉快，餐點很美味。」隔天，再打電話回禮一次，謝謝對方昨日的招待（隨意窩，〈日本料理禮儀〉）。

(四)西餐的禮儀

與人共餐的主要目的不是在吃、喝，共享一個快樂的交流時光才是最重要的。不打擾旁人，處處為對方著想，多對周遭敏感、您的舉止、談吐和話題才是決定這一餐「好不好吃」的重要因素。

(五)吃西餐之刀叉拿法

電影《麻雀變鳳凰》有一幕，女主角茱莉亞羅勃茲吃西餐時不知如何下手，刀叉齊下，搞得食物飛出去，還好被侍者一手接住。閃閃發亮的銀器，純白的麻紗餐巾，各式各樣的刀、叉、杯、盤……，別被這陣勢唬住了，它們各有存在的理由，都是為了用餐者的方便而產生的。

切食物時，歐美通行的做法是左手拿叉，右手拿刀（左撇子則相反）；左手叉按住食物不動，右手拿刀把食物切開；刀叉夾在兩手大拇指和中指之間，食指用力。任何時候都是切一次，吃一次，再吃時再切，不能在一開始就先把所有的菜都切成一塊塊後才吃（只有幼童才會由父母親代為全部切開）。

按歐洲標準，食物切好後可由左手直接送入嘴中。在此之前，右手要先把餐刀放在盤子邊沿上，刀刃向內（含意是無意冒犯別人），放好後右手需放到桌上，然後用左手將食物送入嘴中。

有些食物，比如豆子，很難僅用餐叉取到，可以先用叉子把豆子壓扁，再用餐刀把食物推到叉子上。即使餐桌上放有其他湯匙也不要來掏取

豆子，因為這些湯匙一般來說是供吃甜食和喝咖啡用的（大湯匙在喝完湯後已被拿下），除非湯匙就是為這道菜準備的。

　　在吃飯過程中，暫時不用刀叉時應將刀叉呈八字型放在盤子上，叉在左邊，叉齒朝下；刀在右邊，刀刃朝向盤內。刀叉的具體方位就像鐘錶指向八點二十分一樣。這種八字形放法，使刀叉的把分別反映向兩手臂，很容易重新拿起繼續用餐。侍者看到這種八字形放法後，就會明白顧客還沒有吃完這道菜，所以不會過來收拾餐具。

　　用餐完畢後，要把刀叉並列斜放在盤子上，方位大致像鐘錶指向四點二十分一樣，刀叉呈水平。侍者看到刀和叉這樣擺放時，就會明白顧客已經吃罷這道菜，所以會過來把盤子和刀叉收走（台北國際禮儀協會，〈吃西餐之刀叉拿法〉）

(六)西式餐桌的禮儀

　　您的舉止，就像是您的骨架一樣，就算穿著再貴重美麗的服飾，骨架不正的話，一切就有如沙中樓閣。

1.女士皮包應該放在腿上或椅子與身體之間的空隙。
2.餐巾應該對折，並將折線朝外放在腿上。
3.若餐巾或西餐刀掉落地面，應等候服務生拾起。
4.中途離席時，應將餐巾放在椅背上。若將餐巾放在桌上，則表示已經結束用餐。
5.喝湯時不可發出聲音。
6.用餐時不可將手肘撐在桌面上。
7.當別人為你倒葡萄酒時，酒杯維持放在桌面上的狀態，不必像倒啤酒一樣把杯子舉起。
8.麵包應該用手撕成小塊食用。
9.一道菜用完時，應將刀叉平行擺放在餐盤上。
10.享用肉類料理時，不可全部切成一塊一塊（在外國禮儀中代表了「碎屍萬段」的涵義），須切下每次食用的分量，約一口大小即可。

11.享用魚類料理時，吃完一面不可翻面，應將一面吃完後，剔掉魚骨再直接吃另一面。

12.麵包應該在上湯品之後、等待甜點送來之前食用完畢。

13.洗指頭的缽子，會在吃完水果等會沾手的食物之後端出來，不可以飲用。在「洗指缽」裡洗手，再用餐巾擦乾。

14.在餐桌上不可使用牙籤剔牙。（岡田小夜子著，NyaKo譯，2006：218-219）

(七)雞尾酒會

雞尾酒會（cocktail）是國際上目前流行的一種招待客人的方式，其形式則是活潑、簡便、方便賓客交談。通常以酒類、飲料為主招待客人。一般酒的品種較多，並配以各種果汁，向客人提供不同酒類配合調製的混合飲料（即雞尾酒）；略備一些小菜，如三明治、麵包、小魚腸、炸春捲等放在桌子、茶几上，或者由服務生拿著托盤，將飲料和點心端給客人，客人可以隨意走動。由於雞尾酒會是屬於一種比較自由輕鬆的酒會，赴會者在衣著方面不用講究太多，只要穿常服便可以了。

在這種場合下，手裡最好拿一張紙巾，以便隨時擦手。左手拿著杯子，好隨時準備伸出右手和別人握手。吃完後不要忘了用紙巾擦嘴、擦手，用完了的紙巾則丟到指定的位置。

(八)自助餐

自助餐（buffet）起源於8世紀北歐斯堪的納維亞半島的海盜。當海盜得到收穫的時候，便會設大型宴會慶祝。到了近代，西方國家的餐飲業者將其文明化和規範化，發展出現時的自助餐。

自助餐開始的時候，應該排隊等候取用各種菜。拿食物之前，自己先拿一個放食物用的盤子，要堅持「少量多樣」的原則，不要一次拿得太多吃不完，可以多拿幾次。在高級的自助餐，餐廳會安排廚師現場製作一些燒烤肉類供食客即時享用。用完餐後，再將餐具放在指定的位置。

(九)中式餐飲禮儀

中國菜是世界知名的，因為中國菜烹調技術經過幾千年的研究改進，已然登峰造極。《論語‧鄉黨第十》說：「食不厭精，膾不厭細。食饐而餲，魚餒而肉敗，不食。色惡不食，臭惡不食。失飪不食，不時不食。割不正，不食。不得其醬，不食。肉雖多，不使勝食氣。唯酒無量，不及亂。」從現代的眼光看，這幾句話，仍然是很可遵循的飲食衛生之道。

中式餐飲禮儀規範如下：

1. 取菜方式：中餐的食物大部分是放在圓桌轉盤上，方便賓客取菜，自己取完菜以後，就依順時針方向轉給下一位。
2. 用餐時要使用公筷、母匙，才能讓大家吃得安心。
3. 公筷用完，擺在公盤右邊，筷頭要超出盤面，別人拿取時才會方便，勿直接擱在盤子裡面，當別人取用時，筷子才不會黏膩沾手，以保持衛生清潔。
4. 筷子挾不起來的食物，可以用湯匙輔助拿取，才不會掉在桌面。
5. 當別人在挾菜時，不可轉動轉盤，更不可把筷子伸到別人面前挾菜。
6. 用餐時，不要一次挾取太多菜色放在碗盤裡，萬一吃不下，對主人是不敬的。
7. 當宴席開始時，主人慣例會舉杯敬所有來賓，賓客都須舉杯淺酌，代表對主人的謝意與祝福。
8. 當主人起立或長輩或上司起立敬酒時，所有來賓也應起立回敬，這是基本禮貌。
9. 向長輩或上司敬酒時，宜雙手舉杯，起立敬酒。
10. 喝酒不要逞強，有涵養的人是不會讓自己喝醉，更不會勉強朋友喝醉失態。
11. 勿一手提筷、一手提杯敬酒或取食。

12. 未上菜之前，不可玩弄杯、碗、筷或頻頻起立離座。

13. 與人談詰討論時，先將筷子放下，勿拿著筷子指著別人說話，或用筷子招呼服務生過來。

14. 餐桌上的濕紙巾不可用力拍破，會驚嚇到專心用餐或鄰桌其他來賓，所以請撕開紙套，將紙巾放在塑膠套上，擺在左邊。

15. 右邊是常動方，左邊是不動方，所以不常用的物品，擺放在左邊。杯、筷擺右邊，濕紙巾、湯碗放在左邊。

16. 濕紙巾是擦手用的，勿拿來擦臉或餐具。（陳風城，http://www.cmatw.org.tw/u4/u4_19.pdf）

六、品酒文化

不知從什麼時候開始，豪飲、拚酒成了台灣文化的一部分。最早的XO白蘭地，後來的威士忌、皇家禮炮21、永遠不退流行的陳高，以及這幾年當紅不讓的葡萄酒，串成了台灣的飲酒文化。

「酒不僅是文化，是價值，更是具有權力意涵的一種符號。」顏色如血般的紅酒，除了被視為精力的象徵外，也代表了權力意志。16世紀波蘭的貴族認為，如果和老百姓一樣喝啤酒，將會毀滅他們統治的正當性，為了和一般平民有所區隔，貴族們紛紛改喝起較有價值的紅酒（張瓊方，2006）。

(一)葡萄酒

葡萄酒（拉丁文vinum，就是葡萄樹的意思）是葡萄汁經發酵所得的含有酒精飲料，葡萄的糖分經酵母的作用，發酵為酒精與二氧化碳。當酒精濃度達到16%時，酵母會被殺死，因此自然發酵的葡萄酒酒精濃度不會超過16%。切記，葡萄酒內絕不可加冰塊。

西餐和葡萄酒的關係，就好像是一對夫妻，形影不離，相輔相成。一般直接發酵的葡萄，分為紅酒、白酒、玫瑰酒。

(二)紅酒

紅酒是將果皮、果肉和種子全都加在一起發酵,因此產生紅顏色。紅酒的顏色就像紅寶石,有紅、黑紫色等。黑皮葡萄的皮含大量的丹寧酸,紅酒的澀味就是由此而來。單寧酸又稱強鹼性,可中和肉類的酸性。所以,一般常說,吃肉及喝紅酒是有它的道理的,一般適合約15～20℃品嚐。

(三)白酒

白酒是先將葡萄壓榨後,除去外皮和種子等固體成分後才發酵。白酒的顏色有虎珀色、淺黃、金黃、透明。白酒的單寧酸成分少,沒有澀味,果香較濃,含有酒石酸、蘋果酸等類成分,會使淡薄的魚類菜餚更加襯托出來。白酒的範圍很廣,從極甜到極辣口味都有,適合約7～10℃品嚐。切記,白酒只需要短時間冰鎮,長久放冰箱內,也會沒有氣味了。

(四)玫瑰酒

玫瑰酒釀法,基本上和紅酒一樣,不同之處是在發酵初期時就馬上除去皮、種子,因而成紅玫瑰色。玫瑰酒沒有澀味,雞肉類(家禽類,而非野禽類)、德國火腿、香腸的菜餚很適合,適合約10℃品嚐(陳弘美,2004)。

(五)香檳酒

香檳酒屬於起泡的白葡萄酒,全世界不論哪個角落,談到「慶祝」一定都會想到香檳。1700年之前,酒中有氣泡一般被視為品質瑕疵。1668年,唐‧皮耶爾‧培里儂(Dom Pierre Pérignon)修士擔任霍維爾修道院的酒窖總管,發現了穩定改良香檳的方法:他將不同村莊所產的葡萄分別處理,然後混合眾多元素以製造最後的成品。如此一來,便創造了今日我

們所知的香檳。19世紀末，香檳成了氣泡酒的同義詞（在1986～1989年，香檳企業Moet & Chandon和啤酒品牌Heineken合作籌辦了的實驗，使用電腦攝影機進行人工視覺，觀察出酒內含有二億五千萬個氣泡），而氣泡象徵各式各樣的喜慶，包括生產、結婚、新船下水等。

　　要打開香檳而不傷及無辜，首先應該打開錫箔紙，以手指或布扶住瓶蓋，轉開鐵絲封口。接著緊抓住軟木塞，輕輕轉動酒瓶（而非軟木塞），如此，軟木塞會慢慢鬆脫，而不致流失珍貴的酒（CHAMPAGNEJAYNE. COM，《讀者文摘》第94卷第3期，2011/11）。

　　在職場工作，應酬在所難免。根據統計資料顯示，酒駕案件占了死亡交通事故的30%左右，造成了許多家庭的破碎。同時，酒後駕車最高可處兩年有期徒刑，併科二十萬元罰金；酒駕致人死亡者，最高可處七年以下有期徒刑；致重傷者，最高可處五年以下徒刑。酒駕行為除刑責外，在行政罰則方面，酒駕肇事致人重傷或死亡，須吊銷駕駛執照，並不得再考領駕照，而違規單罰款則俟刑法判決後依規定免責或補差額。另如酒駕有造成人命、財產損傷時，尚有民事求償問題。所以，酒後不開車，開車不喝酒，如有飲酒者，最好改搭大眾運輸交通工具往返或是另指定駕駛人駕車，以免造成難以彌補的憾事（我的E政府，〈酒後駕車〉）。

小叮嚀　職場10大忌諱

1.自我中心（缺乏被指責的雅量）。
2.不遵守職場倫理。
3.搞小圈圈傳八卦。
4.配合度與忠誠度低。
5.溝通協調低。
6.穩定性低。
7.抗壓性不足。
8.忘性比記性好。
9.缺乏服務熱忱。
10.隨心情好壞決定上班。

資料來源：陳姿業，〈要有自己的特色，但別被貼上標籤：不在乎這工作的人，沒人在乎你〉，《優渥誌》第22期，2011/06，頁15。

結　語

　　社交禮儀，是指在人際交往、社會交往和國際交往活動中，用於表示尊重、親善和友好的首選行為規範和慣用形式。在職場上，工作者當遇到困難，能否化「危機」為「轉機」的關鍵態度，就是「專業、敬業、樂業」。專業是相關領域出色純熟的技藝、知識和能力；敬業是專注在工作上，敬重你的工作；樂業是真正樂在工作，找到當中的樂趣，從而不斷創新。只有當一個人具備「專業、敬業、樂業」態度，才能勇敢正向地面對挫折和沮喪，並從中學到經驗及解決問題能力，感到氣餒時仍能回顧出發時的夢想，堅持自己所設定的目標，一本初衷地熱情追求（朱宗慶，2011：86）。

箴言集——寬容價值觀

序號	箴言	出處
1	寬以濟猛，猛以濟寬，寬猛相濟。	孔子家語
2	泰山不讓土壤，故能成其大；河海不擇細流，故能就其深；王者不卻眾庶，故能明其德。	李斯‧諫逐客書
3	欲溫而和暢，不欲察而明切也。	晉書
4	東海廣且深，由卑下百川；五嶽雖高大，不逆垢與塵。	曹植‧當欲游南山行
5	治國之道，在乎猛寬得中。	宋‧朱熹
6	有容，德乃大。	先秦‧尚書
7	量大福也大，機深禍亦深。	明‧施耐庵
8	退一步天高地闊，讓三分心和氣平。	對聯
9	得放手時須放手，得饒人處且饒人。	元‧關漢卿
10	人之謗我也，與其能辯，不如能容。人之侮我也，與其能防，不如能化。	弘一大師
11	我雖然不同意你說的話，但是我維護你說話的權利。	法國‧伏爾泰
12	沒有無刺的玫瑰，沒有毫無瑕疵的朋友。	日本諺語
13	最高貴的復仇之道是寬容。	法國‧雨果
14	不會寬容別人，是不配受到別人的寬容的。	俄國‧屠格涅夫
15	一個偉大的人有兩顆心：一顆心流血，一顆心寬容。	黎巴嫩‧紀伯倫
16	紫羅蘭把它的香氣留在那踩扁了它的腳踝上。這就是寬恕。	美國‧馬克吐溫
17	寬容就像天上的細雨滋潤著大地。它賜福於寬容的人，也賜福於被寬容的人。	莎士比亞名劇‧威尼斯商人
18	紛爭不和是人類的大敵，而寬容是唯一醫治它的良藥。	伏爾泰
19	弱者從不會寬恕別人。寬恕是強者的品質。	印度‧甘地
20	世界上最寬闊的是海洋，比海洋更寬闊的是天空，比天空更廣闊的是人的胸懷。	法國‧雨果

編輯：丁志達。

第五章

人際關係

- 人際交流
- 情緒智商
- 職場溝通
- 傾聽藝術
- 團隊合作
- 辦公室戀情

> 人際關係是最難寫的一篇文章。事事要無我、無執,方可好好做下去。
>
> ——《靜思語》‧證嚴法師

　　職場上,人際往往是最大的資源支持系統,人際就像存摺,經營得愈好,存款也就愈多,只要能夠抱持虛心、耐心、誠心和熱心,自然可以在同事、主管、部屬間,遊刃有餘,化敵爲友。曾有一家人力銀行針對「上班族職場十大願望」進行調查,發現十大願望中有兩項是希望經營良好的人際關係。

一打玫瑰

　　多年前,玫琳凱化妝品公司(Mary Kay)創辦人玫琳凱女士開著一輛老舊汽車,到福特汽車的展示中心去,因她手頭上有錢,想買一部黑白相間的新轎車。進了福特展示中心,業務員看她開著老舊的車子,斷定她買不起新車,所以就不把她當一回事。當時,剛好是中午,業務員說,他趕著赴午餐約會,就託辭先走了。

　　由於玫琳凱女士急著購買新車,所以想見業務經理,但經理亦不在,下午一點才會回來。於是玫琳凱只好悻悻地逛到對街水星汽車(Mercury)的汽車展示中心。

　　該中心正展示一輛「黃色轎車」,儘管玫琳凱很喜歡,但價錢卻遠超過她原本的預算。可是,那業務員的談吐十分殷勤、誠懇;而在閒聊時,玫琳凱說,想買車是因爲當天是她的生日,想買部車送給自己當「生日禮物」。後來,業務員禮貌地說他有點事,請求告退一分鐘,隨即回來。

　　未料,十五分鐘之後,一秘書小姐帶來「一打玫瑰」,而那業務員就

把整打玫瑰送給玫琳凱女士，祝賀她「生日快樂」！

天哪！玫琳凱說，當時她真的「太訝異、太驚喜、太意外」了！

不用說，玫琳凱後來買的是——遠超過預算的Mercury黃色轎車。因為，那聰明的業務員看到玫琳凱女士身上正散發著無形的訊號——「讓我感覺自己很重要！」

資料來源：「忠」極一班‧所向無敵，http://city.udn.com/58542/2561676?tpno=14&cate_no=0。

美國第32任總統羅斯福（Franklin D. Roosevelt）曾說：「成功的配方裡，有個關鍵要素，就是要懂得與他人和睦相處。」在印度，人們走進廟時，一定會坦蕩上身，藉此表示對神的敬意；猶太教徒就一定會在頭上戴頂小帽子，因為舉頭三尺有神明。不同的地方，由於地理環境和教育不同，讓他們選擇了以不同的方式來表達他們對神明共同的敬意。透過這些生命的經驗，讓人們更要懂得尊重每個人表達意見的方式，而看到在表達方式背後的「本意」。尊重別人表達意見的自由，對於增進彼此人際之間的往來關係一定會有極大的助益，特別是想在職場上贏得好人氣，可不能忽略人際關係的重要性（鄭慧正，2004）（**表5-1**）。

一、人際交流

俗話說，先做「人」後做「事」，職場更是如此。人際關係之重要性，非但不亞於工作績效，而且經常足以影響個人的生涯規劃與發展。在日本，2008年針對全日本職場心理衛生的普查結果顯示，職場最令人煩惱的就是人際關係，占38.4%的最高比例。職場諮商時，常見也最為棘手的，同樣是人際關係。無論是與上司、同僚，甚至部屬的人際關係問題，都能讓人寢食難安，甚至導致離職。

表5-1 人脈學的藝術

1.不論身處何種情境，都表現出自在的一面。
2.在建立人脈時，永遠想著如何提供幫助而非要求幫助。
3.將建立人脈結合你的興趣，這會讓事情變得容易許多。
4.遵循金科玉律：己所不欲，勿施於人。
5.瞭解清楚溝通的價值，永遠正眼看人。
6.不屈不撓、堅持不懈。
7.永遠別害怕去主動認識人。
8.清楚你的目標，等到適當時機再做出行動。
9.不要崇拜他人的成功。著迷的態度只會降低你的可信度。
10.花時間建立關係，這也是人脈學的真諦。
11.當個好聽眾、問開放式問題。別忘了上帝給你兩隻耳朵一張嘴，請按比例使用。
12.禮貌對待服務人員，如旅館服務生、停車場管理員與酒保，並給早餐服務生多一點小費。
13.瞭解真實的自信與偽裝自信間的差異。
14.有時你必須假裝自己做得到，大膽去試，直到真的做到為止。

資料來源：Joe Sweeney & Mike Yorkey，王怡棻譯（2011），《建人脈就像打美式足球》；引自：〈人脈學的藝術：十四項建立人脈的秘訣〉，《講義》第50卷第6期，2012年3月號，頁102。

美國羅明格領導人才測評系統，針對上萬領導者的成功特質研究發現，影響人際關係的幾項成功特質，包括聯繫技巧、關心他人、管理複雜問題、啓發他人、行為端正有節、開放與接受、強調個人彈性、平衡工作生活。具有這些特質者，除了能夠成功地和上層建立信任關係，也能和同僚、部屬建立合作的良好關係（廣梅芳，2011）。

(一)人際關係理論

美國人際關係學大師戴爾·卡內基（Dale Carnegie）說：「成功來自於85%的人脈關係，15%的專業知識。」人際關係是中性的，無所謂好、壞。當我們進入不同的環境，扮演相對應的各種角色，與形形色色的人相處時，即會產生各式各樣的人際關係。

(二)周哈里窗

美國學者研究了人格特質對於人際關係的影響，統計出最受歡迎的六項人格特質，分別是：真誠、誠實、理解、忠誠、真實、可信。

周哈里窗（Johari Window）係由美國社會心理學家約瑟·魯夫特（Joseph Luft）和哈利·英厄姆（Harry Ingham）於1955年提出，從兩人的名字來命名，由於一般窗戶通常分為四個部分，因此稱為「周哈里窗」（圖5-1）。此理論把人的內在區分為四個部分：公眾我、背脊我、私密我、潛能我。瞭解這四個內在我，仔細盤點自己在職場上的優劣勢，適當發揮競爭優勢，運用智慧將劣勢變成另一種優勢，將有助於個人在職場上找到最適合自己的位置（呂玉娟，2014）。

1.我不好，你好（別人的壓力與自身的無力感）：覺得自己很不好、很不行，而別人都很好、很行。可能是成長過程中，充滿了被批評與不受肯定所造成的。

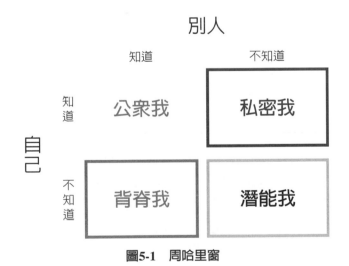

圖5-1　周哈里窗

資料來源：呂玉娟，〈專業與人脈：轉職者不可沒有的兩本存摺〉，《能力雜誌》，總第697期，2014年3月號，頁69。

2.我不好，你也不好（雙方均出現問題的狀態）：認為自己是個不好的，但別人也一樣，都是不好的，簡單的說就是「天下烏鴉一般黑」。可能是因為早期受父母照顧經驗不良的影響所致。

3.我好，你不好（形成攻擊性格）：認為只有自己是好的，別人都是不好的。因此，對別人沒有一點基本的尊敬。可能因為幼年時受到父母虐待而發展出的生命信念。

4.我好，你好（自尊自重而又容納他人）：相信人大體上都是好的，因此喜歡與人交往，是種「肯定自己、尊重他人」的群己關係，既能欣賞優點，也能包容接納缺點。在幼年時經成人協助與回饋，而學到自己是好的，有價值的所發展的生命信念。

　　每一個人都有自己的優點與缺點，我們應該努力發掘自己的長處，珍惜自己所擁有的特質、專長，不要一味地羨慕他人所具有的事物，如此比較能夠建立「我好」的自我概念。同時，每個人都不是十全十美的，因此，我們也必須幫助自己及他人創造、培養更多的優點。

　　此種分析可導出很實用的自我改造技巧。每個人都活在自己建構出來的主觀世界，各有自己的觀點與角度，對事物的態度自然不同。所以，人際關係的第一步是要接納對方就是這樣的人。

小叮嚀　避免誤踩職場地雷

- 面對人事、利益上壁壘分明的小圈圈，不要急著表態，特別是吃飯或閒聊時，不要輕鬆過了頭就說溜嘴了。
- 聽到對某人或事的評論，記得豎起耳朵仔細聽就好，不要打破沙鍋問到底，更不要隨意批評。
- 考慮加入哪個圈圈？不如讓各個派系都想爭取你的支持，提高自己的價值。
- 懂得「臉笑、嘴甜、腰軟、手腳快、目色利」並遵守不在人後說壞話，小心說話時隔牆有耳。
- 有人的地方就有是非，千萬要遠離流言蜚語。
- 聽到八卦左耳進右耳出就好了，對於別人的秘密守口如瓶。

資料來源：陳姿業，〈要有自己的特色，但別被貼上標籤：6大招避免誤踩職場地雷〉，《優渥誌》第22期，2011/06，頁13。

(三)人際交往的技巧

人際關係是人與人之間透過思想、情感和行為表現的相互交流影響歷程所形成的一種互動關係。人際交往的技巧要注意下列幾項的互動。

1. 戴爾·卡內基說：「對任何人而言，自己的姓名都是最悅耳的聲音。」記住別人的姓或名，主動與人打招呼，稱呼要得當，讓別人覺得禮貌相待、倍受重視，給人以平易近人的印象。
2. 舉止大方、坦然自若，使別人感到輕鬆、自在，激發交往動機。
3. 培養開朗、活潑的個性，讓對方覺得和你在一起是愉快的。
4. 培養幽默風趣的言行，幽默而不失分寸，風趣而不顯輕浮，給人以美的享受。

 **Story**

刺蝟取暖

一個寒冷的冬天，幾隻刺蝟凍得發抖，為了取暖，牠們只好擠在一起取暖。由於牠們身上長滿了短刺，彼此戳痛了對方，所以很快就各自跑開了。可是，寒冷的天氣又驅使牠們擠在一起，同樣的事情重複發生。牠們終於明白：「不要太近，也不要太遠，最好彼此保持一定的距離，可以相互取暖，而又不致於會被彼此刺傷。」

莊周說：「君子知交淡如水，小人之交甘如醴。」距離，是一種美，也是一種保護。人與人之間的相處需要保持一定的距離，像一條橡皮圈一樣，拉得開，卻扯不斷，該關心的時候關心，該留些空間的時候，便保持一點距離。

編輯：丁志達。

5.與人交往要謙虛，待人要和氣，尊重他人，否則事與願違。

6.做到心平氣和、不亂發牢騷，這樣不僅自己快樂、涵養性高，別人也會心情愉悅。

7.要注意語言的魅力：安慰受創傷的人，鼓勵失敗的人。恭維眞正取得成就的人，幫助有困難的人。

8.處事果斷、富有主見、精神飽滿、充滿自信的人容易激發別人的交往動機，博得別人的信任，產生使人樂意交往的魅力。

(四)改善人際關係的方法

中國近代藝術史上的奇才，也是近代佛教史上的律學高僧弘一大師說：「在世間唯一難行的，不是殺生戒，也不是邪淫戒，而是妄語戒；有許多無辜的災禍、不幸的糾紛與悲慘的遭遇，都從『妄言』而來。說到『妄言』，唯一能制止它的功夫，便是一顆誠心；對人對事恭敬，不掉以輕心。」

有「非洲叢林醫生」之譽的阿爾伯特・史懷哲（Albert Schweitzer）說：「我不知道你們將來的命運會如何，但我知道一件事：在你們當中，只要努力尋求服務，並且學會服務之道的人，才能擁有眞正的快樂。」因此，改善人際關係的方法有下列數端可供參考：

1.珍惜長處、珍惜自己、尊重別人。

2.承認短處、勇於改過。

3.多獎勵自己。

4.多稱讚別人、關懷別人。

5.多與成功而愉快的人相處。

6.假設別人對我均喜歡而無惡意。

7.多談對方，少談自己。

8.強烈去愛你親近的人，可使生命力更旺盛。

9.偶爾改變環境，接近新的人、事、物。（**表5-2**）

表5-2　你是否過於羞怯？

> 　　非常嚴重的羞怯會影響我們的社交活動、人際關係和職場生涯。下面這十二道題目，如果你有五道以上答「是」，就表示可能因羞怯而造成你的社交困擾了。
> □1.我很難跟不熟悉鄰居駐足說話。
> □2.別人介紹陌生人給我認識的時候，我很不自在。
> □3.我覺得在會議上發問很困難。
> □4.我害怕在一個群體中成為眾人注意的焦點。
> □5.我覺得要跟不熟的人一起吃飯很不自在。
> □6.我覺得在街頭問路很不容易。
> □7.我擔心在社交場合說話會出醜。
> □8.我很難跟具有權威身分的人說話。
> □9.我很害怕打電話給不認識的人。
> □10.跟不熟的人說話時，說不出自己的看法和感覺。
> □11.在社交場合，我總是跟認識的人黏在一起。
> □12.要加入別人的聊天很困難。

資料來源：DIANE SEWELL，〈別害羞：教你如何打開心門〉，《讀者文摘》第84卷第
　　　　　4期，2006年12月，頁101。

二、情緒智商

　　美國哈佛大學教授丹尼爾‧高曼（Daniel Goleman）說：「情緒智商（Emotional Intelligence, EQ）是決定人生成功與否的關鍵。」情緒智商反映出一個人控制自己的情緒、承受外界壓力、把握自己心理平衡的能力，是衡量人的非智力活動的重要指標。科學研究證實，情緒智商是比智力智商（Intelligence Quotient, IQ）更重要的一個商數。

　　情緒智商是領導力的必要條件，一個人就算受過世界上最好的訓練，

測驗你的情緒智商

□1.我可以從別人的言談或動作中，察覺到對方真實的情緒。
□2.我對他人的情緒相當敏感。
□3.我能夠站在別人的立場，體會別人為什麼會有這樣的情緒。
□4.我能夠鼓舞他人的士氣。
□5.我能夠引發他人正面的情緒。
□6.當他人情緒低落時，我擅長激勵他人，使之走出低潮。

資料來源：盧珮如整理製作，〈測驗你的情緒智商〉，《管理雜誌》第451期，2012/01，頁87。

頭腦敏銳，擅長分析，還有源源不絕的點子，但若沒有情緒智商，仍然無法成為卓越領導人。情緒智商高的人，外向的活力，社交能力強，容易結交新朋友，能表現幽默的創意；善於調適壓力，不易陷入恐懼與憂慮；對人、對事投入，正直、富有同情心，情感生活豐富而不逾矩（工商時報經營知識組，2008）。

情緒智商的要素

情緒的起源是大腦神經傳導物質及荷爾蒙化學變化的結果，而情緒障礙乃是腦中化學不平衡所導致。情緒智商總共包含了下列五大要素。

◆自我意識

自我意識是指一個人能深刻瞭解本身的情緒、優缺點、需要及衝動等。自我意識高的人，既不會過度挑剔他人，也不會有不切實際的奢望。相反地，不論是對自己或對他人，他們都誠實以待。

◆自我調節

自我調節就像是一種持續自我對話的過程，使我們不必受制於經常上下波動的情緒。習於作此自我對話的人，和他人一樣，也會碰到情緒的高低潮，不過他們卻學會了控制自己情緒的方法，甚至能將陷於低潮的情緒導引到對自己有利的地方。

◆激勵

許多人均受到外在因素的激勵，如更高的薪水、更好聽的頭銜，或到更有名望的企業工作所帶來更高的社會地位等。反觀那些一心想要成為優秀領導人的人，反而會選擇到能夠讓他們發揮所長，讓他們在工作崗位上有成就感的場所工作。一般而言，能自我激勵的人做任何事效率都比較高。

天堂與地獄

在德川幕府時代，有一個武功高強的日本武士，想到自己長久與敵人格鬥，殺敵無數，恐懼多年來的格鬥會招致下地獄的果報，特地去拜訪一位禪師，請示天堂和地獄到底在哪裡。

只見禪師默不作聲，任憑武士一再請求，最後才緩緩道出：「像你這樣雙手沾滿血腥的人，沒資格談自在，更不用知道天堂在哪裡！」武士一聽，怒髮衝冠，想到自己這麼誠懇地請益，卻遭羞辱，不由得緊握起雙拳。

禪師接著又說：「你快走吧！別汙染了清淨的道場，待會兒你怒火一發，我們可擔待不起。」武士再也忍不住了，跳起來吼叫道：「原來你也怕我對你不利，好！就給你點顏色瞧瞧！」武士握拳朝禪師衝去，只見禪師一聲大喝：「大德！這就是地獄！」

武士一聽，震驚地看著禪師，流下了懺悔的眼淚，「師父！我知道了，我錯了！請您慈悲開示。」禪師微笑地說：「這就是天堂！」

啓示錄：武士和僧人的故事，代表了情緒智商（EQ）的核心理念，當人陷入了無法自拔的負面情緒，就好比陷入地獄。能夠跳脫情緒的綑綁，透過理智得到平靜，就等於到了天堂。

資料來源：見瑩法師，〈眞正的自在〉，《中台山月刊》第97期。

◆同理心

同理心在管理實務上的應用，是領導人應將員工的感受連同其他因素作全盤的考量，以作爲最睿智的決策。富有同理心的人善於解讀肢體語言，能嗅出對方講話背後所代表的涵義，也深刻瞭解不同文化和民族間存有差異及其重要性。跨文化之間的對話，常能引起不必要的誤會或錯誤，

同理心正好是解藥。具有同理心的人較能從細微的訊息察覺他人的需求，這種人特別適合於從事醫護、教學、銷售與管理的工作（**表5-3**）。

◆社交技巧

社交技巧好的人不僅交遊廣闊，和各種人打交道時，也會很快地找出雙方的共同點，和對方建立一個和諧的關係。這種人擁有豐沛的人脈關係，一旦有需要時，立刻可以派上場。例如，社交技巧好的人善於帶領工作團隊——這是同理心在發揮作用；他們也是說服他人的高手——這是自我意識、自我調節及同理心加在一起的結果。社交技巧有助於領導者把情緒智商的諸要素應用於管理實務上（Daniel Goleman，李田樹譯，1999）。

情緒智商的前三項要素（自我意識、自我調節、激勵）屬於自我管理的技能，後兩項要素（同理心和社交技巧），則屬於人際關係的處理技巧。所幸情緒智商是可經由學習獲得的，因而，現在的企業都會聘請受過專業訓練的心理專家發展所謂的「職能模式」（competence model），亦即歸納整理從事某項工作的高績效人員共同具備的職能因素，彙集成為該項工作的職能模式，根據這些模式來找出、訓練、提拔可能成為領導人的明日之星（Daniel Goleman, 2009）（**表5-4**）。

表5-3　同理心的要項

要項	說明
人際敏感度（interpersonal sensitivity）	對他人的言外之意、非語言（講話聲調、抑揚頓挫）、肢體語言等，能夠體會得出來。
角色取代（perspective taking）	個人是否能站在他人的立場來理解他人。
情緒感染（emotional contagion）	當別人展現出某種情緒時，個人是否也會受到感染，而感受到相同的情緒。
主動反應（active response）	意指感受到對方的狀況後，是否能採取行動。

資料來源：盧珮如整理，〈做個體貼的主管：人心管理學〉，《管理雜誌》第451期，2012/01，頁87。

表5-4 情緒智商的五大要素

類別	定義	特徵
自我意識 （self-awareness）	認識及瞭解自己的心情、情緒及衝動，及它們對其他人可能產生何種影響的能力。	自信；很現實地自我評估；自我解嘲式的幽默感。
自我調節 （self-regulation）	控制突如其來的刺激及情緒的能力，或作自我調整；傾向於三思而後行。	值得信賴、個性正直；不怕碰到模稜兩可的情境；對改革持開放態度。
激勵 （motivation）	熱情投入工作，但不是僅為了追求財富或名位；精力旺盛、能執著於追求既定目標。	有強烈的激勵想要達成既定目標；樂觀進取，面對惡劣情境時亦不改初衷；樂於對組織奉獻所長。
同理心 （empathy）	瞭解他人情緒起伏原因的能力；隨人們情緒反應調整待人方式的能力。	對培養及留住人才特別有一套；體察不同文化間細微差異的能力；熱情服務客戶及顧客。
社交技巧 （social skills）	善於處理及建立人際關係網路；善於尋找相同點的能力，從而建立和諧的關係。	能有效帶領屬下推動改革；有說服他人的能力，對成立及領導團隊特別有辦法。

資料來源：Daniel Goleman，李田樹譯，〈EQ——好領導人的條件〉，《EMBA世界經理文摘》第149期，1999年1月，頁32。

三、職場溝通

根據鮑伯・華爾（Bob Wall）的著作《溝通，從對話開始》（*Working Relationships*）一書中，特別點出「職場間的人際關係，應該要從溝通開始做起」。工作者在面臨全球化、無疆界的時代裡，必須要能保有寬廣的國際視野及具備國際溝通的能力，因此，職場上的溝通，也愈來愈受重視。《德川家康傳記》中有一段話說：「語言或理論並不能眞正影響一個人的行爲。有時候，理論的勝利反易激發對方的感情衝動。」

古諺說：「要領導自己，要用腦；要領導別人，要用心。」溝通，不是單方面的說服對方，而是用心去瞭解對方的想法，體諒對方的立場，從而找出雙贏的局面。不論是剛毅木訥或是能言善道，溝通所需的不過就是一顆誠懇的心，一種開放的態度和適當運用語言的能力（阿難，2001）

（圖5-2）。

(一)溝通之神赫爾墨斯

溝通的四個要素，包括說、傾聽、思考和非語言。古希臘神話中有一位專司向人傳遞諸神訊息的信使，名爲赫爾墨斯（Hermes），他不僅向人們宣布神的訊息，而且還擔任了一個解釋者的角色，對神諭加一番注解和闡述，使諸神的意旨變得可知而有意義。

赫爾墨斯是宙斯神（Zeus）與凡間一名瑪亞所生的孩子，誕生在一山洞之中。據說，赫爾墨斯在早上誕生以後，下午就做了一張七弦琴。晚上他又溜出洞外，吃掉了阿波羅（Apollo）所養的兩頭牛，並且偷走了其他四十八隻牛。阿波羅在希臘神話中扮演的角色是代表理性、光明和秩序，而赫爾墨斯則是代表傳達訊息的神明。

當阿波羅發現他的牛被偷了之後，四處找尋，不知如何是好，便一狀告到宙斯那裡。宙斯下令尋察，最後找到赫爾墨斯。起初，赫爾墨斯不承認偷牛，但後來在宙斯追問之下，赫爾墨斯還是誠實地承認自己偷了阿波羅的牛，於是他不但把剩下的四十八頭牛如數奉還，而且還把自己所做的七弦琴也送給了阿波羅。阿波羅十分高興，也回贈赫爾墨斯一支魔杖，

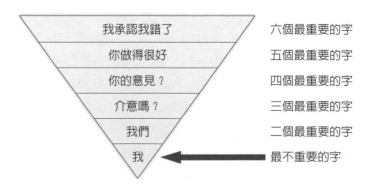

圖5-2　職場溝通使用的語言

資料來源：丁志達（2014），「提升主管核心管理能力實務講座班」講義，中華工商研究院編印。

Story

溝通技巧

記得那是週日早上，在紐約的地下鐵內，乘客都靜靜坐著，或閱報，或沉思，或小憩。眼前一幅平靜安詳的景象。這時突然上來一名男子與幾個小孩，孩子們的喧譁吵鬧聲，破壞了整個氣氛。那名男子坐在我隔壁，任憑他的孩子如何撒野作怪，依舊無動於衷。這種情形誰看了都會生氣，全車的人似乎都十分不滿，最後我終於忍無可忍對他說：「先生，你的小孩打擾了不少乘客，可否請你管管他們。」

那人抬起呆滯的目光，彷彿如夢初醒，他輕輕說：「是，我想我該設法管他們，我們剛從醫院回來，孩子的媽一小時前才過去的，我已經六神無主，孩子們大概也不知該如何是好。」

你能想像我當時的感覺嗎？瞬間，我看此事的角度改變了，想法、感覺與行為隨之一變。我的怒氣全消，情不自禁為他感到難過，同情與憐憫之情由衷而生。

「噢！尊夫人過世了？很抱歉！可否告訴我詳情？有需要幫忙的地方嗎？」所有的一切就此改觀。（摘錄自：柯維，《與成功有約》）

啟示錄：溝通能力是兩面的，別人與你溝通時，你也要有能力回應。聽、說、讀、寫四種溝通工具中，「傾聽」是最重要的，有成就的人與別人最大的不同，就在於他「傾聽」的藝術通常比別人來得高，懂得像海綿一樣「多多益善」的吸收他人的「日月精華」的知識或智慧的綜合體，而「多嘴」的人，除了惹人討厭外，也印證了不夠「虛心」，台諺說：「半桶水」最會「搖」，就是指不虛心，自以為了不起的人。所以傾聽是非常值得培養的能力，會傾聽就是最會「溝通」的人。

資料來源：丁志達（1992），「新時代職場求生守則與樂在工作」講義，菲力兒童文教機構。

這支魔杖具有化解衝突的魔力。據說，赫爾墨斯隨後在山上遇見兩頭正在
纏鬥的大蛇，赫爾墨斯把魔杖往兩條蛇中間一插，兩條蛇便相互和諧地纏
繞在魔杖之上。從此有兩條蛇纏繞於一魔杖的形象，便是赫爾墨斯的代表
符號。

　　從這則神話的故事中可以看出，透過溝通及傳達訊息，可以化解衝
突，這是溝通的重要的作用（沈清松，2000）。

(二)道德陷阱

　　工作者在做任何事情，必定要先重視該事情是否合乎法律規定、道
德標準，也要試著從不同角度去看事情，跳脫出較客觀的想法，多找些替
代方案，不要孤注一擲，更要多聽聽別人眼中的自己，也可以不斷修正與
他人溝通的問題。

　　道德是彼此溝通的基礎，是在溝通時贏得他方信任，坦誠互動的基
礎。道德陷阱（ethic traps）則是用「詐欺」來蒙蔽「真相」的不道德行
為，諸如比上不足比下有餘、自圓其說、自欺欺人、不擇手段。工作者若
陷入這些道德的陷阱，很容易視一些錯誤的發生為理所當然，而無虛心修
正之心；或認為只要自己存在中間位置就行，只要不要太差就好的心態；
或將自己的錯誤，尋找各種理由與藉口；或是不願意面對事情的真相，逃
避問題；更差的情況，還會用不正當的手段去隱瞞一切。如此一來，亦會
造成溝通上的資訊不對稱，產生更大的誤會，最後也會造成別人的不信賴
（溫玲玉，2010：63）。

(三)溝通方式

　　《左傳·哀公九年》所載，溝通指的是「開溝使兩水相通」，後泛
指使彼此相通。建立良好的工作關係的關鍵，就是溝通。溝通有三個重點
可以掌握：

　　1.具體、有組織地說出來，盡量以討論問題，而不要用指責的方式提
　　　出想法。

 **Story**

善於溝通的重要

有妓女、小偷和醫生三個人死後，靈魂同時在陰曹地府受審。

閻王問妓女：「在陽世是幹什麼的？」

妓女回答：「在陽世專門收留那些無家可歸的男子，讓他們享受夫婦恩愛生活。」

閻王讚道：「做得對，應有好報應。讓她降生到富貴人家。」

閻王問小偷：「在陽世是做什麼的？」

小偷答：「我專替人拿東西。口袋太重拿不動，我替他分些；東西沒藏好，我替他收藏；貴重東西太多，我怕他家失火燒毀，就把東西搬到我家代為保管。」

閻王讚道：「這是與人為善之舉，壽增三倍，享年百歲！」

醫生在一旁忍不住道：「你上當啦！他們在陽世都是害人的……」

閻王怒道：「不許扯別人的後腿！說！在陽世是幹什麼的？」

醫生說：「當人生病或快要死時，我拿藥、拿刀……」

醫生還沒說完，閻王便大喝：「原來是個劊子手。打到十八層地獄，永世不得翻身！」

資料來源：黎建球（2005），《人生哲學》，五南圖書，頁272-273。

2.對主管說話要簡明扼要，提問題前先擬定好解決腹案。

3.讓對方覺得與你溝通有收穫，下次傾聽的耐性就會提高。（吳思達，2005）

一位哲人說過：「沒有交際能力的人，就像陸地上的船，永遠到不了人生的大海。」因而，人際溝通有下列幾種方式：

1.直接或間接溝通：鼓不打不響，話不說不明。

2.口頭或文字溝通：有時，「寫」比「說」更有效。

3.當面或不出面的溝通：見面三分情，請人出面也是一種方法。

4.語言或非語言溝通：眉目傳情也是一種溝通。

5.精神或物質層面的溝通：各種儀式的象徵意義。

6.進行溝通或暫緩溝通：正在氣頭上時，忍為良方。

7.公開或私下溝通：視當時情況調整溝通方式。

溝通的技巧，不外乎語氣尊重、態度和緩、聲音柔和、面容微笑。要說話時，先想清楚再說，如果連自己都無法說服，又該怎麼說服別人；用詞謙和有禮，對方更能接受自己的意見（錢復，2014）。

 **Story**

講究用字遣詞的藝術

何應欽將軍在95歲生日以後，最忌諱聽到的一句話，就是人們祝福他「長命百歲」。因為從95歲到100歲僅有一千八百多天，來日苦短的陰影籠罩著他。聽到人們祝福他「長命百歲」，他就會覺得：「這不是等於詛咒我最多只能再活一千八百天了嗎？」

因此，瞭解他的人，見到他時只是說些：「敬公氣色越來越好」、「身子骨子越來越硬朗」之類的話，絕不說「長命百歲」，以免惹他怒目相向。

資料來源：趙慧平（1997），《突破忌諱的束縛》，新雨出版社，頁14。

個案5-2

一個溝通失敗的案例

　　一名的客人上門，買小孩餵藥用的塑膠軟吸管，一支要價十元，客人可能認為東西「粗俗」，要求免費相送，藥師很有技巧地拒絕：「我送你吸管，你送我現金，互不相欠。」

　　詎料，客人聞言，反脣相譏：「小氣！我送你『金』紙好啦！」台灣話「送人金（銀）紙」是惡語，帶有詛咒之意。只見藥師隨即反擊：「金紙你留著自己用！」空氣瞬間凝住了。客人丟下十元銅板，悻悻然離去，藥師也鐵青著臉猛搖頭嘆氣。

　　這是一個溝通失敗的案例。

資料來源：蔡銘燦，〈未來你該懂的是溝通〉，《聯合報》，2014/05/18，A15民意論壇。

(四)改善溝通效果的秘訣

　　《聖經》裡有一幅很吸引人的畫——金色的蘋果，落在銀色的網子裡，這是一個比喻，在形容「一句話說得合宜，如同金蘋果在銀網子裡」是多麼美！能對別人有很高的期許，並且幫助別人活出高的期望，是每個人都有的責任。

　　改善溝通效果的秘訣有：

1.首先自我介紹。
2.練習熱情而堅定地握手。
3.記住別人的姓名。
4.你在說話時，目光要與對方接觸。當別人在說話時，你也直視他的眼睛。
5.讚美對方，提出他感興趣的問題，幫助他放鬆心情，侃侃而談。
6.言論樂觀進取。

圖5-3　重要的語言溝通

資料來源：丁志達（2014），「提升主管核心管理能力實務講座班」講義，中華工商研究院編印。

7.學習判斷。

8.要以服務為目的，不可以以自我為中心。要對別人關切的事表示興趣，而不僅是關注自己。

9.讓對方覺得自己地位重要——全神注意對方，好像他的工作、困擾或經驗，此時此刻對你同樣重要。

10.確定自己充分瞭解對方的語意。

11.開會或赴約要守時。

12.設身處地為他人著想（Waitley & Witt，尹萍譯，1992）（**圖5-3**）。

四、傾聽藝術

《假想大人物的妙用》（*The Magic of Thinking Big*）作者大衛・施瓦茲（David Schwartz）說：「大人物壟斷傾聽，小人物壟斷說話。」溝通之中，最簡單的是「講」，最難的是「聽」！最偉大的溝通技巧，在於重視別人的意見。傾聽，是有效溝通最重要的關鍵，卻也最容易被忽略。

傾聽是所有溝通中最困難的部分，人們往往以為彼此在對話、解決

問題,但經常只是兩個人在講、沒人在聽。傾聽很重要的關鍵是消除偏見、尊重對方。

善於傾聽的能力是與他人建立正面關係的基礎。以下這些都是傾聽時要注意的事項。

1.肯花時間傾聽,不認為是浪費時間。
2.讓別人把話說完,鼓勵他再多說。
3.以開放的心胸接納對方所說的話與情緒。
4.允許對方表達任何屬於他的情緒感受。
5.溝通時彼此的地位是平等的。
6.發現自己情緒不穩或不耐煩時,暫停溝通。
7.尊重別人的隱私權,不要將所聽到的隨便傳遞給第三者。

《有效的傾聽》作者莫菲指出,傾聽時要小心地應對辭令,有些如「真有趣」、「有意思」、「真的嗎」等等,通常表示你心不在焉,還假裝在聽。

(一)聽的層次

傾聽別人說話有兩個重點,第一是專心;第二是誠懇。根據專家統計,人跟人溝通時,有65%影響來自於非語言的動作和姿勢,可見非語言溝通的使用頻率較高,影響也較深遠。美國傳播學家艾伯特‧梅拉比安(Albert Mehrabian)曾經提出一個公式:

訊息的傳達=7%的語調+38%的聲音+55%肢體語言

在職場上,如果能夠讀得懂非語言訊息,就可較接近真實的線索,而達到真正的溝通目的(**表5-5**)。

英國文豪威廉‧莎士比亞(William Shakespeare)說:「最完美的說話藝術不僅是一味的說,還要善於傾聽他人的內在聲音。」聽的層次可分為下列五種:

第一種是「完全漠視的聽」，是最糟的聽，連耳朵都沒打開。

第二種是「假裝在聽」，則是耳朵開了，卻沒有打開心、腦的耳朵。

表5-5　臉部表情（非語言訊息）

表情	可能的原因
哭泣	表示心理或身體受傷害、害羞、失望、不高興、挫折、生氣等的情緒
微笑	意謂高興、愉快、緊張焦慮的掩飾或蔑視他人
擲東西	一種生氣、失望、不滿、受挫情緒的發洩表現
搖頭	否認、不承認
點頭	同意、承認、認同
打哈欠	意謂無聊、沒興趣、想睡覺或精神不濟的心情
眼神集中	表示專注、有興趣

資料來源：丁志達（2014），「提升主管核心管理能力實務講座班」講義，中華工商研究院編印。

Story

看穿小動作　省下大鈔票

在美國聯邦調查局（FBI）工作長達二十五年，擔任情報人員以及專司非語言溝通主管的喬・納瓦羅，有一次參加兩家外國貨運公司的談判在審閱合同的時候，負責幫助英方坐在會議中觀察法國主談人的非語言行為。

結果法國主談人一直猜不透為什麼英方每次都猜中他們的想法，並且避開許多需要花大錢修改的地方。從原本還打算達成協議讓步，意外省下了數百萬美元。原來法國主談人一看到不喜歡的句子就會不自覺的噘嘴而讓英方人員撿到一個大便宜。

資料來源：《FBI教你辦公室讀心術：精通非言語行爲，成爲升職加薪的熱門人選》；引自：編輯部，〈職場讀心的十大要領：如何鍛鍊非語言溝通能力〉，《管理雜誌》第440期，2011/02，頁3。

　　第三種是「選擇性的聽」，在先入為主的觀念，只聽自己想聽的部分。換言之，這種人對於他人之言有「偏食」的習慣，他認可的對象或話題，他才會打開全身的收訊器。

　　第四種是「積極同理心的聽」就是傾聽，在對方講話的時候，眼神能看著對方，專注的聽，並且拋開成見，站在對方立場想。這種傾聽就是打開身上所有的收訊器，去感受、去觀察，讓對方「感同身受」。這種傾聽不但可以聽到事實，還可以聽到對方的心理。而往往這種心理層面等非語言透露出來的訊息，遠比話語更重要。

　　第五種是高階的「專業諮詢的聽」，則需受過專業訓練。例如心理治療師與社會工作師特別需要這種能力，能在對方不願表達底層意見時，透過技巧詢問使對方講出來，並且解決問題。

　　約有70%的人是屬於前三類型。真正有效溝通的要點是：密切注意說話的人、仔細聽你不知道或沒想過的事、挑戰你自己也挑戰你聽到的東西、做好改變自己想法的準備（陳宛茜，2014）。

個案5-3

菜鳥刑警　李師科震撼教育

　　民國71年，老兵李師科持槍搶劫土地銀行，轟動全台。我（侯友宜）查訪周邊攤販，一開始就錯了，我幾乎是用誘導式的問法問麵攤老闆，我懷疑李師科是個精神病患，以為他是「跑」離犯案現場；事後證明李師科是有計畫、有部署地犯下搶案，輕鬆走出現場，一點都沒瘋。事後我被長官檢討，辦案方向弄偏了，也因此浪費許多行政資源。

　　後來我發現，那些非法攤販是因為害怕被開單取締，刻意迎合我的問話，也就誤導辦案方向。此後，這成了我經驗傳承的重要教案，再三告誡警界新手：現場查訪時要讓當事人多陳述，問話不要有預設立場，才能找出真相。

資料來源：陳金章、鄭朝陽，〈菜鳥刑警　李師科震撼教育〉，《聯合報》，2009/06/15，A6版。

(二)傾聽十誡

所謂的聽，其實是listening，也就是「傾聽」。《華爾街日報》（*The Wall Street Journal*）報導，當我們傾聽別人說話時，通常會漏掉某些訊息，因為我們不可能記住別人說的每個字。在傾聽中，這個「傾」字很重要，是形容人彎下腰、頭向前伸的姿態，為的是能聽得更清楚。

美國心理諮商專家賴諾曼（H. Norman Wright）在《老公老婆來說地》（*More Communication Keys for Your Marriage*）一書中，將眾多有關傾聽者應該注意的事項歸納出十點，稱之為「傾聽十誡」：

1.不可審判論斷：除非你全盤瞭解，否則就不該隨意批評或論斷。
2.不可穿鑿附會：不在對方的話語上任意作邏輯推演，或附加自己的主觀意見。
3.不可自以為是：不以自己選擇性的聽，當作對方的原意。
4.不可心猿意馬：不讓注意力或思想到處亂跑。
5.不可故步自封：不封閉心靈拒絕不喜歡的觀點、對立的意見或不同角度的看法。
6.不可過度期盼：不容許情緒控制理性，或理性控制心靈。
7.不可胡亂猜測：除非發言者自己解釋，傾聽者不可替人註解。
8.不可預作定論：不在傾聽中途，預先立下自己的定論。
9.不可畏懼挑戰：不害怕他人的指正，也不該懼怕改變或改進。

有效的溝通之注意事項

1.溝通前應先將概念澄清。
2.檢討溝通之真正目的。
3.考慮溝通時之一切環境情況，包括實質之環境及人性之環境。
4.計畫溝通內容時，應盡可能取得他人之意見。
5.溝通時要注意內容，同時也應注意語氣。
6.盡可能傳送有效之資訊。
7.要具備必要之追蹤，獲取有用之回饋。
8.溝通時不僅應著眼於現在，也應著眼於未來。
9.應言行一致。
10.成為一位好聽眾。

資料來源：美國管理協會；引自：周君銓編譯（1981），《聖賢經營理念》，大世紀，頁266。

10.不要求或逃避：不過度要求別人給你說話的時間，或過度被動不
　開口說話。

　　遵循運用這些原則，將它內化為傾聽的能力，您必然成為一位成功
的傾聽者（痞客邦，〈傾聽十誡〉）。

　　溝通是雙向的，良好的溝通完全端賴雙方的投入，也需要共同負責
其成敗，絕非說話者可以決定一切的，傾聽者更需要主動參與，才能創造
溝通的雙贏局面（溫玲玉，2010：156）。

五、團隊合作

　　《組織行為學》作者湯普森（Leigh L. Thompson）認為：「團隊
是一個由若干個人組成的相互依賴的組織，這些個人共同負責為組織提
供一定的成果。」現代工作倫理注重團隊合作，標榜善體人意、善於
傾聽和合作這類「軟性技巧」。希臘哲學家亞里斯多德說：「喜歡孤獨
的人，不是野獸，便是神靈。」我們不是神，也絕非獸，嚮往孤獨，只
因怕受到傷害。但是不要忘了非洲有句諺語：「獨行，可以走得快；結
伴，才能走得遠。」關閉了與人交往的大門，也就是關閉了合作之路。

　　人的價值，除了具有獨力完成工作的能力外，更重要的是要具有與
他人共同完成工作的能力。《第五項修練》（*The Fifth Discipline*）的作
者彼得‧聖吉（Peter M. Senge）說：「無法互相搭配的團隊，原因在於
其中許多個人的力量被消抵及浪費掉，當一個團體能夠整體搭配時，就會
匯聚出共同的方向，並調和個別的專長，使力量的消抵或浪費降低到最低
的程度，發展出一種共同的績效和共鳴，具有一致的目的與共同的遠景，
並瞭解如何去截長補短。就好比凝聚成束的雷射光能夠穿透物體，而光線
分散的燈泡卻辦不到。」

Story

團隊合作

每年秋天，大雁都會從寒冷的北半球飛往溫暖的南半球，可是由北往南的路程有二萬多公里，一路上大雁們會遭遇到各種各樣難以克服的困難。其他的候鳥很少能像大雁一樣順利飛回目的地。為什麼大雁能夠如此成功地飛越千山萬水呢？

事實上，每一隻單飛的大雁是很難飛回南半球的。與其他候鳥相比，大雁的生理條件遠遠不如其他候鳥。但是大雁們卻懂得藉由團隊行動來完成這項不可能的任務。

原來，大雁在天空飛翔時，最前面領航的大雁，會承擔很大的氣流阻力，後面的大雁則按照「人」字形排列，如此後面的大雁，就可以大大減少風的阻力，節省體力。

過一段時間後，領航的大雁會排到後面，由另一隻大雁接替牠帶頭飛行。就這樣，大雁們藉著交替領航來節省體力，共同飛向目的地。

大雁就是這樣發揮團隊精神，才能克服自然界的困難。一滴水要想不會乾涸的唯一辦法，就是匯入大海中。弱小的個體，團結起來就是一股強大的力量。

資料來源：Larry Donnithorne，龍靖譯（2005），《西點鐵則：成功管理者必讀的22條軍規》，智言館，頁82。

(一)木桶理論

木桶理論（cannikin law）又稱短板理論，其核心內容為：一只木桶盛水的多少，並不取決於木桶壁上最長的木板，而取決於最短的那塊木板。而那塊最短的木板往往在關鍵時刻影響到整體。因為一個人的能力有限，與人相處，則可取長補短、同舟共濟。同時，與人交往的融洽程度，

能夠體現一個人的胸襟開闊度、心理包容性與協調溝通力。

　　所謂的團隊精神表現爲成員之間創造出的一種「動作上的默契」，正如一流的球隊和交響樂隊中，隊員既有自我發揮的空間，又能協調一致。美國職籃NBA在每年球季結束前都會舉行明星對抗賽，將每隊最好的明星球員集合起來，與美國大學隊比賽，但結果往往被大學隊追得很慘，甚至險些敗北。原因就是雖然明星隊的個別戰力很強，集合起來後卻因缺乏默契與團隊精神，導致無法發揮原本的實力（林偉賢，2001）。

　　這是一個倡導團隊出擊的時代，在市場經濟激烈的競爭中，獨行俠力挽狂瀾的歷史已經遠去，而組建團隊的理念和實踐才顯得更加寶貴。

 **Story**

互助合作

　　上帝在天堂和地獄各開一桌宴席來招待客人。

　　餐會後，聽說天堂那桌的人吃得皆大歡喜，酒足飯飽；地獄那桌的人卻沒吃到東西都餓死了。

　　上帝覺得非常奇怪，就派天使到天堂和地獄分別實地調查，結果發現問題出在每個人所用的那一雙筷子都很長，以致自己想要挾菜給自己吃都搆不到嘴巴，也因此地獄的那些人應是要挾給自己吃卻吃不到，而食物都掉落桌下糟蹋在地上，所以每個人才會餓死。

　　但天堂的那些人就不是這樣，當他們發現到筷子很長後，就先問對方要吃什麼菜，然後用筷子挾給對方吃，對方也如法炮製，把自己喜歡吃的菜送來自己的嘴裡，差就差在這裡。

　　啓示錄：單單一根木條容易折斷，但若你將許多根筷子綁在一起，它們就不易折斷了。

編輯：丁志達。

(二)和衷共濟

英文裡的「合作」（cooperation）一詞，源自兩個拉丁字「co」，是「與」的意思，而「opus」是「工作」的意思。所以，照字面說，「合作」是指與他人一同工作。一個人無論多麼能幹、多麼聰明、多麼努力，若不能與人合作，事業上絕不會有大成就，也無法享受工作的樂趣。通往成功的大道是用「合作」關係鋪設而成的。

英文中最常用的一個字，是人稱代名詞「我」（I, me），其次是「我的」（my, mine）。而在最常用的二十個字裡，竟不包括「你」（you）和「你的」（yours）。

大家在談話時，總是「我」如何，「我」如何，卻沒有提到「你」，難怪牽涉到「你」和「我」的合作關係，是那麼疏遠了。心理學家艾德勒（Alfred Adler）說：「不關心別人的人，遭遇的人生困境最嚴重，傷害別人也最深。人類的一切失敗都起源於這類人物。」

工作團隊藉由相互合作的成員一起努力而產生正向的效應，個人努力結果的統合後，高於個人付出總合。

(三)共好精神

在肯・布蘭佳（Ken Blanchard）、雪爾登・包樂斯（Sheldon Bowles）合著的一本《共好》（*Gung Ho*）書中（郭菀玲譯），引用大自然三種動物——松鼠的精神、海狸的方式、野雁的天賦的生活型態，激發每一個人的工作動機和團隊合作精神，來相互提振士氣，來達到提高生產效率的做法。

Gung Ho原是美國印地安人的用語，傳說是印地安人從中國那裡學來的。印地安人將中國的智慧融入大自然的奧妙，而體驗出Gung Ho的三個精神：松鼠的精神、海狸的方式和野雁的天賦。所謂的「共好」，顧名思義就是你好我也好，就是雙贏（Win-win）的職場團隊合作的精神。Gung Ho是中文「一起工作」的意思，也是卡爾森（Carlson）率領的突襲分隊

在二次大戰時常用的口號。

◆松鼠的精神（做有價值的工作，價值觀使動力持久）

松鼠在秋天時努力的工作儲備冬天所需的糧食，這是牠們工作的目標，也是牠們在秋天該做的事情。松鼠精神的本質指的是三件事情：重要性、引人朝向共同的目標、以價值爲動力。看到工作如何對他人產生注意，而非只看到個別的步驟。

◆海狸的方式（掌握達成目標的過程，發揮自動自發的精神）

一群海狸一起築巢時，爲何彼此之間不會有干擾出現，「海狸甲」放的樹枝爲何「海狸乙」不會去破壞，因爲牠們知道自己的職責範圍，就能充分掌控工作內容的自由，彼此合作無間。海狸的方式指出，隊員必須要能掌控達成目標的過程，就是以正確的方式來做正確的事情。

◆野雁的天賦（彼此鼓勵、相互鼓舞，激發工作熱誠）

野雁在空中飛翔時爲何會有順序的排成V字型？又爲什麼當一隻野雁飛到某個棲息地之後牠會發出叫聲？之後其他的野雁就會進入這個棲息地，因爲野雁的叫聲是在通知夥伴：狀況一切良好，牠們可以安心過來。野雁的叫聲不但熱情十足，而且足以給人精神鼓舞。靠著叫聲，牠們可以讓彼此知道自己的狀況良好，彼此鼓舞。鼓勵喝采是對對方本身以及對他人工作的一種肯定，是在告訴對方，他對共同任務具有重大貢獻。

Gung Ho一詞詮釋爲「講好」、「講乎好」、「一起工作」和「共同把事情做好」。無論你處在什麼樣的組織或行業，推行共好的原則皆相同，利用松鼠、海狸、野雁的天性本質的祕訣，持之以恆，就能達成組織共好（Gung Ho）的目標（王世章，2008）。

螞蟻雖然很小，但牠們卻最懂得團隊精神，並且工作最勤奮，透過分工合作的力量，一群螞蟻能把一塊大蛋糕給抬回家。在職場中，我們應該效法螞蟻無私的工作精神，因爲一個企業就是一個團體，除了講求個人的工作表現外，更需要具有凝聚力的團隊精神，才能眞正把企業的發展帶向高峰（聖嚴法師，〈團隊精神勝過個人表現〉）。

六、辦公室戀情

在辦公室裡，人來人往，朝夕共事，男女同事，日久生情，不小心便會擦出了火花。有些企業為了降低人員流動，會鼓勵辦公室戀情及夫妻檔同事；有些公司為避免辦公室戀情影響生產力而明文禁止。

(一)辦公室戀情的原因

辦公室的戀情，是指在同一組織中的成員，在性方面相互吸引（mutual sexual attraction）的異性關係。辦公室的戀情之所以會形成，主要有下列三個因素：

1.長時間工作，讓同事之間有更多的互動與話題。
2.工作後的人際關係縮小，同事之間的互動成了主要的人際網路。
3.同事因工作而彼此有更多的瞭解並能相互支持。

這些因素都使得異性同事容易使對方產生好感，引爆愛的火花；加上彼此長時間的相處與生活的緊密連結，更容易讓愛的感覺持續蔓延，進而產生戀情。

辦公室戀情可分為同部門或不同部門、主管與員工。一般來說，若是情侶雙方不存在部門或沒有從屬關係，較不會產生太大的困擾，甚至還可能因在其他部門有「特別友人」，在工作上獲得額外的便利與協助，而大受同事們的肯定與祝福。但若是在同部門、甚至有從屬關係時，就容易造成同部門的其他同事的另眼相看。

(二)上司愛上部屬

辦公室戀情在職場上的發生機率不算太低，重要的是當事人是否能把握工作與私人情感的分際，以及尊重同事間的工作空間。在丁菱娟的著作《專業與美麗》一書上，提到一則處理辦公室戀情的文章上說：

　　我的一位總監跑來跟我說，他跟自己團隊中的某一位部屬正在談戀愛，問我該如何處理？其實這原本是一椿很容易處理的事情，但是由於這位總監是當事人，所以就搞得自己不知如何自處。

　　我問這位總監你覺得該如何處理？他說，照理應該是將這名部屬調到不同的部門，可是怕這麼一做，原本是地下戀情會變得眾人皆知，因為心裡還沒有準備好。我問什麼時候才會準備好？是等結婚的時候？還是等被別人發現的時候？他沉默了。我說，其實最恰當的時機已過，當你準備追他或一開始戀情的時候，就應該事先報備，讓公司做適當的安排，否則你可能有利用職務之嫌，或是公私不分了。

　　總監這下更慌了，他說錯過最好時機怎麼辦？我回答，那就再找第二個恰當時機，不能一拖再拖。他問我什麼是第二個恰當時機？我說，當然是在你們戀情尚未公開且在年度考核之前，這個時機也就是現在——讓大家諒解並得到祝福。

　　我接著分析給他聽，若是到了年度考核打考績的時候，你如何做到絕對公平？就算你自問非常公平，也難免不落人口舌，無法取信他人。第二，若是等到公司的同事發現了，你們才申請調部門，則不免令人有被迫的感覺，同事觀感會不好。

　　很高興，總監接受了建議後，後來這件事歡喜落幕。我們在適當時機做了該做的事，兩位當事人受到祝福，部屬調了部門，不僅適應且表現良好（丁菱娟，2011）。

　　職場是很敏感的場域，情侶關係很容易就會被他人察覺。所以，當兩人都準備好了，不如大方承認、接受祝福。但請勿在職場上太常出現甜蜜的動作，這樣反而容易造成同事的質疑。在工作分配與問題的處理的制度化、相關績效評量的指標化，不僅可以防止因人情關係而影響工作評量，同時更可以降低「圈內人」的影響因素（黃智儀，2011）。

職場倫理

 **Story**

愛情觀

有一天,柏拉圖問老師蘇格拉底什麼是愛情?老師就讓他先到麥田裡去,摘一棵全麥田裡最大、最金黃的麥穗來,期間只能摘一次,並且只可向前走,不能回頭。柏拉圖於是按照老師說的去做了。結果,他兩手空空的走出了田地。

老師問他為什麼摘不到?他說:因為只能摘一次,又不能走回頭路,期間即使見到最大、最金黃的麥穗,因為不知前面是否有更好的,所以沒有摘;走到前面時,又發覺總不及之前見到的好,原來最大、最金黃的麥穗早已錯過了,於是我什麼也沒摘。

老師說:這就是「愛情」。

之後,又有一天,柏拉圖問他的老師什麼是婚姻?他的老師就叫他先到樹林裡,砍下一棵全樹林最大、最茂盛、最適合放在家做聖誕樹的樹。期間同樣只能砍一次,以及同樣只可以向前走,不能回頭。

柏拉圖於是照著老師的說話去做了。這次,他帶了一棵普普通通,不是很茂盛,亦不算太差的樹回來。老師問他,怎麼帶這棵普普通通的樹回來,他說:「有了上一次經驗,當我走到大半路程還兩手空空時,看到這棵樹也不太差,便砍下來,免得錯過了後,最後又什麼也帶不出來。」

老師說:這就是「婚姻」。

啟示錄:人生就正如穿越麥田和樹林,只走一次,不能回頭。要找到屬於自己最好的麥穗和大樹,你必須要有莫大的勇氣和付出相當的努力。

資料來源:〈人生觀、價值觀、事業觀、愛情觀的定義?〉,王朝網路,http://tc.wangchao.net.cn/xinxi/detail_298551.html。

結　語

　　佛家認為一個人即使不能施捨財物或齋食，不能重塑佛祖金身，但在《雜法藏經》中提到的「無財七施」，意即：眼施（以善意的眼神撫慰他人）、顏施（用微笑接人待物）、心施（敞開心扉誠懇待人）、身施（用實際行動幫助他人）、言辭施（多說鼓勵讚美的話）、座位施（讓座位給老弱婦孺）、房舍施（讓遠來的客人住宿方便）。其中溫柔關心的「眼施」、和顏悅色的「顏施」、誠懇親切的「心施」，都是我們人際溝通中可以學習做到的，這也一樣是修行，對於與人愉快交往更是大有裨益。

箴言集——溝通價值觀

序號	箴言	出處
1	可與言，而不與之言，失人；不可與言，而與之言，失言。知者不失人，亦不失言。	論語·衛靈公第十五
2	言而當，知也；默而當，亦知也。	荀子
3	談話，和作文一樣，有主題，有腹稿，有層次，有頭尾，不可語無倫次。	文學家梁實秋
4	不管你們有多成功，如果無法溝通，你們將無法繼續一起工作。	美國音樂家卡梅倫
5	溝通最重要的地方是去傾聽沒有說出的部分。	美國管理學專家杜拉克
6	生命裡沒有比有效溝通能力更重要的東西。	美國第38任總統福特
7	管理就是溝通、溝通、再溝通。	通用電氣前總裁傑克·威爾許
8	溝通是管理的濃縮。	沃爾瑪公司前總裁山姆·沃爾頓
9	管理者的最基本能力：有效溝通。	英國管理學家威爾德
10	不善於傾聽不同的聲音，是管理者最大的疏忽。	美國女企業家玫琳凱
11	企業管理過去是溝通，現在是溝通，未來還是溝通。	日本經營之神松下幸之助
12	記住了別人的名字，就等於擁有一筆財富。	戴爾·卡內基
13	人對於不能說的事情就應當沉默。	英國哲學家維特根斯坦
14	愈壞的消息，應該用愈多的氣力溝通它。	英特爾創辦人葛洛夫
15	有許多隱藏在心中的秘密都是透過眼睛被洩露出來的，而不是透過嘴巴。	美國·愛默生
16	一個人必須知道該說什麼，一個人必須知道什麼時候說，一個人必須知道對誰說，一個人必須知道怎麼說。	現代管理之父杜拉克
17	為一件過失辯解，往往使這過失顯得格外重大，正像用布塊縫補一個小小的窟窿眼兒，反而欲蓋彌彰一樣。	英國·莎士比亞
18	隨著年紀增長，我學會傾聽而不是怪罪他人。	波蘭·布朗森
19	對別人述說自己，這是一種天性；因此，認真對待別人向你述說的他自己的事，這是一種教養。	德國·歌德
20	發問只會造成片刻的尷尬。不發問將導致你一生的尷尬。	日本諺語

編輯：丁志達。

第六章

工作倫理

- 工作倫理內涵
- 態度,決定一切!
- 正直誠信
- 敬業精神
- 毅力!人定勝天
- 樂在工作

> 越是我喜歡做的事，我就不會稱它叫工作。
> —— 《天地一沙鷗》作者李察・巴哈（Richard Bach）

　　希臘三哲人中的第一位蘇格拉底（Socrates）為倫理學之父，他認為：「倫理是做人的道理；德是認識萬物的起點，而善是一切德的根源，並以追求善為其終生的目的。」在當時，因蘇格拉底的思想與政府相左，故被判處死刑，其親友勸其逃離他鄉，但蘇格拉底不肯，堅持服從國法，他不願意以逃走來破壞法律，於是從容服毒就義。蘇格拉底的遺言為：「克利特（弟子）啊！我欠醫神阿斯克勒庇俄斯（Asclepius）一隻雞，請你代為奉獻，不要忘掉。」其臨死前，都不忘記對神明的承諾，可見遵守承諾是倫理中最重要的行為之一（傅偉勳，1989；引自李小璐編著，2002）。

一、工作倫理內涵

　　勞資關係（Industrial Relations）從不同的角度、不同的時空，可能有不同的定義。《羅伯氏勞資關係字典》（*Robert's Dictionary of Industrial Relations*）上的定義為：「廣義地包括所有有關影響勞工個人或團體與雇主之間的關係之謂，其範圍為當一個受僱者在職場面談開始到離開工作為止的所有問題。」（吳全成、馬翠華，2011）

　　工作者站在企業第一線，執行勞資倫理的尖兵，所以工作者對於企業品牌聲譽的維護是非常的重要，可是卻常見違反倫理的情形發生。譬如：「從業人員洩露企業秘密」、「作業人員工作怠慢」、「從業人員侵占企業資產」、「從業人員不服從勤務指示」等等，應屬工作倫理之問題（朱延智，2012）（**表6-1**）。

表6-1　喜愛你的工作

- ・你期待開始你的一天嗎？
- ・當你被派予一項具挑戰性的工作時，你是否充滿信心地全力投入？
- ・你是否會在必要時發表意見、設定範圍及說「不」拒絕？
- ・你會隨時承認自己的錯誤嗎？
- ・你是否不會讓某人的不良情緒或困難行為影響你對工作的感覺？
- ・你是否會為自己著想，而不管你的老闆或同事？
- ・你對於在工作關係中表現誠實是否有安全感？
- ・困難的工作是否會讓你感到振奮？
- ・你的工作滿意度是否以不同於金錢的方式衡量？
- ・你是否走路抬頭挺胸，直視他人眼睛且充滿信心？

資料來源：珍‧布歐爾（Jane Boucher）著，陳麗芳譯（2006），《辭職不幹前該想的48件事——愛上你痛恨的工作》，世潮出版，頁253-254。

(一)工作態度的層次

　　企業對員工的期待，除了工作能力，尚有工作態度。工作態度可分為三個層次，即誠實（honesty）、可靠（fidelity）與忠心（loyalty）的美德。誠實是與人相處正直（straightforwardness）、可信（trustworthiness）的美德，誠實的人不說謊、不偷竊、不欺騙；可靠是信守諾言，不計代價，不避艱難，說了就一定做到的美德。虛假的承諾是不誠實，雖然真心承諾，但因難度高或代價大而未做到，不算不誠實（dishonest），而是不可靠（lacking in fidelity）。工作者對企業誠實、盡職即為可靠，既可靠又視公司的利益優先於他人的利益即為忠心（David Stewart, 1996；引自孫震，2005）。

　　誠實不欺，是做人應有的態度，也是公司對工作者基本的要求。所以，工作者對於雇主的倫理問題，可稱為工作倫理，此乃工作者以企業從業人員之身分，在職場提供勞動的過程中所涉及的相關倫理。

- ・服務的義務：認同公司的使命、維護企業形象、對待顧客的態度。
- ・守紀的義務：遵守公司有關的規定。

 **Story**

工作的樂趣

中古時代，法國有一位工頭到工地想去瞭解工人對工作的感覺如何。他走近第一個工人，開口問道：「你在做什麼？」

工人粗聲粗氣地回答道：「你瞎了眼不成？我在用這粗笨的工具，劈這些要命的大石頭，然後照老闆的指示將它們堆在一起。毒辣辣的太陽烤得我汗流浹背，我累得背脊都快斷了，這份工作真把我厭煩得要死。」

工頭很快地退開，走向第二個工人。他提出同樣的問題：「你在做什麼？」

這個工人回答：「我正切削這些石頭，削成適用的形狀，然後照建築師的計畫組合起來。這份工作相當辛苦，有時候還顯得單調，但是我每週可以賺到五法郎，好養家餬口，這不算太糟。」

工頭的心情振奮了些。他又轉向第三個工人，問道：「你又在做什麼呢？」

「怎麼？你看不出來嗎？」這個工人雙手舉向著天空說道：「我正在建造大教堂啊！」

這三個石匠，雖然做著同樣的工作，但是他們對待工作的態度卻完全不同。同樣的工作有人視為負擔，有人視為謀生方式，而在第三個石匠看來卻是他畢生追求的事情。顯然地，第三個石匠是快樂的，他的樂觀心態，讓他能夠微笑著面對看似枯燥的工作。美國著名心理學家馬斯洛（Abraham Maslow）說：「心若改變，你的態度跟著改變；態度改變，你的習慣跟著改變；習慣改變，你的性格跟著改變；性格改變，你的人生跟著改變。」這說明一個人有什麼樣的心態，對他的事業與人生是多麼的重要。

參考來源：〈三個石匠故事的啟示〉，中國審計網，http://www.iaudit.cn/Article/ShowArticle.asp?ArticleID=163639。

・敬業的義務：勤奮、專心於工作崗位。

・保密的義務：不洩露公司營運機密，以維護公司利益。

・謹慎的義務：負責盡職、主動做好本身應做的工作。

・誠信的義務：不欺下瞞上；履行勞動契約。

・廉潔的義務：愛惜公物、不偷竊、不盜用公款。

・協同與配合：能與同事相互協調合作、發揮團隊精神。

・服從的義務：服從上級主管合理的督導。

涉商業間諜　威盛4前員工被訴

　　威盛電子四名跳槽到祥碩科技的員工，涉嫌帶走原公司設計的積體電路模組，台北地檢署昨天依違反著作權法、洩漏工商祕密和背信等罪嫌，起訴祥碩科技研發部協理張○及工程師林○宇、黃○中、蔡○仲。

　　起訴指出，林○宇等人曾在威盛電子擔任電腦積體電路設計研發工作，設計「四級緩衝器」、「投票比較電路」、「鎖相迴路」、「多模數除頻器」等積體電路模組，2007年間，四人欲轉到祥碩科技工作，不顧和威盛簽訂保密合約，擅自以電子檔及紙本重製所設計的積體電路模組，將營業祕密交付給祥碩科技，改生產「ASM1042」、「ASM1051」等產品。保智大隊去年8月搜索祥碩時，在林○宇、黃○中辦公桌上，發現印有威盛電子英文簡稱「VIA」或「VT」密件；今年4月檢方搜索祥碩科技總部，當場扣得與威盛電子電路結構高度相似的電路圖，認定四人構成犯罪。

資料來源：鄧桂芬，〈涉商業間諜 威盛4前員工被訴〉，《聯合報》，2013/11/9，A14 社會版。

(二)勞動者之忠實義務

勞資關係以勞動者願意提供勞務，而雇主願意給付報酬爲主要對待義務關係，但勞動關係乃繼續性契約關係，又具有濃厚的人與人結合關係，因此倫理問題成爲探討的對象。勞動者之忠實義務基本上與其勞務之提供有密切關聯，可有下列倫理內容加以探討。

◆順從義務之問題

勞動者在勞務給付上有服從雇主指導、監督之義務，勞務給付之方法、地點、時間，除法令、團體協約、服務規則有規定或勞務契約有約定之外，應順從雇主之指示，否則勞務無從提供，或勞務之提供無法合於雇主之目的。

◆保密義務之問題

勞動者對於在勞動關係存續中所知悉之營業或企業秘密，有保密之義務不得任意洩漏。

◆勤慎義務之問題

勞動者對於其所承受之勞務應注意爲之，所需材料由資方供給者，應注意使用其材料，不能有浪費之情事，並有眞實報告消耗數量之義務，如有剩餘，自應歸還，對於雇主之設備及工具均應審愼使用。勞務提供過程中，應盡最大可能之注意。

◆信譽維護之問題

勞動者對於有傷雇主信譽之事不能傳播於第三人，雖然該有關信譽之事可證明其爲眞實，原則上也不得任意傳播。又雇主縱有違法或違背公共秩序之事，除非對於勞動者有直接不利之情形，原則上也不能輕易傳播於第三人。

表6-2　簡易的養廉方法

- ・你的收入，不論多少，切勿消耗其全部，要養成儲蓄的美德，儲蓄不在數字多少，最重要的是有恆。
- ・一切用途，限於使用手邊的錢，千萬別賒欠或與人發生借貸關係；尚未到手的錢不可列入消費項目之下。
- ・不要徒然羨慕他人所有，要效法人家的工作精神。
- ・「公私分明」這句話要永遠牢記，公司的事務用品、消耗品，即使是一張信封，信紙也不能據為己有。
- ・對公司的業務推展，要時刻想到節約開支，就是降低成本，降低成本對公司的業績定有幫助，這是服務人員的責任。
- ・要嚴格的自律，做到不浪費公物公帑，要把公家的財物當作自己的財物，節約使用，甚至比使用自己的財物更節約，更愛惜。
- ・利益先公後私，因為公比私大，公益中可以包括私利，而私利則必有損公益。
- ・你要時刻記住，要毀滅一個人的前途，最好的方法就是教他學會享受。享受猶如地獄的陷阱，掉進去想掙扎出來，非常困難，等到你養成享受的習性，而又無力辦到時，只有不顧廉潔礼羞恥了，應自警惕。

資料來源：夏廣善（1987），《工作指南》，育達週刊社，頁41-42。

◆不正當利益之收受問題

勞動者不得收受金錢、禮物或其他利益而為違背職務之行為。約定收受金錢、禮物或其他利益而為違背職務者亦同。縱使雇主不因勞動者之收受不正利益而有損害，勞動者亦不得為之（**表6-2**）。

◆營業競爭禁止之問題

勞動者在勞動關係存續中，不得有任何與雇主營業競爭之行為。勞動關係終了後，除非當事人另有約定，勞動者原則上不受營業競止之限制。

◆危害通知義務之問題

勞動者在自己工作中所察覺或預見之障礙應及時告知雇主，勞動者對於同事有害雇主之行為是否有向雇主告知之義務？則應視其所擔任之職務而定，因此在同事倫理與工作倫理之衡量問題，例如會計人員查知收納人員之侵占行為時，自有向雇主告知之義務。但勞動者其本身並非擔任監督或管制之工作，原則上並無將其與工作無關之同事的過錯或犯行告知其雇主之義務。

◆兼職之問題

　　原則上，在勞動關係存續中，工作時間內不得有兼職之行為，而在工作時間之外，則以不妨礙正常工作為原則始得兼職，另兼職並未妨礙正常工作，但所兼任之工作對公司形象有不良影響者，自不得為之，蓋維持公司形象仍為勞動者之倫理義務。

個案6-2

遵守紀律管理

- 公司的員工必須遵守公司紀律，就像一個足球隊員必須遵守比賽規則一樣，犯規要受罰，輕者舉黃牌，重者舉紅牌，立刻出場。

- 公司是一部現代化的精密機器，它必須按一定的規則動作，任何一位員工都必須熟悉和遵守這些規定。

- 守時是紀律的基礎，無論上班、下班、約會都必須準時，守時是信用的表現，公共關係的開端，也是優秀業務員應有的習慣。

- 全心投入工作或任務，也是一種有紀律的表現。上班的每一分鐘，都必須全神貫注投入工作，散漫、聊天、曠職都是公司所不容許的。

- 如果覺得工作流程不順暢，請向上級報告，公司會營造富有創造性及和諧的工作環境，讓員工全力發揮。

- 團結是紀律，破壞團結的言行就是破壞紀律。

- 每一位員工必須擁護公司的名譽，任何對公司名義有損的行為，將被視為違反紀律。

資料來源：盛達賢集團；引自：Larry Donnithorne，龍靖譯（2005），《西點鐵則：成功管理者必讀的22條軍規》，智言館，頁44。

◆協力義務之問題

　　雇主為維護企業安全及秩序，可能對勞動者攜入物加以限制，或為必要的搜身檢查，也可能為防止勞動者任意攜出雇主之所有物，自得做必要而適當的搜身檢查，但均應以妥當方法及相當程度為之。此項措施並應以一體適用為原則，不能有違反差別待遇原則及侵犯人權之情事（陳繼盛，2000）。

二、態度，決定一切！

　　沒有卑微的工作，只有卑微的工作態度，而我們的工作態度完全取決於我們自己。一位在紐西蘭（隸屬大英國協）為英國皇家海軍戰艦的官兵洗了幾十年衣服的華人，1995年獲得英國女王伊莉莎白二世（Queen Elizabeth II）頒發的服務勳章，這位師傅是山東僑民邵恒之。女王說：「因為你的功勞，讓我們紐西蘭的海軍，軍容出眾。」印證了邁爾・弗斯丁說的：「不要看不起自己的工作，無論從事什麼工作，只要你不輕視它，認真去實踐，你就可以超越別人，這不僅讓你與眾不同，也會為你的成功開拓平坦的一條道路。」

　　現實生活中，我們每個人所做的工作，都是由一件件小事組成的，但我們不能因此而忽視工作中的小事。所有的成功者，他們與我們都做著同樣簡單的小事，唯一的區別就是，他們從不認為他們所做的事是簡單的小事。簡單的說，決定成功與失敗的原因，態度比能力更加重要。例如，服務業很辛苦，可能必須站一整天，或遇到每個人都問相同的問題，直接考驗服務生的體力和耐力，這就是「態度」。

個案6-3

態度決定你的未來

一、如果

　　1.你只是接電話，告訴客戶不知道、沒辦法。

　　2.你只是開訂單，不連絡、不追蹤，有問題不回報、不處理。

　　3.你只是打報表，不確定數字正確性。

　　4.你只是接電話，從未希望客戶有滿意的感覺、從未希望客戶多訂一些貨。

　　5.你只是認為自己是助理，從未想過自己一言一行代表業務、主管、老闆、公司。

　　那麼，你不夠格做一個稱職的助理，你的工作，任何人都可以取代。

二、如果

　　1.你從未將部門業績目標時時刻刻放在心中。

　　2.你從未想過個人目標攸關部門目標達成。

　　3.送樣後，從未想過結果如何，為什麼沒消息。

　　4.報價後，從未追蹤為什麼沒有訂單，差多少可以成交。

　　5.訂單多了，從未去想怎麼回事，隨波逐流、隨客戶起舞。

　　6.訂單少了，不去追查什麼原因，毫無感覺、毫無動作。

　　7.你從未想過在客戶面前更專業、更守信。

　　8.工作不規劃、時間不管理、成本不控制、客戶不教育。

　　9.你認為開發新客戶、新市場是麻煩的、痛苦的。

　　那麼，你不夠格做一個稱職的業務人員，你在，是我們大家的負擔。

三、如果

　　1.你不把客戶需求當作是非常的重要。

　　2.你不把客戶抱怨當作優先解決的事項，主動追查檢討。

3.你時常不準時送貨，當作客戶永遠都會等你。

4.業務反應客戶的問題，你嫌他煩。

5.客戶反應品質的問題，你嫌他挑剔，視他為爛客戶。

6.你經常把「很麻煩」、「有困難」、「不想做」、「不可能」掛在嘴邊。

7.你每天上班當作例行工作，不主動尋找問題、改善品質。

那麼，你不夠格做一個稱職的生產部主管，與你共事，我很疲勞。

每日我們在外努力，沒有良好的品質，沒有良好的服務做後盾，一切效果會打折扣，對客戶的承諾都會跳票，我們便成口才一流、品質二流、服務三流的公司。

四、如果

1.有罵沒有稱讚、有懲罰沒有獎勵。

2.對企業有利的，不立刻行動。

3.經常把「再看看」、「再研究」掛在嘴邊。

那麼，我也只能偷偷的說，你不是一個稱職的老闆。我不能多說，畢竟你還是我的老闆。

資料來源：鴻海集團創辦人郭台銘；引自：編輯部整理，〈態度決定你的未來〉，《台灣鞋訊》，2005年7月號，頁25-26。

(一)心懷感激的態度

一般求職者普遍認為，在職場上高學歷及外表出眾最重要，但對雇主而言，則認為工作態度、學習力及抗壓力最重要。查爾斯‧史溫道爾（Charles Swindoll）說：「工作態度比你的過去、教育、金錢、環境……還來得重要。工作態度比你的外表、天賦或技能更重要，可以建立或毀滅一家公司。」所以，在職場工作時，要有一顆懂得心懷感激的態度。

 **Story**

心靈捕手

　　一個商人因洽公寄宿英國飯店，當他看見飯店門衛寒暄問暖的對他微笑，替他開門，讓他覺得很開心。

　　十年之後，他又有機會到英國洽公，因為十年前那家飯店讓他覺得很窩心，所以他又選擇了相同的飯店，當他又要走進大門時，發現門衛仍跟十年前時是同一位，於是他問門衛說：「先生，我記得十年前我看過你，為什麼你工作崗位都沒改變呢？」

　　老門衛微笑說：「我覺得我很開心啊！因為我樂在工作，我把每一項工作都當作自己經營的事業。」

　　啟示錄：經營自己的事業這很重要，若你無法把工作當作是「事從己出」的話，你會覺得很無趣，所以樂在工作在選擇態度上是很重要的。

資料來源：舒婷，《心靈捕手》。

- 真正有「智慧」的員工，總是心懷感激。首先要感念的是上天最大的恩賜，能夠活著，並且身體健康，可以勝任工作。
- 感激現在擁有一份工作，現在正在聽一場演講。
- 感激每月所領的薪水，讓家人衣食無慮，並為將來儲蓄。
- 感謝身邊共事的同事，因為有友誼是生命中最可貴的一件恩賜。
- 感謝你的亦師亦友的上司，交付挑戰性的工作。
- 感謝讓你保有飯碗的顧客，以及你時時刻刻戰戰兢兢，如臨薄冰的處事態度，對公司所貢獻的心力。

　　點燃工作態度的火種，是「目標」與「熱情」。「肯不肯付出、肯不肯學習、肯不肯接受鞭策」是一個人能否成功轉型的關鍵態度。

**Story**

工作心態

　　多年前的一個盛夏，一列緩緩開來的火車打斷了一群正在修理鐵路路基工人的工作。火車停了下來，從一節特製且帶有空調的車廂裡下來一個人，友好地跟這群工人的主管大衛打招呼：「大衛，是你嗎？」大衛回答說：「是我，吉姆，見到你真高興。」於是，大衛和吉姆進行了長達一個小時的愉快交談。之後，兩人熱情地握手道別。下屬們就問大衛：「剛才那個人是誰啊？」大衛說：「是索菲鐵路公司的總裁羅蒙·索菲！」顯然，下屬們對於他是索菲鐵路公司總裁的朋友這一點，感到非常震驚。他們奇怪地問：「你怎麼會跟他認識，而且還那麼熟悉？」大衛開始回憶，在二十多年前，他和羅蒙·索菲是在同一天開始為這條鐵路工作的……。

　　這時，一個下屬開玩笑地問大衛：「同一天開始？那為什麼你現在仍頂著驕陽工作，而羅蒙·索菲卻成了總裁呢？」大衛很惆悵：「唉，因為在二十多年前，我是為每週一百七十五美元的薪水工作，而羅蒙·索菲卻是為這條鐵路而工作。」一個成為總裁，另一個卻從未改變，原因其實很簡單：一個是把自己當成老闆，一個是把自己當成員工。兩種不同的態度，決定了兩個人截然不同的命運。

資料來源：張笑恆、尹博（2012），《為什麼總是別人吃肉我喝湯》，海鴿文化，頁
　　　　　164-166。

(二)你盡力了沒有？

　　美國第39任總統卡特（James Earl Carter, Jr）是海軍官校的學生。該屆有802位畢業生，卡特排名第59名。畢業時，所有同學都爭相選擇到熱門的單位服務，唯有他卻選了一個最冷門的單位——「原子能發展委員

會」，這是人人避之唯恐不及的單位。報到當天，卡特向長官做自我介紹時，他說：「我是卡特，802位畢業生中排名59位！」

「59代表什麼？」這位長官問卡特，卡特還來不及回答前項問題時，長官又問了第二個問題：「你盡力了沒有？」

「我沒有盡最大的能力！」卡特在思考後回答。但是長官的問話激起了卡特往上竄升的動力。最後他成了美國總統。

這個故事給了我們很大的啟示，在職場上，我們也要自問：「我盡力了沒有？」如果沒盡力，就要再努力，如果盡力，卻又做不好時，則需要檢討工作方法，將自己激發出潛在的能量，產生一股原動力，驅策「不服輸」的戰鬥精神，努力所致，金石爲之而開。

(三)責任心

在職場工作者都應把工作看成自己的使命，負責任地去做好它。美國幽默大師馬克‧吐溫（Mark Twain）說：「我們到這個世界上來，是爲了一個聰明和高尚的目的，必須好好盡我們的責任。」

西點軍校的校訓是：責任、榮譽、國家。從基本上來說，工作本身就意味著責任。所以，工作不是我們爲了謀生而做的事，而是要把它當成一種使命來完成。使命是指你被召喚去做一些事。被誰或是什麼召喚？被你內心深處的自己召喚。你的幸福源泉就是你內心的召喚。任何一種職業，就本身而言，不是一種使命。追逐內心召喚的使命，將帶來快樂，而職業卻帶來焦慮。俄國作曲家史特拉文斯基（Igor Stravinsky）說：「我作曲，因爲我生來就喜歡作曲，否則我不會做這一行。」

(四)沒有任何藉口

沒有任何藉口，是美國西點軍校學生奉行的最重要的行爲準則。有很多工作者在談到自己的公司時通常都是漫不經心，「這個公司如何……。」這樣的工作者是缺乏責任感的典型表現。一個人對工作所持的態度和他本人的性情、做事的才能有著密切的關係。一個人能否成爲優秀

的員工，能否成功，只要看他工作時的精神和態度，就可以知道。把工作當成一種責任，才能夠做得更好。

在阿爾伯特・哈伯德（Elbert Hubbard）著作的《態度決定一切》書中，他舉出一個例子說，有一個替人割草打工的男孩打電話給布朗太太說：「您需要割草嗎？」

布朗太太回答說：「不需要了，我已經有了割草工人。」

男孩說：「我會幫您拔掉草叢中的雜草。」

布朗太太說：「我的割草工人已經做到了。」

男孩又說：「我會幫您把草與走道的四周雜草割齊。」

布朗太太說：「我請的人也已做了，謝謝你，我不需要新的割草工人。」

男孩便掛了電話，此時男孩的夥伴問他說：「你不是就在布朗太太那兒割草打工嗎？為什麼還要打這個電話？」

男孩說：「我只是想知道我究竟做得好不好！」

德國哲學家康德（Immanucl Kant）說：「我於夢中，則夢人生的美夢；我覺醒時，則見人生的責任。」多問自己「我做得怎麼樣」，這就是一種責任心，視責任如生命，也是事業成功的基礎（Elbert Hubbard，杜風譯，2005）。

「人生於天地間，各有責任。知責任者，大丈夫之始也；行責任者，大丈夫之終也；自放棄其責任，則是白放棄其所以為人之具也。」梁啟超的這句話或許就是對責任的最好總結（蘇宇飛，2013）。

三、正直誠信

人無信則不立，這是千萬年來永恆不變的做人根本。英國俗諺說：「如果只想擁有一天幸福，就去理容院；如果只想擁有一週的幸福，就去買台車；如果只想擁有一個月的幸福，就去結個婚；如果只想擁有一年的幸福，就去買棟房。但是，如果想擁有一生的幸福，就對自己誠實吧！」

美國第1任總統喬治・華盛頓（George Washington）的經典名言：

Story

把苦痛當成長階梯

　　法國偉大的印象派畫家雷諾瓦（Renoir Pierre Auguste），因罹患了嚴重的類風濕關節炎，以致手指扭曲抽筋。他的朋友亨利・馬蒂斯（Henri Matisse）看他以指尖握著畫筆作畫，每畫一筆就會引起一陣疼痛，忍不住問雷諾瓦：「為什麼你這麼痛苦還要繼續堅持畫下去？」雷諾瓦回答道：「痛苦會過去，但是美麗會留下來。」

資料來源：何權峰，〈把苦痛當成長階梯　找出受苦的意義〉，《講義》第37卷，2005年9月號，頁18。

　　「誠實是最好的政策。」至今仍是美國不可撼動的價值觀。誠信，工作者不僅必須對別人（長官及同事）負責，更重要的是對自己負責，2009年的金融海嘯的引爆，就是某些金融界的工作人員欺瞞自己的良心，罔顧職業道德所致，我們必須回歸基本原則：取信於人、取信自己。台積（TSMC）訂有員工行為準則，把正直誠信（integrity）列為首要。正如古羅馬哲學家西塞羅（Marcus Tullius）說：「沒有誠信，何來尊嚴？」可見，誠信是何等重要。

　　公益平台文化基金會董事長嚴長壽在美國運通公司做總務時，有一次公司要採購一批非常昂貴的計算機，當時講好要全新品，因為有些公司會拿一些整理過的二手品來湊數。機器還沒有送來時，廠商塞給他一個信封，說：「你辛苦了，去買杯咖啡喝！」然後人就跑了。他打開一看，裡面是八千塊，要再去追，廠商已經不見了，他不知道該怎麼辦，只好把信封交給總經理，跟他說了這件事。過了數天，機器送來，發現裡面還是有二手貨，他堅持要廠商換新貨，廠商很不高興，後來就透過別人的管道跟總經理說：「你們公司有個姓嚴的，不但主動跟廠商要佣金，還找廠商麻

個案6-4

玩具鈔替換　銀行女職員盜389萬

　　合作金庫林姓女職員炒股失利，趁著擔任「大出納」職務時，以玩具鈔票抽換真鈔，半年來侵吞三百八十九萬元；總行派員突擊稽核，東窗事發。由於林女自首並繳回贓款，士林地方法院依《銀行法》判她二年徒刑，緩刑四年。

　　林姓女子（49歲）2010年9月起擔任合庫北士林分行俗稱「大出納」的櫃員主任，兼任臨櫃存、提、匯款業務。林女翌（2011）年3月投資股票，進行「當日沖銷」交易卻虧損連連，將腦筋動到公司金庫。她利用職務之便，以刀片割開裹著膠膜的新鈔，抽出真鈔再塞入玩具鈔票，接著用膠帶黏貼封裝。同年11月3日，合作金庫總行派員突擊稽核，發現綑裝的鈔票遭動手腳。拆開檢查，填充的玩具鈔票、商業本票都剪裁成千元紙鈔大小。案件爆發，林女四天後自首，承認換了三百八十九萬元入袋。幫林女操作股票的營業員證稱，林做融資交易「幾乎都賠錢」。

　　法官確認林女做案十六次，考量她被革職，已償還贓款，還有老母和女兒需照顧，給予緩刑。

資料來源：王宏舜，〈玩具鈔替換 銀行女職員盜389萬〉，《聯合報》，2014/03/10，
　　　　　A10社會版。

煩！」嚴長壽要是拿了那筆錢，豈不是踏入了陷阱，現在的他恐怕也不會是這個樣子了（嚴長壽，1998）。

　　台積（TSMC）創辦人張忠謀說：「不正直的人，我不會放在身邊，假如他已經在我身邊了，我一定遲早跟他脫離關係。」

(一)像馬一樣的忠誠

　　俗話說：「好馬不事二鞍，烈女不事二夫，忠臣不事二君。」中國歷來也有「馬忠、羊孝、虎節、犬義」的說法，可見，馬是忠誠的代名詞。

Story

遊峨嵋山

有位遊客要到峨嵋山，講好坐滑竿上山，每人人民幣二十元。到達山頂後，遊客付了二十元。

對方說：「還差六十元。」

問：「不是說好每人二十元嗎？」

答：「對呀！我們有四個人抬，所以還差六十元。」

資料來源：孫震（2005），《理當如此：企業永續經營之道》，天下文化，頁71-72。

千萬不要以為「當牛做馬」是件很沒面子的事。如果你是一匹劣馬，忠誠是保持你不被淘汰的唯一手段，也是你晉升的唯一途徑；如果你是一匹良馬，忠誠是你維護馬群前列位置的絕對保障；如果你是一匹千里馬，忠誠不是禁錮你的腳鐐，而是讓你從眾馬中脫穎而出，馳聘千里！

(二)性貪之誠

猴子是很靈活的，要抓牠不是件容易的事，但馬來西亞人有個好方法，他們將椰子挖空，用鐵鍊綁住，裡面放滿彩色糖果，只留一個小洞，猴子必須縮著牠的小手，才可伸進去；當猴子看到四下無人，牠把手伸進椰子裡，抓了一大把，這時獵人出來，猴子看到獵人，想跑可是手又捨不得放開，結果就卡住，最後，就被抓了（Xuite日誌，〈解放你心中的猴子〉）！

在工作生涯中，每一步都要走得踏實，因為只要留下一次壞的紀錄，都有可能成為未來就業時的障礙。

個案6-5

企業提升員工忠誠度的作法

作法	說明
公司必須不斷成長	員工希望自己所待的公司是生產力高、有願景的，如此他們才會對公司有信心，更抱持希望與熱情地投入自己的心力。
主管必須以身作則	當主管以身作則時，員工會受到主管的身教影響而對公司制度與目標更加尊重，也因為主管的帶領，使員工感到強烈的團隊精神，進而對共同的目標抱有使命感。
團隊必須彼此承諾	團隊之間的革命情感、彼此承諾是忠誠度上升的開始。
領導人必須氣度寬大	要贏得員工，尤其是一流人才的敬重，領導人的氣度具有關鍵性影響，也連帶影響整個企業文化。

資料來源：陳瑞聰口述，林捷文，〈留才的100個理由〉，《管理雜誌》第455期，
2012/05，頁62。

(三)自我管理

　　《道德經‧三十三章》說：「勝人者有力，自勝者強。」是指真正的強者，不在於贏過別人，而在於戰勝自己。自己本身先要做好自我管理，在情緒上自我調節，在鬥志上自我激勵，在慾望上自我節制，在服從命令、執行任務方面，先從自己做起，向上級長官負責。

　　1999年，管理大師彼得‧杜拉克提出的「自我管理」就向世人宣告：「人才，將是我們面對21世紀最大的管理挑戰。」根據他的說法，知識工作者必須讓自己適才適所，才能做出最大的貢獻，創造知識經濟的發展。

　　有個極有天分的年輕人，纏住一位世界級的小提琴家大師，央求聽他演奏一曲，因為年輕人想知道自己能不能在這行揚名立萬，要是沒有成名可能，他打算趁早認賠殺出，轉而當收入較穩定的商人。演奏結束之後，大師搖搖頭說：「沒有熱情。」十多年過去，當年的年輕小伙子已經成為成功的商人，賺得萬貫家財。一天，兩人又在街頭碰上，他問大師說：「請問您當年是如何看出我的天分呢？」大師回答：「我根本沒聽你

拉琴。」這時他惱怒了，漲紅著臉，握緊了拳頭憤怒地說：「您怎麼可以這樣，要是我是下一個海飛茲（Jascha Heifetz）呢？」大師說：「我不需要聽。如果你有熱情的話，你根本不可能理會我的評論。」工作遇到挫折何止一句否定，工作要能有激情，才能做得久，成為人中之龍（Lawrence Block口述，盧珮如採訪整理，2011）。

個案6-6

麥克阿瑟之自我管理鐵則

1.我在品格舉止和禮貌各方面，是否可以成為部屬的表率？

2.我的聲音及態度是否鎮靜，讓人感到信任，還是暴躁易怒？

3.我是否曾對某人大發脾氣？

4.對於我工作上必懂的技巧、必備的條件、目標和行政流程，我是否都完全熟悉？

5.我的言行是否能夠讓部屬真心想要追隨我？

6.對於我所管理的部屬，我是否認識他們的姓名和性格？

7.我對部屬的認識是否透徹？

8.我是否像關心自己家人一樣地，關心每一位部屬的生活？

9.我的大門是否對部屬敞開？

10.我是否重視職位甚於工作？

11.我是否獨攬一切權力，完全不授權？

12.我是否授權每一位部屬擁有適當的權力？

13.我是否竭盡全力做到鼓舞、激勵、獎賞屬下？

14.我有沒有在眾人面前使部屬難堪？

15.我對部屬是刁難，還是鼓勵？

16.我對確實不適任的部屬，我有沒有為了眾人利益著想，拿出勇氣把他們開除、調職？

資料來源：Larry Donnithorne，龍靖譯（2005），《西點鐵則：成功管理者必讀的22條軍規》，智言館，頁317。

小叮嚀　七種最容易被取代的人

· 不懂得承擔責任的人
· 缺乏團隊精神的人
· 不願改變的人
· 缺乏向心力的人
· 不瞭解組織與他人需求的人
· 不懂得學習的人
· 不願意輪調的人

資料來源：丁志達（2008），「如何創造自己被僱用的價值：把自己打造一個品牌」講義，帝寶工業編印。

四、敬業精神

國學大師南懷瑾說：「『敬業』就是好好學習學問，好好學習做一個人，學習人文，養成人格，再學習謀生技術（執照），對學習、對行為、對工作要有誠懇敬重的心，不可馬馬虎虎，混日子，領薪水，發牢騷。」

工作者要保持熱忱，不能因為情勢的險峻而失去理想，也許最初找不到真正理想的工作，但不要自怨自艾，只要肯投入，自然就會嶄露頭角，而且從工作上學習到的跨領域的技能，更可以增加自己未來的競爭力。

敬業，指的是做事態度和操守，辭典上說：「對所從事的專業、工作、全心的投入、無私的奉獻。」朱熹解釋，敬業就是「專心致力，以事其業」。可見敬業表現在工作上是一種恭敬嚴肅及認真負責的態度。

敬業精神

　　一個利用假期到東京五星級的帝國飯店打工的大學女生,所分配到的工作是清洗廁所。當她第一天伸手進馬桶刷洗時,差點當場嘔吐。勉強撐過幾日後,實在難以為繼,遂決定辭職。

　　但就在此關鍵時刻,大學生發現和她一起工作的一位老清潔工居然在清洗工作完成後,從馬桶舀了一杯水喝下去。大學生看得目瞪口呆,但老清潔工卻自豪自在地表示,經他清理過的馬桶是乾淨得連裡面的水都可以喝下去的。

　　這個舉動帶給大學生很大的啟發,令她瞭解到所謂敬業精神,就是任何工作不論性質如何,都有理想、境界與更高明的品質可以追尋;而工作的意義和價值,不在其高低貴賤如何,卻在從事工作的人能否把重點放在工作本身,去挖掘或創造其中的樂趣和積極性。

　　於是,此後再進入廁所時,大學生不再引以為苦,卻視為自我磨練與提升的道場,每清洗完馬桶,也總清晰自問:「我可以從這裡舀一杯水喝下去的。」

　　假期結束,當經理驗收考核成果時,女大學生在所有人面前從她清洗的馬桶裡舀一杯水喝下去,這個舉動同時震驚了在場所有的人,尤其讓經理認為這名工讀生是絕對必須延攬的人才。

　　畢業後,大學生果然順利進入帝國飯店工作,而憑著這簡直匪夷所思的敬業精神,37歲以後,她步入政壇,得到小泉首相賞識,成為日本內閣郵政大臣,這位大學生的名字叫野田聖子。

資料來源:陳幸蕙,〈敬業精神:道德操守是追求工作卓越的根本〉,《講義》第40卷第1期,總號第235期,2006年10月號,頁50-51。

(一)挨罵不還嘴

責罵是替對方著想的行為，希望對方成長，引發潛力的溝通方式。1965～1973年，日本巨人隊締造輝煌的九連霸紀錄，那個時期的川上哲治教練回憶：「責罵必須看對象，有些人一挨罵就變得很退縮，這種人我不隨便罵。但球隊一定會有非罵不可的情況，這時候我就罵一罵長嶋茂雄，讓所有人警惕，所以，長嶋經常扮演挨罵的角色。」（長嶋茂雄從1958～1974年效力於日本職棒讀賣巨人隊，是巨人隊的核心打者，後來成為巨人隊的終身名譽教練）。

挨罵讓人不舒服，尤其在很多人面前遭到斥責，更會感覺受到羞辱。但是，組織並不是交換個人感情的場所，罵人的一方是站在組織成員的立場去罵人的。所以，你成為組織一員之後，就必須做好這樣的心理準備：挨罵也是工作的內容。

中華佛學研究所所長果鏡法師說，我受戒之後沒多久，師父（聖嚴法師）就指派我擔任都監，可是我經常挨師父的罵。師父說：「我是能罵的人才罵，不能罵的人我不敢罵。」我能體會師父的用心，師父是在調教弟子（果鏡法師主講，2013）。

能幹的上司會選有潛力的人來責罵，因此，挨罵的時候，不妨想成是主管對你特別照顧。微軟（Microsoft）創辦人比爾‧蓋茲（Bill Gates）說：「要能夠感謝責罵的人，才會有成就。」誠哉斯言（川北義則文，周幸譯，2011）。

(二)道歉智商

能夠承認錯誤，負擔責任的人，是能夠委以重任的。工作的時候一定都會被上司叱責。被罵時不要「找藉口」是最好的避險方法。因為，就算找藉口事態也不會好轉，反而變本加厲。「對不起，請原諒我，以後我會小心不再犯同樣的錯。」發自內心反省，這樣的態度能夠更加拓展自己的可塑性。無論如何，被罵時必定低頭，率直地說：「對不起」（金兒

昭，賴又其譯，2014）。

有關一個人「道歉智商」的高低，下列幾項是在道歉時應有的心態。

- 同別人產生衝突時，你會第一時間檢討自己而不是責備他人。
- 不會懼怕在別人面前說「對不起」。
- 出現矛盾或者犯了錯誤，你通常會很快為此道歉，而不是採取拖延戰術。
- 道歉時語言、態度得體，不卑不亢。
- 不僅僅使用語言道歉，根據情況，你還需要選擇不同的「方式」補助。
- 道歉的態度要真誠（至少應當讓對方覺得你是真誠的）。（張楚宇，2007）

《左傳‧宣公二年》說：「人誰無過，過而能改，善莫大焉。」天下沒有人不犯錯的。在職場上做事，我們都會有過失，但是我們要記住第一次犯錯，人家可以原諒你，第二次犯錯，人家就不會原諒你了，第三次犯錯，最不能原諒你的是你自己。敢於承認錯誤是一個人最起碼的品德。只有敢於承擔責任的人才能在職場上立足，才能取得別人的信任（林大椿，1985）。

(三)遵守規矩

對一個組織來說，想要良性運行必須有著良好的內部制度。合理的制度是根本，另外組織內的人也必須有著很強的紀律觀念，服從於紀律，這樣一個組織才能真正良性運作（**表6-4**）。

表6-4　避免成為十大職場「惡」人

類別	說明
敬業精神不佳	遲到、早退、常請假；沒事上網、講電話。
不能吃苦耐勞	台灣十一族：草莓族；不滿族。
逃避責任壓力	缺之當仁不讓，捨我其誰的氣魄。
缺乏團隊精神	爭功諉過，率性獨行。
缺乏職場倫理	缺乏職場基本禮儀。
學習動機不足	只求完事，不求完美。
自我意識高漲	別問我能為公司做什麼，要問公司能為我做什麼。
缺乏紀律服從	強調自我，不尊重他人及公司規章制度。
眼高手低成性	坐而論道，無法起而行之。
既任性又嘴硬	剛愎自用，孤芳自賞。

資料來源：丁志達（2008），「如何創造自己被僱用的價值：把自己打造一個品牌」講
義，帝寶工業編印。

個案6-7

酒店員工應樹立的12種觀念

觀念	說明
服從	酒店是半軍事化管理的組織結構體系，層層負責，逐級管理。管理人員與服務人員必須以服從為天職，以工作指令為行動準繩。「服從」觀念的樹立是做好飯店服務工作以及優秀服務人員應具備的條件。
紀律	酒店人員要有嚴謹踏實的作風，同時更需要樹立嚴格且嚴肅的組織紀律觀念。酒店像一部大型機器，要保證其正常運作，生產優質、合格的產品，就要樹立強烈的遵章守紀觀念，以嚴格的勞動紀律、規章制度、獎罰條例來約束行為。
自律	酒店人員應具備高度的自律觀念，在日常服務工作中，做到自覺、自願、自律地做好服務工作。做到管理人員在場和不在場一個樣，服務質量、工作質量督導和不督導一個樣，檢查與不檢查一個樣。服務人員的自律行為，主要表現在以下方面：行為規範的自律、儀容儀態的自律、言談舉止的自律，工作質量的自律、勞動紀律的自律、工作及生活小節的自律。

觀念	說明
禮貌	作為酒店行業的從業人員，禮貌是其待人、接物，文化素質、行為規範、服務優劣、管理水平高低的一面鏡子。服務人員見到客人微笑，問好、謙讓、彬彬有禮，客人會感到有回家的溫馨感。禮貌是一個服務人員是否適職和職業水準高低的體現。
技能	酒店工作看似簡單，但要做好，成為一名優秀服務人員，還必須練就一身過硬的本領，熟悉自己的工作職責、工作程序和優質服務的標準。良好的職業技能是給客人提供優質服務、高效服務、周到服務的基礎。
團隊	酒店是一個需要各部門相互配合、協調，講究群體合作、部門協作的現代企業，雖然各部門分工不同，每個員工的職責不同，崗位不同、任務不同，但酒店有兩大核心任務是要全體員工從上到下、從內到外齊心協力才能夠完成的：一是營造100%顧客滿意度和優質服務；二是創造良好的經濟效益和社會效益。所以，酒店中每個員工都有必要樹立高度的團隊觀念、集體觀念、協作配合觀念。
吃苦	酒店許多部門（如前廳部、客房部）的工作是十分辛苦的，所以，優秀員工要樹立吃苦的觀念。
學習	文化知識是21世紀酒店核心競爭力的基礎，作為一名新世紀的飯店員工，必須樹立強烈的學習觀念，唯有學習、學習、再學習，提高、提高、再提高，才能做好本職工作，提高業務技能和服務水準。
誠信	誠信是酒店長遠發展的基礎，也是服務人員能贏得賓客尊敬，建立友好客戶關係，培養忠誠客源的基礎。作為一名服務人員，應自覺樹立良好的誠信觀念，對客人的承諾一定要守信，給客人代辦的服務一定要認真、可靠，給客人提供的服務一定要準確、及時。
節約	酒店服務人員一定要注意節約一滴水、一度電，一方氣、一張紙，努力把自己培養成懂得環保、節能、節約，掌握設備設施，維護保養技能的新型酒店服務人員。
創新	創新是酒店發展的靈魂。酒店服務人員除了扎實的掌握好服務的規範化、標準化以外，還要因人、因時、因地做好個性化服務，特殊服務、超值服務。在工作中，創新意識不能死搬教條和書本知識，創新是延伸服務和發展服務的生命。
安全	沒有安全就沒有酒店業，安全是酒店服務與管理工作的生命線，是酒店最大的效益。酒店的服務人員要做好日常工作中的防火、防盜、防搶劫、防食物中毒、防詐騙、防工程設備事故、防客人意外受傷、防個人工傷等多項工作。

資料來源：金玉門大酒店。

　　《論語‧魏靈公篇》說：「工欲善其事，必先利其器。」組織的運轉必須有嚴格的紀律作為保障，否則人人各自為政，內部一盤散沙，最後只能導致組織的瓦解。紀律不是洪水猛獸，它並不那麼恐怖。真正的紀律應該是人們心中的一種自覺的道德認識，而不僅僅是出於對懲罰的恐懼的無奈選擇。

個案6-8

企業規定的員工行為準則

企業名稱	員工行為準則
微軟 （Microsoft）	‧提供或接受餽贈時，應運用良好判斷，並有所節制 ‧不向實際或可能有商業往來的個人或公司索取禮品、招待 ‧絕不讓供應商或客戶認定，與公司進行商業往來，必須提供餽贈 ‧同仁間致力於開誠布公，誠實不欺及互相尊重
國際商業機器公司（IBM）	‧不依法令及道德規範行事者，均不足以成為IBM的　分子 ‧避免互惠交易行為 ‧在管理階層的同意下，可以接受或給予符合商業習慣的款待，但須費用合理，且不為法律或已知的客戶業務慣例所禁止 ‧倘若給予政府官員或雇員金錢或禮物，將使IBM被合理懷疑可能與該政府單位有特殊關係者，切不可為之
匯豐銀行 （HSBC）	‧銀行為奠基於廉正與互信之行為。本行所有業務均以最高之道德標準為其規範 ‧應時時警惕以防止任何詐欺、偽造或貪瀆之行為 ‧務須避免涉及一切可預期之利害衝突或背信之行為 ‧行員或其親屬如欲向第三者貸款或取得授信，須確保未以異常之優惠條件貸放 ‧不得利用其職務之便而為圖利行為
永光化學 （Everlight Chemical）	‧不得有破壞他人家庭幸福或婚外情的行為 ‧不得對競爭對手做不實的批評 ‧不得向客戶要求報酬或餽贈 ‧不得向供應商收受回扣或不當餽贈 ‧不得在不正當場所與客戶、供應商交際應酬

資料來源：宋秉忠、林宜諄，〈讓諸葛亮不再遺憾　CEO如何用對人：嚴正的員工行為準則是永續經營的基石〉，《遠見》雜誌第216期，2004年6月號，頁208-209。

紀律的最終目的，是讓一個人即便不在別人的監視和控制之下，也能懂得什麼是正確的，也能去做一些合乎道德的事情。美國第39任總統甘迺迪（John F. Kennedy）說：「不要問你的國家能為你做什麼，問你能為你的國家做什麼。」紀律就是反求諸己要替別人做什麼，而不是要求別人替你做什麼。

西點軍校畢業生艾爾伯特‧哈伯特說：「年輕人需要的不只是學習書本上的知識，也不只是聆聽他人種種的指揮，而是要加強一種敬業精神，對上級的託付立即採取行動，全心全意完成任務。」

五、毅力！人定勝天

涓滴之水終可磨損大石，不是由於它的力量強大，而是由於晝夜不捨的滴落。追求成功是艱難的，需要信念激勵，需要意志支撐，需要毅力堅持。有位哲人說：「每一次失敗都伴隨著一顆同等利益的成功種子。」只有積極樂觀、持之以恆地開發自身潛能的人，才會真正領悟磨難的內涵與意義。面對險峻的山峰，如果連攀登的勇氣都沒有，又怎能一覽高處勝景呢？正如宋朝王安石在《遊褒禪山記》中所寫的那樣：「夫夷以近，則遊者眾；險以遠，則至者少。而世之奇偉、瑰怪、非常之觀，常在於險遠，而人之所罕至焉，故非有志者不能至也。」

(一)蜘蛛結網的啟示

香港企業家李嘉誠說：「誰都知道人力資源在全球競賽中很重要，為了創造更豐盛的生活和更大的成就，大家都沉溺在競爭中。在一片追求財富、成功的聲浪中，我們要活得出色快樂，毅力和心力同樣不可或缺。如果你認為毅力是每分每秒的『艱苦忍耐』式的奮鬥，我覺得這是很不足的心理狀態，毅力是一種心態，毅力不是一種生活。真正有毅力的人清楚自己人生的目標，且願意承擔責任，有顆堅強、非凡的決心又充滿著希望的心。知道什麼是原則、事實與正義。有極大的勇氣和謹慎。」（**表6-5**）

表6-5　你有因循的傾向嗎？

・逃避困難的工作情勢，希望有一天困難自然消失。
・拖延諸如回信、整理檔案、收拾工作台（辦公桌）等例行公事。
・所擔任的職務早已失去挑戰性，卻還戀棧不去。
・害怕遷居到另一個市鎮，害怕任何一種改變或冒險。
・面臨困難或不愉快的任務時，常會生病或出小意外。
・應做之事遲遲不做或做得很糟，最後不得不由別人代勞。
・雖然理由充分，立場嚴正，卻仍逃避與人抗爭。
・自己不成功、不幸福，卻歸咎於外在因素。
・以否定和批評的方式逃避責任。
・懷疑自己身體有病，卻不肯去做健康檢查。拒絕讓專業人員幫助自己戒除酗酒、服藥或吸菸等惡習。
・以「枯燥乏味」為藉口，不肯全力工作。
・光籌劃人生重大目標，但從不付諸實行。

資料來源：Denis Waitley & Reni L. Witt，尹萍譯（2000），《樂在工作》，天下文化，頁136-137。

　　有的蜘蛛喜歡在樹林間織網，但風雨一來，網就破損，因而不得不重新織造；有的蜘蛛喜歡在屋簷下張網，因有屋簷遮蔽，網不易損壞；有的蜘蛛則愛在室內織網，儘管外面狂風驟雨，但牠總是無憂無慮。

　　三種不同的選擇，收穫也不盡相同：林間織網，常能抓到蜻蜓、知了、天牛等稍大的昆蟲；簷下織網，則能捕到飛蛾、蒼蠅等昆蟲；室內織網，充其量只能逮捕蚊子而已。美國第34任總統艾森豪（Dwight David Eisenhower）說：「在這個世界上，沒有什麼比堅持不懈、不斷進取對成功的意義更大。」

(二)戲棚下站久你的

　　前南山人壽總經理林文英說，小時候我們看野台戲，一開始時不精彩，都是一些神仙出場擺擺樣子，沒有劇情，叫做「扮仙」，神仙走完場，戲才開始開演。剛開演時，劇情也是蠻鬆散的，之後愈演愈精彩。

 **Story**

自由之星

　　1942年，有三位青年結伴到委內瑞拉的一處河床採集鑽石。他們辛勞數月之久，毫無所獲。其中一人名叫索拉諾（Solano），在極度的困頓沮喪之中對同伴說：「我放棄了，再找也沒用。你們看這塊鵝卵石，這是我撿的第九十九萬九千九百九十九塊石頭，但是從未出現過半顆鑽石。我再撿一塊就滿一百萬了，但是又有什麼用呢？我不幹了。」同伴說：「你就乾脆再撿一塊，湊滿一百萬算了。」索拉諾俯身撿起一塊石頭說：「好吧，這是最後一塊。」但是這塊雞蛋大小的石頭卻出奇的沉重，他再仔細一看：「天啊！竟然是一塊鑽石！」

　　這塊鑽石後來以二十萬美元的價格賣給紐約的珠寶商，琢磨之後，名為「自由之星」，是當時最大最純的一顆鑽石。

　　啟示錄：這個故事告訴我們，堅持到底，總會獲得成功。「恆為成功之本，毅乃失敗之敵。」

資料來源：傅佩榮（1987），《成功人生》，時報文化，頁35。

　　所以戲子剛上場時，觀眾喊著：「開鑼囉！開演囉！」紛紛圍過去看。起初我可能只是站在後面的位置，可是因為剛開始戲演得不精彩，有人就先離開了，有的人站在後面看不到也走掉了，但我始終沒有離開。觀眾不斷地離去，原本站在後面的我就一步一步往前推進，不知不覺中，就站到最前面了，所以說「戲棚下站久你的」，因為不離開，就可以看得到最後的壓軸好戲。

　　作家海明威說：「人不是為失敗而生的，人可以毀滅，卻不能被打敗。」他的代表作《老人與海》講述的就是一個老人在大海上捕魚的經過。故事的結尾，老人終於以自己的毅力戰勝重重困難，等到了大魚，這故事向人們闡述了緊要關頭持之以恆的意義。

你是不是老闆心目中的好員工？

・你是不是忠誠、敬業？（不吃裡扒外）

・你有沒有在工作中全力以赴？（積極性）

・你是不是敢於承擔工作責任？（捨我其誰）

・你在做一件事前或做錯一件事後不找任何藉口？（可以失敗但不能輸給失敗）

・你有沒有團隊合作意識？（犧牲小我，完成大我）

・你能不能做出業績？（成就的驅動性）

・你是不是自動自發沒有任何功利性地執行一項工作？（主動性）

・你能不能把握住市場動向？（服務客戶的精神）

・你工作上是否能突破、創新？（企圖心）

資料來源：丁志達（2008），「如何創造自己被雇用的價值：把自己打造一個品牌」講義，帝寶工業編印。

(三)致加西亞的信

19世紀美西戰爭爆發時，美國第25任總統威廉・麥金萊（William McKinley）急需一位勇敢的使者，將一封十分重要的書信送到藏身在深山峻嶺中的古巴革命軍首領加西亞（Garcia）的手中，可是沒有人知道在叢林作戰的加西亞的行蹤，此時，一名叫安德魯・羅文（Andrew Summers Rowan）的軍人接受了這個任務，坐了四天的船後，趁著黑夜在古巴的海岸登陸，然後再徒步花了三個星期的時間穿梭在古巴山區裡，最後，歷盡艱辛苦難，最後將信交給加西亞的手中，完成了這個使命。

這個故事最感人的地方不在於羅文中尉的辛苦和完成任務，而在於他的毅力，那種立刻行動並且完成任務的偉大情操。當一種職業的責任感和對事業高度忠誠一旦養成，會讓人感受到值得信賴，會被委以重任，這種有毅力、恆心的人，永遠會被老闆看重，永遠不會失業。

個案6-9

服務規約

本行職員在行服務期間，應遵照本行一切章程規則之規定辦事。職員在行服務期間，除應遵照本行一切章程之規定辦事外，並應遵守下列規約：

一、除星期六、星期日及例假日外，應嚴守規定之辦公時間，並親自簽到簽退或打卡。

二、在規定的辦公時間以內，非經依章請假或主管人員允准後，不得擅自離行。

三、對上級調派之職位，或交付之任務，應予服從，工作方面如與上級有不同之見解時，應於事前陳述。

四、對於承辦事項，除依本行章程及有關法令之規定辦理外，如規定不甚明確，而關係重要者，應先商承上級人員意見後，再行著手。

五、經辦工作應隨到隨辦，不得延壓怠忽，或藉詞加班，所經管之文件帳冊，亦應妥慎保管，不得攜外或毀損散失，如遇非常事變，並應盡力為適當處置。

六、除辦理本職務外，如遇其他部門工作繁忙時，須自動或遵從上級人員之指示，合作協助，不可託故推諉。

七、同事之間，應和衷共濟，各盡其職，不可妄生意見，黨同伐異。

八、對待顧客，應謙和有禮，顧客委辦之事，應迅速代其照章辦理，顧客如有探詢事件，應平心靜氣，一一答覆，不得厭煩，但如涉及銀行應守之秘密，應婉辭推謝。

九、職務更調或離職時，應將經辦事項及案卷帳目等一一交待清楚，奉調他職時，更不得藉故推宕，或違不應命。
國內單位調職，應於人事通知發布後，半個月內，交代清楚赴調，國外行處可展為一個月，但為辦理出國或簽證手續，而致有拖延者，得視實際情節，酌准延長。

十、本行指派值班，或上級主管因適時需要指定加班者，應遵從辦理。

十一、對於本行一切生財設備，及日常消耗用品，應加以愛惜，不可任意毀損浪費。

十二、對於本行內部事務，應嚴守秘密，不得隨意以文件簿冊示人，或輕予洩漏內容，各方與本行往來狀況，亦應同等保密。

十三、除經總經理核准者外，不得兼任行外業務。

十四、在本行服務期間，不得同時自營他業。

十五、不論直接間接，均不得從事投機事業。

十六、不論直接間接，均不得向本行或本行往來之客戶挪借款項。

十七、不得為私人或企業機構之借貸行為擔任保證人。但依本行有關規定得以本行職員身分分擔保證人者，或因其他事由經簽奉批准者，不在此限。

十八、不得假借本行名義向外擔保。

十九、在行服務期間，務須操守嚴謹，不得有不良嗜好，或其他不正當行為。

資料來源：中國國際商業銀行職員服務及獎懲規則（中華民國74年10月23日第五屆第十一次董事會通過修正。2006年8月21日將交通銀行併入，並改名為「兆豐國際商業銀行」）。

六、樂在工作

上世紀70年代，人們是「為了生活而工作」；80年代開始轉變成「為了工作而生活」，到了90年代以後，則轉變成「為了快樂而工作」。工作的意義與成就，不單單是實質的薪資收入，還包含了心理與生活的滿足（Michael Abrashoff，許美玲、林俊仁譯，2007）。

個案6-10

吹著口哨去工作

迪士尼的經典作品《白雪公主與七矮人》（*Snow White and the Seven Dwarfs*）裡有一首令人難忘的歌曲「吹著口哨去工作」（Whistle While You Work），由白雪公主和前來幫忙她的森林動物合唱的這首歌，將歡愉、投入、和專心完成工作的感覺表達得淋漓盡致。一邊吹著口哨一邊工作的白雪公主提醒了我們——工作的方式反映了我們是個什麼樣的人。從白雪公主忙著完成她許許多多的工作當中，我們也分享了她的成就和滿足感。

就像白雪公主一樣，我們每個人都有做不完的工作以及許許多多煩惱，但是多少人可以面帶笑容的工作呢？又有多少人真的可以在工作的時間吹著口哨？白雪公主提供了一個值得我們深思的啟示。

資料來源：Richard J. Leider & David A. Shapiro，胡洲賢譯（2004），《做你愛做，而不是你該做的工作！》，奧林文化，頁22-23。

在希臘文中，eudaimonism（快樂）是「日子過得好」或「事情做得好」的同義詞，包含有兩層意義：一是指一種滿意或滿足的感覺，二是指一次成功的活動或依特定方式執行一次特定行動。人類的優異性有異於靈魂，而快樂並不僅限於財富或權力等外在的快樂，也是一種發自內部心理由衷的「好的」感覺；不僅限於本身，亦及於他人（胡宜仁、賈昭南，2011）。

工作的樂趣不是天生而來的，需要靠工作者的自信、毅力、謙虛、堅持……。人的一生中可以沒有很大的名望，也可以沒有很多的財富，但不能沒有工作的樂趣。

(一)即知即行

丹尼斯·魏特利（Denis Waitley）在《樂在工作》序言中說：「真正的智者，總是心懷感激。首先要感念的是上天最大的恩賜——能夠活著，

並且身體健康，可以勝任工作。感激現在擁有一份工作，或正接受職業訓練，甚至，可以四處找工作也是一件值得高興的事。感激每月所領的薪水，讓家人衣食無慮，並爲將來儲蓄。感謝身邊共事的同僚，因爲友誼是生命中最可貴的一件恩賜。」

　　以下是丹尼斯・魏特利、芮妮・薇特（Reni L. Witt）合著的《樂在工作》書中的一些重要語錄的摘要。

- 永遠以微笑面對工作夥伴、老闆和部屬。笑容確實能夠讓你尊重自己，並與他人共享這種感覺。（頁6）
- 不必理會別人加諸於你的褒貶。若有人在工作上輕視你、嘲笑你或排斥你，要瞭解這不是你的失敗，而是代表對方的無知與缺乏自尊。（頁7）
- 不要參加那些互吐苦水的「牢騷」聚會。加入這類談話，雖好像是同仁之間的「團結」表現，其實卻是登上一艘即將沉沒的船。（頁7）
- 將你的專業才能和個人優點簡單明瞭地列在一張紙上，其中包括你所有的技能、經驗和潛力。每週瀏覽這一頁自傳，是原封不動嗎？還是「一暝長一吋」，信心由此產生。（頁13）
- 每一個工作日上班，起床時先問自己：「我今天要做些什麼事，才算是充分利用時間，並且讓我更接近目標？」（頁46）
- 凡是一經著手，不論大小事都必須做完。完成一件工作再開始另一件，你會爲自己的成就感到滿足，而不必忍受拖延的苦惱。（頁54）
- 一個人的時間有限，因此時間的運用和事情的輕、重、緩、急要安排好，才能應付自如，也就不會感覺太累或是工作老是做不完。（頁55）
- 要做得比上司要求的還多，表現得比別人期望的還好。不要畫地自限。（頁55）
- 埋沒才能就是浪費才能，不論天賦高低，善用才能必爲天神所

喜。（頁74）

· 投下資本，增加自己的知識和技能。知識和技能是別人無法剝奪的無價之寶。（頁87）

· 機會稍縱即逝，昨日之事不必回顧，明日之事難以逆料，唯有今天，才是真正存在的。（頁105）

 **Story**

樂在工作

多年前一位行將卸任的美國駐菲律賓大使，有一天走在街上看見一家家具店裡的木匠正在細心雕刻一張線條、花紋、款式都非常出眾的椅子，他駐足觀看了很久，待木匠完工後，看他點了根香菸，很陶醉的樣子在欣賞自己的手工藝，才趨前問他：「這張椅子要多少錢？」

木匠抬頭打量了這位大使先生一陣子說：「兩千披索吧！」

「好！」大使說，「你幫我造十二張讓我帶回美國，一共要多少錢？」

「十二張？」木匠訝異地問。

「對，十二張，來陪襯我的大餐桌。你便宜多少給我？」

木匠搖搖頭，一派無奈的樣子答：「三萬六千披索好了。」

「什麼？」大使說，「你算清楚一點。十二乘兩千是兩萬四，不是三萬六，還有，我下的訂單那麼大，不應該給我打個折，便宜一點嗎？」

「便宜？怎麼可能！」木匠答，「你要求我重複做十二張同樣花式的椅子，多枯燥無味，多辛苦。我多要這一點錢，也不算太過分吧？」

這個故事的啟示是這位木匠是懂得享受工作的人，一般人不懂得從工作中找尋樂趣，因為工作跟享受被認為是相對而立的兩件事。

資料來源：張澍輝，〈樂在工作〉，《天下雜誌》第60期，1989/05/01，頁109。

- 視變化爲正常現象。不斷注意並衡量自己適應變化的能力,包括步調、彈性的改變、新觀念和出乎意料之外的事。看看自己適應變化的速度是否夠快。(頁114)
- 以「辦得到」爲常用語。實際上,你接到的任務,遭遇的挑戰,絕大部分都是你能勝任的。「辦不到」是不願嘗試的同義語。(頁121)
- 美國西點軍校學生常說:「我無話可說,長官!」當你犯錯或未達成任務時,不要口出怨言,不要自找藉口,也不要諉過於人,而要把失敗當作學習過程中不可避免的一部分。(頁130)
- 著名的心理學家艾德勒(Alfred Adler)說:「不關心別人的人,遭遇的人生困境最嚴重,傷害別人也最深。」只有關心別人的人,才能給自己的生活和工作場所帶來樂趣。你開始關心別人時,別人也會關心你,這是善有善報。所以,合作是由兩個字組成的──我們(WE)。(頁188)
- 贏得爭議是不可能的,只有達成協議才算是贏。(頁198)
- 不要期望將來靠政府養老。每個月存下一筆錢,以備退休後使用,這才是你自己的最佳保障。(頁227)(Waitley & Witt,尹萍譯,2000)

(二)通往快樂的步驟

把自己的才華,作妥善的發揮,而讓別人肯定我們的貢獻,這會使我們覺得此生不虛,因而感到快樂。

在丹尼斯・胡雷(Dennis Wholey)主編的《你快樂嗎?》的書中,約翰・鮑威爾(John Powell)牧師提出通往快樂的十項步驟爲:

1.接納自己的一切。
2.爲自己的行爲負責。
3.注意「運動」、「放鬆」、「營養」這三樣人類自然的需求。
4.生活中充滿愛,愛自己、愛別人、也敬愛天。

5.不要畫地自限，跨出「安樂窩」，才能使自己壯大。

6.學習探索優點。探索自己的優點、別人的優點，以及社會各種情況的優點。

7.追求成長，而非完美。

8.學習有效的溝通技巧。

9.懂得欣賞人生的美好。

10.每天祈禱。（Dennis Wholey，尹萍譯，1990）

　　一隻小獅子精疲力盡地在原地打轉，想要抓住自己的尾巴。獅子媽媽露出智慧的微笑對牠說：「孩子，尾巴自然會一輩子跟隨在你之後。」同樣地，快樂、幸福、財富、成就，都是每個人努力向前走時，形影不離的尾巴（林捷，2012）（**表6-6**）。

表6-6　員工倫理守則

> ・上班不遲到，儘量提前十分鐘到辦公室，將一天的工作進度先安排好。
> ・不要占用公司資源，如利用公司電話講私人的事情等。
> ・不侵占公司的資產和公款，如公司的影印紙帶回家列印，或取得不當的廠商回扣等。
> ・同事有好的表現時，要為他鼓掌喝采，不要嫉妒或潑冷水；自己有好表現時，也不要炫耀或得意忘形。
> ・上班時不和同事東家長、西家短，說人閒話。
> ・無論如何一定把工作做好，並隨時為自己加油，也為別人加油。
> ・對公司要有向心力，不要對薪水斤斤計較，或動不動就要辭職，要對工作盡心盡責。
> ・遇到工作不順時，不要急躁或煩惱，先休息或充電一下，再來想出解決的方案。
> ・隨時和主管溝通，做好主管交代的工作，也能協助同事完成任務。
> ・感謝給我們工作機會的人，就算工作繁忙，也要做得開心。

資料來源：法鼓山創辦人聖嚴法師，〈職場倫理功課表：給員工〉，http://bbs.ifeng.com/viewthread.php?tid=3918499&page=13。

快樂和成功的五項準則

1.想要感受生活是快樂的，就必須去做自己喜歡的事情。

2.失敗並不能說明什麼，重要的是，失敗後依然保持快樂、自信和勇敢的性格。

3.想要擁有較大的成就，就必須學會勤於思索。

4.擁有再多的金錢，不如每天多給自己一些快樂，無論這種快樂是源於別人，還是自己。

5.要珍惜自己的生命，懂得在生活中用積極的態度享受生命的力量。

資料來源：成杰（2012），《巴菲特給年輕人的二十四堂財富課》，海洋文化出版，頁14-18。

結　語

　　《戰爭與和平》（*War and Peace*）作者托爾斯泰（Lev Nikolayevich Tolstoy）說：「並不是一隻燕子就能帶來春天。但是在濃郁芬芳的春天氣息中，你能不能不讓燕子飛嗎？這好比所有的土壤、草木都已感覺到春天的氣息，卻要讓種子蟄居在土裡不動，那春天是永遠不會來的。為了要建設理想的王國，我們大可不必考慮自己是當第一隻燕子，或是第一百隻燕子。一個人不論是生活在何種環境下，原則只有一個，那就必須貢獻自己的全部力量，讓世界變得更美好。」而所謂的「成功」，必須由自己下注解，不能任由別人為我們貼上標籤（編輯部，《講義》，1989）。

箴言集——團隊價值觀

序號	箴言	出處
1	二人同心，其力斷金。	易經·周易
2	上下同欲者勝。	孫武·謀攻篇
3	天時不如地利，地利不如人和。	孟子·公孫丑篇
4	蓬生麻中，不扶而直；白沙在涅，與之俱黑。	荀子·勸學
5	萬人操弓，共射一招，招無不中。	呂氏春秋
6	三個臭皮匠，抵過一個諸葛亮。	佚名
7	用眾人之力，則無不勝也。	淮南子
8	能用眾力，則無敵於天下矣；能用眾智，則無畏於聖人矣。	三國·孫權
9	麋鹿成群，虎豹避之；飛鳥成列，鷹鷲不擊。	漢·劉向
10	兩虎諍人而鬥，小者必死，大者必傷。	戰國策·秦策二
11	合群永遠是一切善良思想的人的最高需要。	德國·歌德
12	不管努力的目標是什麼，不管他幹什麼，他單槍匹馬總是沒有力量的。合群永遠是一切善良思想的人的最高需要。	德國·歌德
13	我不應把我的作品全歸功於自己的智慧，還應歸功於我以外向我提供素材的成千成萬的事情和人物。	德國·歌德
14	人們塑造組織，而組織成型後就換為組織塑造我們了。	英國·邱吉爾
15	刀鞘保護刀的鋒利，它自己則滿足於它的遲鈍。	印度·泰戈爾
16	我們知道個人是微弱的，但是我們也知道整體就是力量。	德國·馬克思
17	一致是強有力的，而紛爭易於被征服。	古希臘·伊索
18	聰明人與朋友同行，步調總是齊一的。	法國諺語
19	大成功靠團隊，小成功靠個人。	比爾·蓋茲
20	一個老虎領一群羊，羊都變成了老虎。一隻羊領一群老虎，老虎都變成了羊。	法國·拿破崙

編輯：丁志達。

第七章
自我成長

- 生涯規劃自己來
- 生涯發展
- 輪調與晉升
- 接班倫理
- 終身學習
- 健康管理
- 壓力管理

> 吾讀書十餘年，乃猶不明分功易事之義乎？吾生精力有限，不能
> 萬知而萬能。吾所貢獻於社會者，唯在吾所擇業耳。
>
> ——胡適日記（1915/05/28）

　　生涯（career）在英文中原意是指「馬車走的路」，最後被應用
到勞力上，指經濟追求的終身途徑。而今，彈性資本主義（flexible
capitalism）已經封存了生涯的筆直道路，員工隨時可能從一種工作轉換
到另一種工作。工作職位（job）在14世紀的英語中指的是「可以四處運
送的一塊或一片東西」。今天的彈性制度使得工作的古老意義復甦了，人
們在一生中片片斷斷地做著事情（Richard Sennett，黃維玲譯，1999）。

　　美國有一家著名的管理顧問公司對一百位退休老人做過一次問卷調
查，其中問到：「回顧你的一生，你最大的遺憾是什麼？」你絕對想不到
這些白髮蒼蒼的老人是怎樣回答的，也絕對想不到對於他們來說一生最大
的遺憾是什麼。他們之中竟然有90%的人這樣回答：「我一生之中最大的
遺憾是選錯了職業！」這些風燭殘年的老人在回顧自己人生的時候，沒有
抱怨自己掙錢太少，也沒有抱怨婚姻和家庭的不幸，但對於自己的職業選
擇卻始終耿耿於懷。

彈性資本主義

　　塞尼特（Richard Sennett）在他的經典著作《職場啟示錄》中，指出了一種當代商業社會
的「彈性資本主義」（flexible capitalism）社會的特質，就是企業和政府都為了賺取最大的利
潤（或省回最多公帑），於是將大量勞工都變成了彈性、短期合約勞工，社會中所有人都某種
程度上成為「可被取代的」。

　　在這種制度下，工人必須敏捷矯健，具有隨時應變的本領，不斷地冒險且儘量不依賴規
則和正式的程序。

資料來源：Richard Sennett，黃維玲譯（1999），《職場啟示錄：走出新資本主義的迷
　　　　　惘》，時報文化，頁8。

愛麗絲夢遊記

《愛麗絲夢遊奇境》中有一段耐人尋味的小場景，當愛麗絲追著拿掛錶的兔子迷失在樹根的大洞時，一時心慌不停地橫衝直撞，卻找不到出路！站在十字路口的愛麗絲著急不已，不禁掩面嗚嗚的哭了起來。

這時候，正巧一隻貓從旁邊走過，她急忙拉住貓先生問道：「我該走哪條路？」

貓紳士問她：「妳要去哪裡呢？」

愛麗絲一邊擦著眼淚一邊回答：「我也不知道要去哪裡！」

貓先生回答她：「如果妳不知道要去哪裡，那麼走哪一條路又有何差別？」

啟示錄：這個故事說明了自己的生涯不早做規劃，漫無目的的閒晃，終會一事無成，再來怨天尤人，為時已晚。

撰文：丁志達。

這是一張令人驚訝的人生問卷。這些知天命的老人們終於參透了天機，明白了人生最重要的是發現自己最適合做的工作，實現自我的價值。但是，人生苦短，他們已無力回天了。

一、生涯規劃自己來

近年來，生涯規劃是個相當時髦的名詞。這種現象的背後反映出散布在各行各業的芸芸眾生，不甘於埋頭在現在的工作、學習當中，謹慎著駐足思考：「我現在的位置對嗎？」、「我將來要往何處去？」這又得思考源自於一種心靈深處的自覺，一種想要將未來掌握在自己手掌心的急迫

感（洪鳳儀，2000：金序）。

英特爾（Intel）公司創辦人安德魯‧葛洛夫（Andrew S. Grove）曾提出下列幾個問題讓在職場工作者省思一番。

‧你在公司裡是真有貢獻或只是個傳話筒？你如何增加附加價值？

Story

職業生涯規劃的涵義

有三個人要被關進監獄三年，監獄長給他們三個一人一個要求。

美國人愛抽雪茄，要了三箱雪茄。

法國人最浪漫，要一個美麗的女子相伴。

猶太人說，他要一部與外界溝通的電話。

三年過後，第一個衝出來的是美國人，嘴裡鼻孔裡塞滿了雪茄，大喊道：「給我火，給我火！」，原來他忘了要火了。

接著出來的是法國人。只見他手裡抱著一個小孩子，美麗女子手裡牽著一個小孩子，肚子裡還懷著第三個。

最後出來的是猶太人，他緊緊握住監獄長的手說：「這三年來我每天與外界聯繫，我的生意不但沒有停頓，反而增長了200%，為了表示感謝，我送你一輛勞斯萊斯！」

啟示錄：這個故事告訴我們，什麼樣的選擇決定什麼樣的生活。今天的生活是由三年前我們的選擇決定的，而今天我們的抉擇將決定我們三年後的生活。我們要選擇接觸最新的資訊，瞭解最新的趨勢，從而更好的創造自己的將來。這其實就是職業生涯規劃的涵義。

資料來源：王強，〈像經營企業一樣經營你的職業〉，2002年環球市場雜誌，頁67。

- 你的工作是不是無關緊要？或者是你老是要等你的上司或別人來解釋你該做什麼？你是不是組織中的樞紐人物？或者你只是在一旁晃盪？
- 你是不是總是在追求新知或是嘗試新科技？（只是看書是不算數的）或者你是在一旁看戲等人來重整你所屬的企業？（這是坐以待斃型）？（Andrew Grove，巫宗融譯，1997）

　　職涯無邊無際，充滿了各種挑戰與機遇，唯有不斷精進，不自我設限，瞭解自己發展潛力，你終將會抵達自己的設定的目標。

(一)生涯規劃的定義

　　在人的一生當中，每個人扮演了多種角色；雖然每個角色對每個人而言都是重要的，但是其中以工作這個角色占去工作者最多的時間與心血，從大學畢業（22歲）進入職場就業，到《勞動基準法》規定的勞工屆齡退休的關卡年限65歲，只要工作者有意願投入工作，都可以在職場上有四十多年的奮鬥、謀生，並儲存「養老金」。因而，精神分析論的開山鼻祖佛洛伊德（Freud）說：「在生命的歷程中，沒有任何方法如工作一樣，可以使個人與現實如此緊密地結合，因為工作至少能夠提供個人在現實的人類社會中一個安全的基地。」

　　生涯規劃，係指每一個體透過對自己各方面的瞭解，在人生發展的各個階段中，為自己所鋪陳出成長與發展的路徑，並扮演好應扮演的角色。

　　生涯規劃的目的，在於指引每個人的職業發展方向和道路，並且經由企業的培育管道，提供長期而系統的培養計畫和方案。每個人雖未必能夠按照設計的晉升道路發展，但它為每個人提供了清晰的方向感，並且由企業提供的相應資源與計畫，促進每個人不斷挑戰和提高自己的就業力。

(二)生涯規劃的過程

　　生涯規劃的過程，包括自我評估、環境探索、目標設定和行動計畫。

1.自我評估：評估自己的性格、興趣、能力、價值觀等。

2.環境探索：分析各種職業生涯機會；常跟公司內外不同部門的同事互動。

 **Story**

烏鴉學老鷹的啟示

　　鷹從高岩上飛下來，以非常優美的姿勢俯衝而下，把一隻羔羊抓走了。一隻烏鴉看見了，非常羨慕，心想：要是我也能這樣去抓一隻羊，就不用天天吃腐爛的食物了，那該多好呀！於是烏鴉憑藉著對鷹的記憶，反復練習俯衝的姿勢，也希望像鷹一樣去抓一隻羊。

　　一天，烏鴉覺得練習的差不多了，呼拉拉的從山崖上俯衝而下，猛撲到一隻公羊身上，狠命地想把牠帶走，然而牠的腳爪卻被羊毛纏住了，拔也拔不出來。儘管烏鴉不斷地使勁怕打翅膀，但仍飛不起來。

　　牧羊人看到後，跑過去將烏鴉一把抓住，剪去了烏鴉翅膀上的羽毛。傍晚，牧羊人帶著烏鴉回家，交給了他的孩子們。孩子們問是什麼鳥，牧羊人回答說：「這確確實實是一隻烏鴉，可是自己卻要充當老鷹。」

　　烏鴉犯了兩個錯誤。

　　第一，牠以為自己只要用老鷹的姿勢就可以抓到羊。

　　第二，牠沒有看清楚老鷹抓的是一隻羔羊，而烏鴉卻去抓一隻公羊。

　　啟示錄：烏鴉想學老鷹，其精神是值得欽佩的，但是烏鴉要認清自己，如果要想蛻變成一隻鷹的話，需要付出異常艱苦努力，而不只是簡單的學習老鷹俯衝下山崖的姿勢。烏鴉也許要鍛鍊自己的力量、反復的磨礪自己的爪子、練習自己的眼力。只有這樣，烏鴉才有可能抓到羔羊；只有這樣，烏鴉才可能變成一隻老鷹。這其中脫離自己實際能力水平，而貪求不可企及的目標的作法，必然導致慘敗的命運。

資料來源：丁志達（2014），「人才培訓與人才管理實務」講義，中華人事主管協會編印。

3.目標設定：主動要求主管或同事根據自己的優缺點給予回饋；與管理者溝通個人職涯的方向；決定職業生涯發展的目標與需求。

4.行動計畫：主動爭取學習機會；與管理者共同研究制定雙方可接受的行動計畫。

　　成功（success）的定義，不是賺了多少錢、爬到多高的頭銜，而是幫助了多少人、影響了多少人，無論以何種形式顯現。因而，生涯規劃的目的，不見得是讓每個人「成大功，立大業」，而應該是「擇其所愛，愛其所擇」是最終的目的。

二、生涯發展

　　生涯發展，就像一盤棋。可以直著走、橫著走或斜著走，甚至倒退幾步再走。所以主宰棋盤的你，必須考慮清楚如何做好生涯規劃（**表7-1**、**圖7-1**）。因為一個人不可能在職場上永遠保持順利，一旦碰到困難時，就如《孟子》書上說的「動心忍性，增益其所不能」的階段，這時就要看個人對於自己生涯的願景及使命是否有堅持下去的信心及毅力。《論語‧為政篇》說：「（孔子）吾十有五而志於學，三十而立，四十而不惑，五十而知天命，六十而耳順，七十而從心所欲不踰矩。」由此可見，在數千年前，孔子已開始談生涯發展（編輯部，《統一企業》，2001）。

(一)職業選擇的歷程

　　職業生涯發展理論的代表人物為美國生涯輔導理論的大師舒伯（Donald E. Super），他認為，職業選擇的歷程就是自我概念實踐的歷程。人有一種驅動力，不斷地將理解到的自己融入工作中，在工作中實踐自我，他總結為下列十四項：

1.人們在能力、人格、需求、價值、興趣和自我概念等個人特質上存在差異。

表7-1 設定人生成功目標的21項原則

原則	目標	作法
原則1	瞭解自己真正的潛能	不論目前的成就如何,你未來的表現是無可限量的。唯一的限制是你加諸自己的限制。
原則2	擔起人生的責任	絕不因自己目前的人生責怪任何人。相反地,你該擔起自己人生的責任。
原則3	不受任何限制盡情發揮	不要讓思考受限在目前擁有的行動資源上,應該假設自己不受任何限制的情況下規劃未來。
原則4	真實面對自己的價值觀	唯有在成功符合你內心的價值觀和信念之時,這樣的成功才會令你覺得滿足。
原則5	確定自己真正想要的成就	決定什麼是自己願意放棄其他選擇,真正想要達成的成就,並且朝那個方向努力。
原則6	找出目的的核心	你必須有主要且明確的目的,也就是自己一心一意想達成的單一目標。
原則7	保持積極的信念	分析自己的信念,確定信念是積極、正向的,並和自己一切想做的事保持一致。
原則8	坦誠面對現在的自己	設定目標之前,必須全然地誠實面對自己目前的起點。
原則9	衡量進步的程度	用清楚的標竿和計分卡,定期衡量自己的進展。
原則10	消除所有路障	要成功,就必須善於解決問題,消除障礙。
原則11	在工作領域中脫穎而出	你應該設定目標,成為工作領域中前10%的一員。
原則12	結交合適的朋友	慎選朋友和導師。在工作上,也該建立良好的關係。
原則13	想出周詳的行動計畫	若能擅長擬定並執行計畫,就可以達成更大、更複雜的目標。
原則14	妥善管理時間	運用良好的時間管理技巧,就能讓產量成長一倍甚至二倍。預先擬定優先順序,集中心力在如何有效地運用時間上。
原則15	每天檢討目標	每天都花時間檢討並修訂目標。這個簡單的動作,能讓你持續朝向你認為最重要的目標前進,不脫離正軌。
原則16	不斷想像自己設定的目標	想像力能預見生命中未來會發生什麼事。讓自己充滿力量,邁向成功。
原則17	學會運用超意識	周遭的環境是你美夢成真的一股力量,學習如何啟動及運用「超意識」,就能發揮這樣的力量。
原則18	保持彈性和速度	你得清楚自己的目標何在,另一方面又對如何達成目標保持彈性。
原則19	運用自己內在的創造才能	學習如何運用這種潛藏的智慧,克服任何阻止自己達成目標的障礙。
原則20	每天都進步一點	你每天都該做一些具體有效的事,讓自己更接近想達成的目標。
原則21	堅持下去,直到成功	只要能夠堅持得比其他人更久,你就能比其他人有更多的成就。你該事先下定決心,絕不放棄。

資料來源:Mark Murphy,樂為良譯,〈目標設定管理:心想事成的4個秘密〉,《大師輕鬆讀》第454期,2012/08/29,頁37-38。

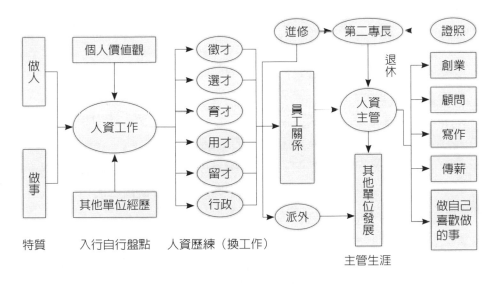

圖7-1 人資人員的職涯規劃

資料來源：丁志達（2014），「人才培訓與人才管理實務」講義，中華人事主管協會編印。

2.具有獨特本質的個體，適合從事某些特定的職業範疇。

3.每種職業對應相應的一組個人特質；職業和個體之間有一定的選擇自由度。

4.個體特質（職業偏好、能力、生活）、工作環境以及自我概念，都會隨時間的推移而改變。自我概念會在青少年晚期後逐漸穩定和成熟，在職業生涯選擇與適應上持續發揮影響力。

5.個體的職業生涯可歸納為一系列的生命階段，包括成長、探索、建立、維持以及衰退幾個人生發展階段。每一個階段之間的轉換經常受到環境或個人各種不穩定因素的影響。然而，不確定的轉換會帶來新的成長、再探索、再建立的歷程。

6.影響職業生涯類型（包括所有任職水平、謀職的次序、頻率、持續時間）的因素有：個體的社會經濟地位、心理能力、教育、技巧、特質（需求、價值、興趣、與自我概念）、生涯成熟及機遇。

7.在各階段，個人能否成功地適應環境和個人需求，主要取決予他的

準備情況，即職業成熟程度。職業成熟是由個人生理、心理、社會特質等組成的整體狀態。

8. 職業生涯成熟是一假設性概念，如同智力的概念一樣，很難界定其操作性定義，但可以確定的是，生涯成熟度並非單一維度的特質。

9. 個人職業生涯的發展可以被引導：一方面促進個人能力和興趣的成熟，一方面指導個人實踐、形成自我概念。

10. 生涯發展的實質就是自我概念的發展、形成。自我概念是個人的遺傳、身體狀況、觀察和扮演不同角色、評估角色、扮演與他人互相學習等活動交互作用的產物。

11. 個人在自我概念和現實之間的心靈神會或退讓妥協，是一個角色扮演和反饋的學習過程。這些學習的場所包括遊戲、生涯諮詢、教室、打工場所以及正式的工作等。

12. 個人工作和生活滿意的程度取決於如何為自身的能力、需求、價值、興趣、人格特質與自我概念尋找適當的出口。

13. 個人從工作中所獲取的滿意程度與其體驗到的自我實現程度成正比例關係。

14. 工作和職業，對大多數人來說，提供了個性發揮的條件；對某些人來說，這只是處於生命的邊緣位置，甚至是微不足道的，而其他角色，如休閒活動和家庭照顧，居於核心。社會傳統，諸如性別角色的刻板形象、楷模學習、種族偏見、環境機會結構及個別差異等，決定了個人對工作者、學生、休閒者、持家者以及公民等角色的偏好。（新華網遼寧頻道，〈生涯發展理論〉）

(二)生涯發展理論的階段模型

舒伯職業生涯發展理論的階段模型，是依據發展心理學和社會學對各種職業行為的分析，以年齡階段分析生涯發展的過程。他將職業生涯分成五個主要階段，每個階段都有其獨特的發展任務（**表7-2**）。

表7-2　生涯與職業發展

1. 職業是一種連續不斷、循序漸進且不可逆轉的過程。
2. 職業發展是一種有秩序、有固定型態、且可以預測的過程。
3. 職業發展是一種動態的過程。
4. 自我觀念在青春期就開始發展，至青春期逐漸明朗，並於成年期轉化為執業概念。
5. 自青少年期至成人期，隨著時間及年齡的漸長，現實因素，對個人職業的選擇愈形重要，例如人格特質及社會因素。
6. 對於父母的認同，會影響個人正確角色的發展和各個角色間的一致及協調，以及對職業計畫及結果的解釋。
7. 職業升遷的方向及速度，與個人的聰明才智，父母的社經地位，本人的地位需求、價值觀、興趣、人際技巧，以及經濟社會中的供需情況有關。
8. 個人的興趣、價值觀、需求、對父母的認同、社會資源的利用、個人學歷，以及其所處社會的職業結構、趨勢、態度等，這些均會影響個人職業的選擇。
9. 雖然每種職業均有特定要求的能力、興趣、價值觀及人格特質，但卻頗具彈性，以致允許不同類型的人從事相同的職業，或一個人從事多種不同類型的工作。
10. 工作滿意度端視其個人能力、興趣、價值觀及人格特質是否在工作中適當發揮。
11. 工作滿意的程度與個人在工作中實現自我觀念的程度有關。
12. 對大部分人而言，工作及職業是個人人格統整的重心。雖然對少數人而言，這種機會是不重要的，或甚至是不存在的，只有社會活動及家庭才是他們人格統整的中心。

資料來源：Donald E. Super，楊朝祥譯（1989），〈生涯與職業發展的十二項基本主張〉；引自：洪鳳儀（2000），《生涯規劃自己來》，揚智文化，頁34-36。

◆成長期（Growth）

從出生到14歲左右，屬於認知階段。兒童透過家庭和學校中關鍵人物的影響並加以認同，發展自我概念。

主要任務在於發展自我概念，也就是認識自己是個什麼樣的人，建立對工作世界的正確態度，並瞭解工作的意義。

◆探索期（Exploration）

年齡範圍約在15～24歲，屬於學習打基礎階段。透過學校學習、休閒活動和短期工作，進行自我考察、角色鑑定和職業探索。

發展主要任務在於使職業偏好逐漸具體化、特定化並實現職業偏好；形成事實相符的自我概念，學習開創生涯機會。

◆建立期（Establishment）

年齡範圍在25～44歲之間，屬於選擇、安置階段。找到合適的職業領域，努力建立鞏固的地位。以後發生的變化將主要是職位、工作內容的變化，而不是職業的變化。

發展主要任務在於找到機會從事自己喜歡的職業；學習處理人際關係；鞏固地位，力爭提升；穩定地發展職業生涯。

◆維持期（Maintenance）

年齡範圍在45～65歲之間，屬於專精和升遷階段。個人不斷地付出努力來獲得生涯的發展和成就，避免產生停滯感。面對新人的挑戰，全力應對；很少或不去尋求在新領域中的發展。

發展主要任務在接受自身的局限性；找出需要解決的新問題；開發新技能；專注於最重要的活動；維持並鞏固既得的職業地位。

◆衰退期（Decline）

年齡範圍在65歲以上，屬於退休階段。隨著身心逐步衰退，從原有工作中退出。完成角色轉換，從有選擇的參與者轉換為完全退出工作領域的旁觀者。退休後，個體還必須找到滿意感的其他來源，以減緩身心上的衰退，持續生命力。

主要任務在於縮減工作投入，發展非職業角色，為退休做準備，做一直期望做的事（新華網遼寧頻道，〈生涯發展理論〉）。

舒伯職業生涯發展理論依年齡來劃分，但各階段並沒有明顯的區分。生涯發展，每個階段都有困難和抉擇，但只要能把握早期的階段任務，對於下一階段的發展就有更多的把握（**表7-3**）。

(三)舒伯的生涯彩虹

就生涯的範圍而言，包含個人一生所有的角色。在每個年齡和生命階段，個人都會因自己的身分、責任，而全心全意投入該角色的扮演。舒伯在1976年和1979年之間，除了提出原有的職業生涯發展階段與任務之外，又加入融合生活廣度與生活空間的「生涯彩虹」（**圖7-2**）。

表7-3　30～38歲的職涯規劃

年齡	競爭力	內容
30～32歲	提案企劃力	瞭解企業經營架構，製作企劃案，強化提案說服力。
	市場開發力	有效辨識機會市場，進行業績管理，並有能力銷售商品，開發利潤。
	數位工具管理力	新世代所需的執行長（CEO）數位技能。
32～35歲	人脈經營力	與具豐沛資源的人，建立良好互動關係。
	魅力公關力	營造良好的組織與個人形象。
	團隊驅動力	有能力讓事情被團隊共同完成。
	組織整合力	建立溝通無障礙的跨部門關係，並能有效整合運用外部組織資源。
35～38歲	財務管理力	掌握組織財務結構與分配、設定、控制、完成財務預算目標。
	策略執行力	有能力掌握、監控並處理計畫執行障礙，讓策略目標有效被完成。
	組織權謀力	能掌握並善用組織權力運作，進入並被組織決策權力核心接受。
	團隊建構力	有能力籌組功能完整的團隊，並化解團隊成員間的資源分配問題。
	經營決策力	能在不同資源條件限制下，根據所學理論與經驗快速評估效益與風險，以做出有效決策。

資料來源：編輯部，〈MBA沒教的事：補足12大競爭力　40歲就當CEO〉，《能力雜誌》總號第697期，2014年3月號，頁80。

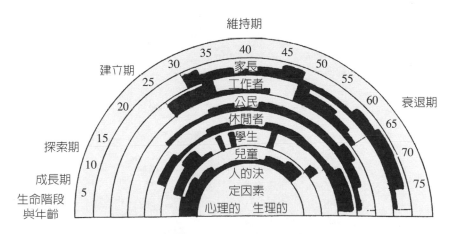

圖7-2　舒伯的生涯彩虹

資料來源：Super (1984)；引自：洪鳳儀（2000），《生涯規劃自己來》，揚智文化，頁40。

　　個人在一生中扮演許多的角色，經過時光隧道來看，從孩童、學生、上班族、社會公民、直到為人父母，角色的轉換與多種角色同時扮演，就像天上的彩虹般，色彩豐富而迷人。

　　0～5歲的角色是兒童；6歲入小學後是學生、休閒者或遊戲者；25歲左右，投入就業市場，成為工作者；30歲左右成家，扮演配偶、家長的角色；45歲左右，工作者角色中斷，學生角色突顯，可能進修充電，再度加強專業能力，提升技能；48歲左右，再度在工作中衝刺，事業發展達到頂峰；此時休閒者與公民的角色逐漸變得重要；65～75歲之間，投入相當多的時間在家庭。70歲之後，休閒者與家長的角色最為突出，享受數十年工作的成就（洪鳳儀，2000：39-40）。

　　就生涯彩虹的內容來看，陰影的部分就是每個角色的投入程度。顏色愈高表示這角色所需投入的程度愈多。從生涯彩虹的陰影變化，看出個人生涯角色的豐富與多姿多彩（**圖7-3**）。

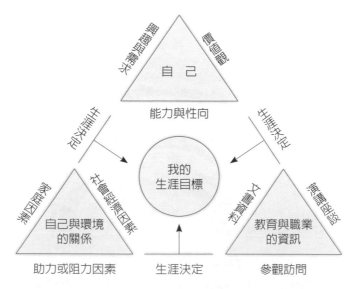

圖7-3　生涯規劃模式

資料來源：張添洲（1993），《生涯發展與規劃》，頁172；引自：洪鳳儀（2000），《生涯規劃自己來》，揚智文化，頁54。

不成熟─成熟理論

　　不成熟─成熟理論是研究人的個性和組織關係的一種理論，是由美國著名行為學家克里斯・阿吉里斯（Chris Argyris）提出，組織行為是由個人和正式組織融合而成的，組織中的個人作為健康的有機體，無可避免地要經歷從不成熟到成熟的成長階段過程。這樣一個連續發展的過程，也是一個從被動到主動、從依賴到獨立、從缺乏自覺到自覺自制的過程。

　　個體經歷了這樣一個成長過程之後，其進取心和迎接挑戰的能力都會逐漸提高，而且隨著這種自我意識的覺醒，個體會將自己的目標與自我所處的環境做對比，因此，個體在組織中所處的位置在一定意義上代表了自我價值的實現程度。

資料來源：嚴川，〈「員工公敵」還是「大兵瑞恩」〉，《人力資源》總第362期，2013年12月號，頁80。

(四)雙軌生涯路徑

　　組織為集合多數個體達成特定目標的社會實體。當個人進入組織後便開始其職業生涯。生涯路徑（career path）指由員工目前所處的職位，到發展至生涯目標職位所需經歷的路程，它通常是組織中各個職位的連線，以及搭配每一個職位所需具備的資格條件。

　　雙軌生涯路徑（dual-career path），是指組織為優秀人員所安排的生涯方向，包括專業型和管理型，亦即個人外在生涯的走向。雙軌中的管理階梯的階層視組織設計而定，技術階梯的高度則視組織中的層次或技術方面的貢獻而定。

　　個體依據自己的價值觀、性格、需求、能力與經驗等規劃生涯發展路徑，組織則考量其目標、任務、人力資源供需、整體技能水準等因素來管理員工的生涯發展（諸承明、李晉豪、梁成明，2011）。

個案7-1

訊連的職涯發展

　　訊連科技的職涯發展設計是採雙軌制，分為專業職及管理職。有別於傳統的晉升方式，訊連考量個人的專業、特質及尊重個體的意願，使其在組織內部不受限制的發展。以下是幾種在訊連可能的職涯發展路徑：

1. 經過工程師的專案經歷後，公司會針對表現優異的員工提供擔任管理職的機會。如果個人也發覺管理職更適合個人發展，則可依照管理職體系作為發展路徑（工程師→專業副理→副理／專案經理→經理→資深經理→協理→資深協理→副總經理）。

2. 如果經過自我認知及評估之後，發現個人更適合專注於研發領域，公司也提供專業職發展路徑（工程師→資深工程師→主任工程師→架構工程師→資深架構工程師→主任架構工程師→總架構工程師→研發副總經理）作為人生成長的發展選擇。

3. 因應組織或環境改變的需要，在雙軌職涯的過程中，往往也會有互相輪調的狀況。

資料來源：訊連人才招募網，http://tw.cyberlink.com/stat/hr/3-5.jsp。

三、輪調與晉升

　　《鮑爾風範》書上說，在我（指美國前國務卿鮑爾）晉升三顆星的當天，我的老闆，也就是陸軍參謀首長給了我一封信。信中說：「親愛的鮑爾，恭喜！你現在是三顆星了，並且將出任德國軍區司令。這項工作任期二年，如果在這二年內，你沒聽說我要派給你下個工作，或是未能晉升四星上將，我希望你能自動把辭呈送到我桌上。」換言之，只要鮑爾持續成長和發展，只要他比年輕的後進更能對組織有所貢獻，就會繼續受組織

重視培育（Oren Harari，樂為良譯，2003）。

(一)輪調制度

　　根據統計，美國的高級知識分子在其四十多年職場生涯中，至少會更換職務十一次，工作所需的知識也至少三次以上的整體交流調整。職場上的行動化趨勢已非個人想不想的問題，而是一種必要。一家德國化學物品製造集團在與員工簽訂勞動合約時，總是明文規定他必須依據公司所需，隨時履行區域異動的義務，異動範圍遍布全球。一個人的機動性與行動力，幾乎成了能否贏得經濟優勢與社會地位的指標。

　　工作輪調（job rotation），是公司定期給員工分配完全不同的一套工作活動，即從一個部門（職務）調到另一部門（職務），以增廣對公司各部門或職務的瞭解。所以，工作輪調是培養員工多種技能的一種有效的方法，既使組織受益，又激發了員工更大的工作興趣，創造了更多的前途選擇。

　　美國管理學者卡茲（Katz）研究發現，組織壽命的長短與組織內訊息溝通情況有關。組織壽命曲線表明：在一起工作的研科人員，在一年半至五年這段期間裡，訊息溝通水平最高，獲得的成果也最多，這是因為相處不到一年半，成員之間不熟悉，尚難敞開胸扉；而相處超過五年，已成為老相識，相互之間失去了新鮮感，可供交流的訊息也少。一個科研組織與人一樣，也有成長、成熟、衰退的過程。組織的最佳年齡區為一年半至五年，超過五年就會出現溝通減少，反應遲鈍及組織老化，解決的方法是透過人才流動對組織進行改組。

　　企業實施輪調制度，可以使一位在職者進入另一個工作領域，增進職場歷練，擴大其工作層面，以養成多職能工，建立更寬廣的人際關係。例如，台達電（Delta）讓員工自己選擇輪調，可以不用經過直線主管，直接去找想調往的部門主管洽談。

亞都麗緻的輪調制度

在亞都麗緻的兩種升遷管道中，直向的升遷是在原有的專業領域中往上爬升，橫向的升遷則要看個人的能力與可塑性，去做不同部門的調整。當一個員工在某個部門面臨著瓶頸，以橫向的輪調來激發他的潛能，常是我在人事管理上運用的方法。

在我（嚴長壽）的理念中，部門主管橫向輪調絕對是必要的。其一，可以幫助員工成長。換一個工作，增加了他學習的機會，也激發了原本潛在的能力。

再換另外一個角度來看，橫向的調動，可以讓員工瞭解每個部門的困難與問題，消弭本位主義，也可以減少部門之間的衝突，而重要的是，輪調是成為高階主管的必經之路。

面對不同階層、領域的下屬，增加了他的管理能力，也同時增強了作為一個高階主管所必備的協調能力與溝通能力。

資料來源：嚴長壽（2000），《總裁獅子心》，平安文化，頁162。

(二)晉升階梯

根據史丹福大學（Stanford University）、哈佛大學（Harvard University）研究機構多年來所獲致的結論發現，一個人之所以能獲得一份工作，保有一份安定的職業，或是在職位上升遷，技術能力及學識者僅占了15%而已，要在事業上有所發展、飛黃騰達者，85%必須仰賴人際關係以及對人性的瞭解。

晉升（promotion）即是將員工安置於組織架構中較高的職位。通常均含較重的責任、較顯著的地位、較多的自由、較大的權力，較優厚的待遇，以及較穩固的保障。

Story

想入非非

一個小職員喝得醉醺醺地到公司上班，經理責備他說：「喝酒最容易誤事，如果你不是這麼愛喝酒，可能早就升課長了！」

小職員回答道：「經理，我只要再喝一杯，就覺得自己是董事長了。」

資料來源：黃寶儀，〈開懷篇〉，《讀者文摘》，2006年2月號，頁51。

(三)升遷秘訣

台塑企業創辦人王永慶說：「今天要升遷一個人，一定要考慮遺缺是否有人接替，是否已培育接班人。如沒有人接替，我實在想不出要晉升這個人有什麼意義。」

在職場上，工作者要能順利升遷的十個秘訣為：

1.瞭解直屬上司的事業生涯目標，並且協助他達成。

2.把現有工作做到最好，願意做超出職責的事。

3.確定工作成果有被注意到。

4.主動要求負責更多工作。

5.爭取來的工作一定要做好。

6.學習新技能。

7.找一位師父。

8.在公司內外都累積人脈。

9.當一個受歡迎的人。

10.創造機會，不要等待機會。

（編輯部，《EMBA雜誌》，2013）

玻璃天花板效應

　　經濟學家傅利曼（Friedman）說：「當女性正循著組織階梯往上爬，卻同時碰到了隱形的障礙，一層玻璃天花板阻隔其到高層管理職位。而當女性試圖打破此障礙時，通常又面臨另一層阻礙：一面由傳統與刻板印象所構築的圍牆，使其無法進入高層管理的內部殿堂。」這段話生動地描繪了女性在工作職場中無法升遷到高階管理層，有一道可望不可及的無形阻隔，一般稱為「玻璃天花板效應」（glass ceiling effect）。

　　玻璃天花板效應，根據美國勞工部的定義是：「基於一些態度上的或組織的偏差所造成的人為障礙，而使得具備資格的個人無法在其組織中升遷至管理階層的職位。人為障礙包括：僱用的標準，或作為升遷和專業發展機會的甄選標準；這種障礙最後會使得女性在組織中擔任管理階層職位的機會降低，並被迫接受薪資較低的職位。」因此，女性升遷的無形障礙常被學術界與實務界以「玻璃天花板」來作隱喻。

參考資料：許素蘭，〈談女性勞工於職場中的玻璃天花板效應〉，台灣石油工會網站，http://www.tpwu.org.tw/periodical/378/1204.htm。

(四)不被提拔晉升的人

　　在職場上，下列人員基本上是不會被提拔擔任重責大任的：

1. 被上司指責時，常會立即據理辯駁，捍衛尊嚴。
2. 喜歡和同事躲在茶水間閒聊是非。
3. 為了業績，會先答應客戶的要求，至於能不能實現，再看著辦。
4. 對公司制度的不滿意，會向同事抱怨，或找外人吐苦水。
5. 很想知道同事的薪水和年終獎金是否比自己高，到處打聽。
6. 如果沒有加班費就找藉口不願意加班。
7. 倚老賣老，不服從年輕主管的領導。
8. 只有做自己分內的工作，其他的一律以「這又不是我的工作」推掉。

沒有升遷機會

有一次，美國第30任總統柯立芝（John Calvin Coolidge）任期將屆滿時，聲明不再競選總統。當時新聞記者總是團團把他圍住，要他詳細說明退選原因。

有一位記者特別固執，非要問出個中原因：「為什麼你不想再做總統？」

結果，他很幽默地回答：「因為沒有升遷的機會。」

資料來源：何權峰（1999），《微笑，生命的活泉》，高寶國際，頁63。

四、接班倫理

2011年3月，日本福島核災發生，主管的東京電力公司社長（總經理）清水正孝自3月13日後即不見人影，被民眾罵翻，清水正孝在3月29日晚上又宣稱因高血壓緊急住院，救災指揮權交給會長（董事長）勝俁恒久。東京電力內部人士透露，清水正孝2008年當上社長，被拔擢的主要原因是他擔任資材部長時成功削減公司成本。不過，清水沒有受過因應緊急狀況的訓練，資材部又是輕鬆部門；加上他對核能缺乏專業知識，要他應付核災根本不可能（莊蕙嘉，2011）。

小常識

彼得原理

著名的彼得原理告訴我們，層級組織裡，每位員工都將晉升到自己不能勝任階層。如果企業的員工晉升決策完全依賴於員工過去的業績，那麼很可能導致這樣的結果：即員工晉升到某一職位後，缺乏這一工作崗位所需要的技能和能力，並因此導致無法勝任該工作。

資料來源：丁志達（2014），「人才培訓與人才管理實務」講義，中華人事主管協會編印。

接班人管理，係指在一般工作職缺上，尋找一位適合頂替的人選。對於接班人的評價標準，也從以往的個人能力，轉移到接班人對整個組織的領導能力。最有效的接班人規劃制度，是在審視接班候選人如何將組織團隊表現效益發揮到最大。

Story

選舉鳥中之王

有一天，小黃鸝鳥向鳥兒們建議：「我們應該推選一位勇敢的國王來領導大家，誰是鳥類中最偉大的，我們就選牠出來當國王！」

鳥兒們都贊成了這樣的提議。這時候，一心想做國王的孔雀先開口了：「各位，你們選我做國王吧！我的羽毛是最美的！」

說著，說著，孔雀就把牠那美麗的尾巴炫耀地展了開來。

鸚鵡首先提議，牠說：「有這麼漂亮的鳥做我們的國王，是值得驕傲的一件事。我們就決定選孔雀做我們的國王。」

這時，麻雀不贊成地說：「不錯，孔雀是最美麗的。但是像我們這麼弱的小動物，被人侵襲時，牠有什麼能力來保護我們呢？與其選一個美麗的國王，倒不如選擇一個在危險的時候能夠挺身救我們的成為國王吧！」

眾鳥聽了麻雀的話，都點頭贊成。

最後，投票結果選擇了強悍凶猛的老鷹成為百鳥之王。

啟示錄：成功＝能力×興趣×性格×價值觀。在工作生涯中想要出人頭地，除了要具備一般知能和社會技巧之外，專業知識與專業技能才是致勝的關鍵。

資料來源：洪鳳儀（2000），《生涯規劃自己來》，揚智文化，頁96-97。

(一)接班倫理

接班繼承，在中國社會，一向是最幽微、隱晦的議題，也是所有領導人人生最終的智慧測驗。西元626年，是唐朝第一位皇帝唐高祖李淵統治的第九年，這一年的六月四日，朝廷爆發了軍事政變。秦王李世民設伏兵於玄武門，殺死了親哥哥太子李建成和弟弟齊王李元吉，隨後控制首都長安，控制了李淵和他的朝廷。兩個月以後，李世民代替其父李淵成為唐朝的皇帝。

國際商業機器公司（IBM）在2008年發表《全球人力資產研究報告》指出，超過75%的人資主管對於培養未來領袖的能力表示在意，即重視接班人的問題。

(二)內部傳承制度

企業若要讓高潛力人才足以晉升到更大、更高階、更複雜的職位，最能培養他們具備所需技巧的方法，就是透過職務輪調的方式，來學習工作上的各種經驗，以作為培育高潛力人才的主要策略。

1993年，奇異（GE）公司執行長傑克‧威爾許（Jack Welch）在二十二萬五千名員工中，確認二十位可能接班的人選，七年後，他把可能人選減少為三人，最後，由傑夫‧伊梅特（Jeff Immelt）脫穎而出，擔任奇異執行長。他談到執行長接班，得用掉一噸礦砂，才能產出一盎司黃金，一點多不誇張。

(三)接班人的條件

鴻海集團創辦人郭台銘提到，接班人選三條件說，一是品德最重要，二是要有責任心，三是要有工作意願（品德、責任感、肯做事），至於太聰明的人則婉拒。

個案7-3

鼎泰豐師傅升級超嚴

想當鼎泰豐師傅，第一關要面試，要挑身高、體重，「身高要在155～175公分間，包包子看起來沒用多少力氣，但其實非常容易受傷，檯子是固定的，體重與身高過與不及都可能影響到手勢與受傷的機率。」

鼎泰豐點心師傅有嚴格的分級制，從學員、點心學員、小組長、五級師傅、四級、三級、二級、一級，最高是點心總監。每半年考試一次，關係到個人升遷，「就好像聯考一樣，很多人會利用休息時間拚命練習，還有師傅會帶一小塊麵糰回家繼續練習。」從最基層想升到一級，一、二十年的時間跑不掉，資質聰明的人會跳級，但也有退級的。考試內容包括：下劑子、擀皮、挖餡、包摺子、蒸包，店面師傅要考大包（甜、鹹包子）與小包（小籠包）；中央廚房師傅要考餃子與燒賣。

鼎泰豐還有一項規定，師傅包小籠包時不能交談，「一方面戴著口罩不宜說話，一方面聊天會分心也影響別人，因為包小籠包是要『絕對的專注』。」

資料來源：陳靜宜，〈鼎泰豐師傅身高設限 升級超嚴〉，《聯合報》，2009/03/04，A3版。

一般企業在評估誰才適合擔任接班人選，依下列的因素來考量。

1.良好的績效記錄（戰功）。

2.向上提升的潛力。

3.評估達成成果的過程，是否符合企業文化與核心價值，以及符合到什麼程度。

4.考量能否接受國際調動的移動動力（呼應放眼全球市場的策略目標）。（蔡榮騰，2008）

奇異（GE）接班人計畫

奇異（GE）公司的人資部門可做到關鍵職位若有出缺，可以在三天之內找到接班人。因為他們平常就在建立人才庫，而不是有職缺時才來找人。人才庫中詳細記錄員工何時可以接班？是立刻嗎？還是要三年後？如果是三年後，現在需要哪些訓練？如果是立刻可以接班，他有意願嗎？我的下屬不一定想坐我這個位置，作為主管在定接班人時，也考量這些因素，讓接班人計畫與培訓學習能無縫接軌。

資料來源：葉天祿，〈提出具體指標建立戰略意義〉，《能力雜誌》總字第651期，2010/05，頁64。

五、終身學習

在快速劇烈變遷的時代中，應變的基本原則就是不斷的學習。據專家研究，嬰兒出生的時候，相較於其他物種，腦部的發育是不完全的，甚至連自我求生的能力都沒有，然而這樣的腦部卻非常適合學習，結果反而使人類成為萬物之靈，這也是人與其他動物明顯不同之處（劉兆岩，2007）。

終身（life-long）的字義，根據《韋氏辭典》的解釋是「延續一生（lasting during one's whole life）」。《論語‧季氏篇第十六》記載：「生而知之者，上也；學而知之者，次也；困而學之，又其次也；困而不學，民斯為下矣。」幽默大師林語堂也曾說：「人生在世，幼時認為什麼都不懂，大學時以為什麼都懂，畢業後才知道什麼都不懂，中年又以為什麼都懂，到晚年才覺悟一切都不懂。」簡單的說，終身學習（Lifelong Learning）即是指「一輩子的學習」，活到老，學到老，其目的在於增進知識、技能、能力與見識。

(一)終身學習的支柱

美國管理心理學家亞當斯（John Stacey Adams）說：「年輕的時候，究竟懂多少並不重要。只要懂得如何學習，就會有足夠的知識。」怠於學習的人，不但放棄了自己的成長，也放棄提供給顧客最大的價值。當企業內這樣的人不斷增加，組織就會失去活力，終於倒地不起。1996年聯合國教育科學文化組織（The United Nations Education, Science and Cultural Organization, UNESCO）的報告書「學習：內在的財富」（Learning: the Treasure Within）中，提到學習的「四大主軸」與「生活素養」息息相關。

◆**學習認知（learning to know）**

為因應科技進步、經濟發展、社會變遷所帶來的迅速變革，必須具備廣博知識，並能對問題做深入瞭解，以謀求解決。

◆**學會做事（learning to do）**

學會應付各種狀況、與他人共同工作的能力，包括處理事務、人際關係、社會互為、相互合作、解決問題的能力及創造革新、勇於冒險的精神。

◆**學會共同生活（learning to live together）**

人類相互依賴日深，彼此相互瞭解、和平相處的需要日益迫切，必須學習尊重多元，以共同解決未來各種可能的風險和挑戰。

◆**學會發展（learning to be）**

透過學習讓每個人的才能均能充分發揮出來，因此，對自己要有更深入的瞭解。

2003年，聯合國教育科學文化組織報告書：「開發寶藏：願景與策略2002-2007」又補充一項「學會改變」（learning to change）（阿摩線上測驗網址，http://yamol.tw/note_book.php?bsid=5215&noteid=2648）。

　　台達電（Delta）創辦人鄭崇華在2013年成功大學畢業典禮上提出，畢業絕對不是學習的終點，而是在人生學習過程當中，一個非常重要的里程碑，大學教育基本上在訓練思考邏輯、啟發興趣跟創意，學習應有的知識，培養為人處世應有的道德、理性、紀律，以及認真的工作態度跟習慣。走出校門以後，不論你是否繼續深造或者是進入社會就業，在這知識快速進步的環境當中，仍必須不斷的學習，吸收新的知識，從工作上累積更多的經驗。在這科技日新月異的今天，畢業是另外一個學習與歷練的開始，為了不讓自己落伍，務必做到老、學到老。唯有艱苦環境的歷練，才可以讓一個人更有能力、更有信心的道理（成功大學網址，http://web.ncku.edu.tw/files/14-1000-54259,r515-1.php）。

　　台積電（TSMC）創辦人張忠謀，2014年在國防醫學院畢業典禮上鼓勵畢業生，要追求平衡，終身學習的人生，並以他自己為例，在一週7天168小時的時間分配上，70小時休息，工作50小時，40小時花在家庭或社交生活，這是人生快樂的來源，還有8小時運動，以保持健康。他特別勉勵畢業生，終身學習是要有組織、結構性的，必須事先計畫自己想要終身學習的內容，再從中培養個人興趣。他以自己為例，年輕時終身學習的目標，要與半導體產業與時俱進，因此花時間看相關論文、研究，並與資深前輩討論。在工作七、八年後，他決定要轉換下個階段，學習如何經營管理，看了很多報章雜誌，不但瞭解管理學，也研究整個產業興衰；現在他對歷史、傳記、回憶錄很有興趣（林宜慧，2014）。

(二)第五項修練

　　《第五項修練》的作者彼得‧聖吉說：「學習像幼鳥學飛，要不斷的練習，直到成為潛意識般熟練。」第五項修練特別強調組織應更瞭解「人」，包括人的創造力、潛能和最重要的學習能力，並透過創造一種環境，讓人們集體學習，思考未來應有的改變，與其他多半強調讓組織如何更有效率的管理方法不同。

　　1.建立共同願景（building shared vision）：打造生命共同體。

2.自我超越（personal mastery）：新眼光看世界。

3.團隊學習（team learning）：激發群體智慧。

4.改變心智模式（improved mental models）：實現心靈深處的渴望。

5.系統思考（system thinking）：片段沒有系統的持續學習，不容易產生實質效果，更不容易發生蝴蝶效應，系統思考就是見樹又見林的藝術。

俗語說：「活到老，學到老」，學習永無止境。一個人能不能成功，取決於是否保持學習的心態，而不是學歷。在變動快速的新世紀，最後的贏家，不再是經驗豐富的人，而是調整速度最快、學習能力最強的人。

工作者要善於思考未來，要堅持努力學習，從工作中學習，從別人的成功經驗中學習，甚至從別人的失敗的教訓中學習，而且是終身學習，學會用新時代的眼光來分析和思考自己工作專長存活「年限」問題，唯有如此，才能掌握個人職場上奮鬥的大方向，成為職場的贏家，而不是坐以待斃，縱使頭上綁上「恨！恨！」的白布條，手上拿這「保障工作權」招牌，走上街頭，喊著、吼著：「給我工作」，除了去吸引媒體的焦距外，一旦遊行「激情」過後，還是等不到「工作」來找你去做。引申摩爾定律（Moore's Law），在職場上你不能休息，否則你就永遠休息，職場無休，學習無期，才能確保明天你還是人才（**表7-4**）。

六、健康管理

在殯儀館的公祭會場上，偶爾會看到一幅「英年早逝」的輓聯掛在靈堂前，讓弔祭者唏噓不已。《杜甫・蜀相》詩句中提到：「出師未捷身先死，長使英雄淚滿襟。（慨歎武侯諸葛亮壯志未酬）」古今中外許多天才，因為健康的原因、身體的疾病而無法完成偉大的事業，實現自己的夢想，誠屬可惜。西藏流亡精神領袖達賴喇嘛說：「生命裡重要的是安詳寧靜的心靈，其次是健康，再來才是金錢。」我們要健康、要延年益壽，從年輕時就要懂得保健。

表7-4　逆齡社會的六大面向

面向	特徵
繁衍下一代	逆齡族面對結婚生子沒有年齡觀念，從他們的角度來看，什麼時間都適合，仰賴生殖科技發達，高齡或單親生育已非難事。
愛情	逆齡族勇於追求愛情，享受愛與性，不在乎婚姻體制，對於戀情不怕冒險，跨越限制，藉助醫藥或情趣商品，提升性生活品質。
宗教信仰	逆齡族擅長重塑宗教，他們決定要採信哪些部分，而不是被規範如何作為，信仰科學，從單一的宗教變成廣義的精神慰藉。
心智	逆齡族對年齡無感，但身體卻在老化中，面對其中的落差，逆齡族認為心理治療是一種善待自己的方式，外表年輕，心理也要健康！
工作	逆齡族不甘於退休養老，而是追求不停歇的生活，藉由開發多元興趣與安排豐富活動，達到保持年輕和維持健康的目的。
消費	逆齡族樂於消費，喜歡的產品和服務與年輕人差異不大，對逆齡族而言，有趣的不是在買到完美的物品，而是尋找完美物品的過程。
說明：「逆齡」一詞首見於2009年《時代》雜誌封面故事——「十個正在改變世界的觀念」（10 Ideas Changing the World Right Now），其中第五項提到「自由選擇生命時段」，意指社會大眾對年齡的定義變得模糊，不受年齡束縛者眾，且在持續增長中。逆齡族（amortals）的特徵為「從青少年到死亡為止，始終以相同的方式和步調過生活，做差不多的事，消費差不多的東西。」學會認知、學會做事、學會共同生活以及學會發展，則是逆齡社會中不可或缺的終身學習要項。	

資料來源：凱瑟琳・梅爾（Catherine Mayer），《逆齡社會》（*Amortality*）；引
　　　　　自：王令宜，〈逆齡社會與終身學習〉，國家教育研究院電子報第60期，
　　　　　2013/03/15，http://epaper.naer.edu.tw/print.php?edm_no=60&content_no=1643。

(一)卡路里的攝取量

　　要有健康的意識，你就會善待自己的身體、自己的心理而不會糟蹋自己的身體。每天你實際吃了多少？最理想是只吃足供身體熱量的食物。每天每人到底需要多少卡路里，只需依個人的活動量，把體重（公斤）乘以28到32。大部分女性每天約需2,000卡路里，男性則約需2,550卡路里，以維持健康的生活。然而，要配合身體的能量需求，嚴守卡路里並不容易，而是要改變飲食習慣，例如進食大量蔬果，不但毋須擔心吸收過多卡路里，更可攝取到豐富的維生素、礦物質、抗氧化劑和其他有益心臟健康的營養素。

小常識

摩爾定律

摩爾定律是由英特爾（Intel）創辦人之一的摩爾（Gordon E. Moore）於1965年提出。簡單地說，摩爾預測，單一矽晶片的電晶體數目，每隔十八到二十四個月將會增加一倍，但製造成本卻不變。電晶體愈多，代表晶片執行運算的速度也愈快。

1947年，貝爾實驗室兩位科學家發明了電晶體，厚度相當於手錶錶面，長度約為二．五公分。現在的電晶體愈做愈小，貝爾實驗室2001年發表的新一代的單一分子電晶體，體積卻小到可以在大頭針針頭上放進一千萬個，大小約只有一粒沙的百萬分之一。

資料來源：李彥甫，〈挑戰摩爾定律〉，《遠見》雜誌，2002年1月號。

Story

英年早逝空遺恨

三國時期英年早逝的著名人物，當屬郭嘉（字奉孝）和周瑜（字公瑾）了。

郭嘉（字奉孝），這位曹操麾下最出類拔萃的謀臣，追隨曹操出征十一年，被曹操視為最能交心的知己，「行同騎乘，坐共幄席」，屢獻奇謀建立戰功，尤其是「一計定江東」的絕唱，更讓世人嘖嘖稱讚。但是，過度的勞心勞力，使得郭嘉英年早逝，來不及見證曹操建立最終偉業就匆匆離世，更讓曹操為他發出「哀哉奉孝，痛哉奉孝」的感慨。

「外托君臣之義，內結骨肉之恩」的周瑜，不到20歲就幫助孫策創建江東大業，屢戰屢勝，吳郡人民看到周瑜年輕有為，英俊瀟灑，都親熱地稱他為周郎。赤壁一戰，更是奠定了他在中國歷史上的名將地位。九百年後，蘇軾還在江邊憑弔：「故壘西邊，人道是，三國周郎赤壁。……遙想公瑾當年，小喬初嫁了，雄姿英發。羽扇綸巾，談笑間、強虜灰飛煙滅。」但是，就是這樣一個東吳的棟樑，在西元211年，病死於出征的路上，時年只有36歲。

資料來源：諶黎怡（2011），《影響後半輩子的人生30轉折點》，一言堂，頁192-193。

(二)血壓

血壓，是指血液施加於動脈管壁的壓力，一天裡會自然升降。血壓居高不下是高血壓，是動脈粥狀硬化、心臟病和中風的高危險跡象。

血壓達140/90 mmHg以上，可視爲高血壓。即使血壓在120/80～139/89 mmHg之間，仍有危險性。要改善情況，吃高鉀水果和蔬果均有療效，並要經常檢查血壓，可及早發現潛在的問題。

(三)膽固醇值

血液中所含的脂肪就是血脂，包含總膽固醇（TC）、三酸甘油脂（TG）、低密度脂蛋白膽固醇（LDL-C，壞膽固醇）和高密度脂蛋白膽固醇（HDL-C，好膽固醇）的數值。其中，高密度脂蛋白膽固醇是「好」膽固醇，具有保護血管的功能；低密度脂蛋白膽固醇是「壞」膽固醇，會導致血管阻塞。

健康的總膽固醇應低於5.2 mmol/L以下，若本身患有心臟病或糖尿病，數字要控制在5 mmol/L以下；低密度脂蛋白膽固醇要在3.5 mmol/L以下。健康的高密度脂蛋白值需達1.53 mmol/L，或更高。

美國心臟學會建議：每天的膽固醇攝取量應控制在300毫克以內。動物油、肉類和加工食品有較多的飽和脂肪酸及反式脂肪酸，會導致「壞」膽固醇增加；植物油、堅果類和深海魚類，含有優質的不飽和脂肪酸，是「好」膽固醇的重要來源。

(四)三酸甘油脂

三酸甘油脂由食物中的脂肪和碳水化合物形成，然後轉換成可以儲存在脂肪細胞的形式。在兩餐之間，當身體需要大量體力的時候，脂肪組織便會釋出三酸甘油脂。假如三酸甘油脂過高，而高密度脂蛋白過低，就會增加胰島素阻抗或新陳代謝症候群的危險。正常的三酸甘油脂應低於1.7 mmol/L（編輯部，《讀者文摘》，2007）。

(五)糖尿病

　　糖尿病，是指身體無法充分利用所吃進去的食物，使得血液中的葡萄糖超過正常，若血糖濃度超過180 mg/dl，葡萄糖會從小便排出，形成尿糖，故稱為糖尿病。正常人飯前血糖正常值小於100 mg/dl；飯後血糖正常值小於140 mg/dl。

　　糖尿病是一種因體內胰島素絕對或者相對不足所導致的一系列臨床綜合症，與遺傳基因有著非常密切的關聯。糖尿病若不好好控制，最後會導致胰臟功能退化，造成胰島素分泌不足或無法分泌。衛生福利部公布2013年國人十大死因統計，糖尿病是十大死因的第四名。糖尿病初期沒有明顯症狀，建議有家族病史，即父母、兄弟姊妹或祖父母有糖尿病者，本身BMI（Body Mass Index，身體質量指數）大於26的肥胖者，應提早在30歲開始定期接受糖尿病篩檢，並養成健康的生活及飲食習慣、多運動（吳佳珍，2014）。

　　《黃帝內經》指出：「病已成而後藥之……譬猶渴而穿井，鬥而鑄兵，不亦晚乎。」想要健康，注意上述這幾項健康數據，就可以助你預防疾病，常保健康，不要發生意外事故，工作可順利做到65歲才退休，然後頤養天年。

小叮嚀　　降血脂三大招

第一招：蔬果多油膩少
　　‧多吃蔬果、高纖食物、多用蒸煮或植物油
　　‧少吃內臟、蛋黃、油炸品、少用動物油
第二招：習慣好血脂少
　　‧不抽菸、不喝酒、飲食不過量
　　‧適度運動、飲食清淡
第三招：醫師叮嚀請記牢
　　‧依照醫師指示用藥不擅自停藥或減量
　　‧接受降血脂藥物治療者，應每3～6個月回診檢測血脂
資料來源：輝瑞大藥廠文宣品（2014），〈擊退高血脂：健康飲食不宜遲〉。

七、壓力管理

有人遇到壓力就退縮、挫折、鬱悶。世界經濟論壇（World Economic Forum, WEF）在2013年11月首度發表於《人力資本報告》（*The Human Capital Report*）的調查顯示，亞洲人普遍工作壓力大，容易抑鬱，與瑞士、芬蘭、德國、英國等歐美國家比較，亞洲人上班族好苦。

世界經濟論壇的「人力資本指數」之編製，主要分為「教育」、「健康」、「勞動力與就業」及「有利環境」等四大面向，且除了人力素質、數量及人力投資環境等指標外，尚增加「健康」面向的「心理健康」指標。

 **Story**

甘地出國的壓力

19歲的時候，甘地（Mohandas Karamchand Gandi，印度著名民族領袖）決定遠渡重洋去英國學習法律。他的族人不贊成。族長告誡他：「我們這個族姓階層認為，你想去英格蘭的提議是不恰當的。我們的宗教信仰不允許我們離開故土去遙遠的異國他鄉。我們還聽說，如果不對我們的信仰做出讓步去那裡是不可能的。到那裡去的人都必須向歐洲人那樣吃飯喝酒。」甘地發誓去了英國之後，仍然堅持在印度時的生活習慣，但是，這還是沒有消除族人的怒氣。

最後，他們把甘地逐出了社交圈子。族長宣布：「從今天開始，我們再也不要理睬這個男孩子。無論誰去幫助他或者到碼頭為他送行，都要罰款1盧比（rupee）4安那（Anna）。」

資料來源：John Clark，陳輝、石薇合譯（2012），《職場反思錄：通向快樂與成功的職場哲學》，重慶出版社，頁139。

　　「心理健康」的指標部分，是利用蓋洛普（Gallup）世界民意調查資料庫中的各國人民壓力及抑鬱比率，作為心理健康衡量標準。現代人因工作壓力大而產生的職場壓力，影響人力資本的品質。

　　在台灣方面，韜睿惠悅（Towers Watson）企管顧問公司2013年的世界性調查顯示，台灣上班族自認「處於良好健康」的比例只有40%，低於亞太地區平均的70%與全球平均的78%（林毅璋，2013）。

(一)工作壓力

　　鴻海集團創辦人郭台銘說，每個人每天都會有時間的壓力、品質的壓力、成本的壓力及業績的壓力，沒有壓力不是「工作」而是「玩耍」。壓力（stress）是出自拉丁字stringere，即「緊緊拉住」（to draw tight），這個概念原先應用於物理學及工程學的用語，指的是將力量用到物體和系統上，使其改變型態的一種力。壓力之父修爾（Selye）認為，壓力是身體對於任何需求所做出的非特定反應，及當個人面對刺激時為重新恢復狀況所做的反應，不論該刺激是否超過個人負荷程度，凡有此反應，就表示正處於壓力之下。簡單而言，壓力是指一種由內心而發的個人感受。

　　個人因工作環境與個人互動的結果，導致工作因素產生不平衡的現象而引起的壓力，可稱為工作壓力。工作壓力可能是因為職務要求，期望和職責，及因工作情境因素引起不愉快負面情緒反應而感受到的壓力（劉玉玲，2007）。

心理資本

　　心理資本的定義包含：有自信心（自我效能）去投入必要的努力並成功完成有挑戰性的工作；對現在與未來的成功抱持正面（樂觀）的歸因；堅持目標，在必要時改變達成目標的方式（希望）以獲得成功；面對困境與挫折時，承受、反彈甚至超越（韌性）以獲得成功。

　　從上述的定義可以發現「心理資本」包括：自信心、樂觀、希望與韌性四種內涵。這四種內涵的共通特點即是擁有「獨特性」，可以經由各種方式測量與工具開發，使其與工作績效相連結。

資料來源：聯工刊論，〈重視員工心理資本〉，《聯工月刊》第291期，2014/05/31，2版。

(二)常見的工作壓力

專門從事「壓力紓解與心靈健康」研究的美國科羅拉多大學（University of Colorado）布蘭‧路西華德（Brian Luke Seaward）教授，小時候必須常常面對父母親酗酒之後的家庭暴力，讓他身心受創極深。幸好他有一位受過良好教育的祖母，經常撫慰著他受傷的心靈，以及他所面對著壓力。當他身處痛苦和憂鬱的情境時，祖母常對他說的一句話：「親愛的！記住壓力（stressed）一字不過是點心（desserts）這個字從後面倒著拼回來而已。」，要他以這樣的「心境」去面對困難的「情境」，將壓力當作是一種「點心」（胡忠銘，2001）。

職場上最常見的工作壓力有以下數種：

1.有危險性的工作。
2.要求超越能力和資源。
3.過重的工作量。
4.過多的責任。
5.變幻莫測的工作環境。
6.不理想的工作環境。
7.人際相處的困難。
8.被人不合理的對待。

研究證實，壓力與多數的心身症狀有關聯。例如胃潰瘍、偏頭痛、氣喘、消化不良、失眠、中風及心臟病有關。克服壓力的最好辦法，便是要令自己的思維及分析更加理性，任何時間都運用「減壓思維模式」去思考。此外，如果在日常生活中懂得採納「抗壓的生活方式」，便能夠長遠地克服壓力了（**表7-5**）。

表7-5　因壓力而產生的身體訊號與症兆

1. 易怒、過度興奮或情緒低落。
2. 心臟怦怦跳。
3. 口乾舌燥。
4. 行為衝動、情緒不穩。
5. 很強的衝動想哭、奔跑或躲起來。
6. 精神無法集中。
7. 有不真實、虛弱、頭昏眼花的感覺。
8. 精神變得脆弱。
9. 浮動的不安感（害怕某些事情、但又說不出是什麼事）。
10. 情緒緊張、過度敏感。
11. 戰慄、擔心、發抖。
12. 容易被驚嚇的傾向。
13. 發出高頻率、神經質的笑聲。
14. 口吃、談話困難。
15. 磨牙動作。
16. 失眠。
17. 坐立不安。
18. 出冷汗。
19. 頻尿。
20. 瀉肚、消化不良、噁心、有時甚至會嘔吐。
21. 偏頭痛。
22. 月經失調。
23. 腰酸背痛、頸部疼痛。
24. 食慾不振或過度進食。
25. 抽菸量增加。
26. 鎮定劑用量增加。
27. 酗酒或麻醉毒品上癮。
28. 做惡夢。
29. 神經質行為。
30. 精神失常。
31. 容易發生意外事件。

資料來源：陳彰儀（1999），《組織心理學》，心理出版社，頁244。

(三)過勞死

　　過勞死（Karoshi）這個名詞是日本發明的，指的是一種身心耗弱狀態，乃是長期處在高度心理壓力之下的壓力反應，法律上稱作「職業引起急性循環系統疾病」。長期精神緊繃、壓力大，會影響自律神經，這是和

腦中風、心血管疾病有關的危險因子。另外，就算沒有病史，但過度的工作壓力也可能讓冠狀動脈突然攣縮，產生血管痙攣、心律不整，過少的睡眠會影響內分泌及新陳代謝功能，提高心血管疾病的風險。

(四)過勞的症狀

過勞的成因相當複雜，主要是長期高強度、超負荷的勞心勞力，加上缺乏及時的恢復和足夠的營養補充，而導致細胞快速老化，一旦這種老化超過一定限度就會爆發過勞死。因此工作者在職場上，身體如有下列的症狀感覺，就要特別小心保養身體，避免過老導致死亡。

1.經常感到疲倦、健忘。
2.突然覺得有衰老感。
3.肩部和頸部僵直發麻。
4.因為疲勞和苦悶失眠。

個案7-5

宏達電猝死工程師

宏達電謝姓工程師疑過勞猝死，桃園縣勞動局進行勞動檢查發現，謝姓工程師「超時工作」非常明顯，「幾乎上班的每一天，工作都超過八小時」，且平均每月至少有七天，每日工時都是十二小時以上。

謝姓工程師上班半年內，曾有某個月連續上班十三天，沒有休假日，違反《勞動基準法》「工作七天要休息一天」規定。雖然宏達電辯稱，工程師並非作業員是屬於責任制。不過，勞動局認為，科技業的工程師並非政府公告的「責任制」行業，不採信公司的說法。

資料來源：吳佩玲，〈宏達電猝死工程師 每日超時、少休假〉，《聯合報》，
　　　2011/02/25，A16版。

5.為小事煩躁和生氣。

6.經常頭痛和胸悶。

7.高血壓、糖尿病病史、心電圖不正常。

8.體重突然大幅變化。

9.最近幾年運動也不流汗。

10.自我感覺身體良好而不看病。

11.人際關係突然變壞。

12.最近常工作失誤或者發生與人不和。（謝明玲，2010）

　　過勞是身體一直處於興奮消耗能量的狀況，此時調整自己內心的狀態，改善工作的方式，及適當的運動及充足的睡眠都是很重要的。隨時提醒自己起身動一動、放鬆一下心情，這些方法雖然是老生常談，卻是最簡單也最有效的預防方法（張聖典，〈認識過勞死〉）（**表7-6**）。

個案7-6

機長貪睡　印度墜機百餘亡

　　2010年5月發生在印度南部的印度航空公司（Air India, AI）旗下的平價航空公司印航快捷航空（Air India Express）客機墜機事件，調查報告11月16日送交民航部，肇事原因真相大白。飛機駕駛飛行途中一半以上時間都在睡覺，睡醒後暈頭轉向，弄錯降落角度，造成包括他自己在內158人喪生，只有8人生還。

　　《印度斯坦時報》引述失事調查庭的報告報導說，三小時飛行過程中，機長葛魯希卡（Z. Glusica）睡了一小時四十分，在降落時「失去判斷能力」。機艙內曾出現長時間靜默是最佳佐證；座艙通話記錄器和數位飛行資料記錄器也有鼾聲和呼吸聲。

資料來源：張佑生，〈機長貪睡 印度墜機百餘亡〉，《聯合報》，2011/11/18，A19版。

表7-6　如何提升工作效率

・一開始充分溝通，避免任何誤解；有效溝通是確保事情一次過關的先決條件。
・完成一個任務後，才開始另一個；專注與效率往往分不開。
・有些人不願意把工作委派給下屬，認為與其花時間向對方解釋，不如自己去做更省時。這想法未必正確，尤其是一些例行公事，花時間解釋一次，長遠來說更划算。
・自覺精力充沛時，才去應付比較艱難複雜的任務。
・午飯後離開辦公司出去走一走，可提高生產力。

資料來源：編輯部，〈如何提升工作效率〉，《讀者文摘》第82卷第6期，2006/02，頁154。

　　在職場上工作者，趁年輕時就要開始愛惜健康，每年定期接受一次全身健康檢查，這不僅重要，也很必要，早期發現疾病並且加以治療，就是所謂的愛惜健康（大津秀一，詹慕如譯，2011）（表7-7）。

表7-7　你累了嗎？——過勞自我檢測表

1.你常覺得疲勞嗎？
　□(1)總是 □(2)常常 □(3)有時候 □(4)不常 □(5)從未或幾乎從未
2.你常覺得身體體力透支嗎？
　□(1)總是 □(2)常常 □(3)有時候 □(4)不常 □(5)從未或幾乎從未
3.你常覺得情緒上心力交瘁嗎？
　□(1)總是 □(2)常常 □(3)有時候 □(4)不常 □(5)從未或幾乎從未
4.你常會覺得，「我快要撐不下去了」嗎？
　□(1)總是 □(2)常常 □(3)有時候 □(4)不常 □(5)從未或幾乎從未
5.你常覺得精疲力竭嗎？
　□(1)總是 □(2)常常 □(3)有時候 □(4)不常 □(5)從未或幾乎從未
6.你常常覺得虛弱，好像快要生病了嗎？
　□(1)總是 □(2)常常 □(3)有時候 □(4)不常 □(5)從未或幾乎從未
7.你的工作會令人情緒上心力交瘁嗎？
　□(1)很嚴重 □(2)嚴重 □(3)有一些 □(4)輕微 □(5)非常輕微
8.你的工作會讓你覺得快要累垮了嗎？
　□(1)很嚴重 □(2)嚴重 □(3)有一些 □(4)輕微 □(5)非常輕微
9.你的工作會讓你覺得挫折嗎？
　□(1)很嚴重 □(2)嚴重 □(3)有一些 □(4)輕微 □(5)非常輕微
10.工作一整天之後，你覺得精疲力竭嗎？
　□(1)總是 □(2)常常 □(3)有時候 □(4)不常 □(5)從未或幾乎從未
11.上班之前只要想到又要工作一整天，你就覺得沒力嗎？
　□(1)總是 □(2)常常 □(3)有時候 □(4)不常 □(5)從未或幾乎從未

（續）表7-7　你累了嗎？──過勞自我檢測表

12.上班時你會覺得每一刻都很難熬嗎？
　　□(1)總是　□(2)常常　□(3)有時候　□(4)不常　□(5)從未或幾乎從未
13.不工作的時候，你有足夠的精力陪朋友或家人嗎？
　　□(1)總是　□(2)常常　□(3)有時候　□(4)不常　□(5)從未或幾乎從未

計分方式

第1～6題是個人相關過勞量表，將各選項分數轉換如下：
(1)100　(2)75　(3)50　(4)25　(5)0
將第1～6題的得分相加，除以6，便可得到個人相關過勞分數。
第7～13題為工作相關過勞量表，第7～12題分數轉換為：
(1)100　(2)75　(3)50　(4)25　(5)0
第13題的分數轉換為：
(1)0　(2)25　(3)50　(4)75　(5)100
將7～13題之分數相加，並除以7，便可得到工作相關過勞分數。

分數解釋

個人相關過勞分數：

50分以下：您的個人過勞程度輕微，您並不常感覺到疲勞、體力透支、精疲力竭或者
　　　　　虛弱好像快生病的樣子。

50～70分：您的個人過勞程度中等，您並有時感覺到疲勞、體力透支、精疲力竭或者
　　　　　虛弱好像快生病的樣子。建議您找出生活的壓力源，進一步的調適自己，
　　　　　增加放鬆與休息的時間。

70分以上：您的個人過勞程度嚴重，您時常感覺到疲勞、體力透支、精疲力竭或者虛
　　　　　弱好像快生病的樣子。建議您適度的改變生活方式，增加運動與休閒時間
　　　　　之外，您還需要進一步尋找專業人員諮詢。

工作相關過勞分數

45分以下：您的工作相關過勞程度輕微，您的工作並不會讓你感覺很沒力、心力交
　　　　　瘁、很挫折。

45～60分：您的工作相關過勞程度中等，您有時對工作感覺沒力、沒有興趣、有點挫
　　　　　折。建議您找出工作中的壓力源，接受在職訓練，增加職能，並學習壓力
　　　　　管理技巧，以提高工作滿意度。

60分以上：您的工作相關過勞程度嚴重，您已經快被工作累垮了，您感覺心力交瘁，
　　　　　感覺挫折，而且上班時都很難熬，此外您可能缺少休閒時間，沒有時間陪
　　　　　伴家人朋友。建議您適度的改變生活方式，增加運動與休閒時間之外，您
　　　　　還需要進一步尋找專業人員諮詢。

資料來源：勞工安全衛生研究所編印（2011），〈過勞自我預防手冊〉，http://www.
iosh.gov.tw/wSite/public/Data/f1391651279201.pdf。

結　語

　　法國文豪雨果（Victor Hugo）說：「所謂活著的人，就是不斷挑戰、不斷攀登命運峻峰的人！」所以，美國未來學家阿爾文‧托夫勒（Alvin Toffler）曾說：「21世紀的文盲不再是那些不識字的人，而是那些不懂得學習、不懂得遺忘、不懂得再學習的人。」

　　《與成功有約》的作者柯維（Stephen R. Covey）說：「許多人埋頭苦幹，卻不知所為何來，到頭來發現追求成功的階梯搭錯了邊，卻為時已晚。」因此，工作者的職涯規劃要依據個人的興趣與能力，並配合公司的經營使命、願景來發展，使個人的成長與公司的發展相輔相成。個人在工作上在於盡心盡力的奉獻，它未必一定要有職務上的升遷來作為衡量是否有成就的基準，不斷學習才重要。生有涯而學無涯，在職場工作要把握機緣，努力開拓自己的知識疆界，再從經驗中孕育出為人處世的智慧。

箴言集——自律價值觀

序號	箴言	出處
1	滿招損，謙受益，時乃天道。	尚書・大禹謨
2	不愧於人，不畏於天。	詩經
3	非禮勿視，非禮勿聽，非禮勿言，非禮勿動。	論語・先進第十一
4	修己以安人。	論語・憲問第十四
5	行己有恥。	論語・子路
6	人不可以無恥。無恥之恥，無恥矣！	孟子・盡心上
7	人有不為也，而後可以有為也。	孟子・離婁下
8	不奮發，則心日頹靡；不檢束，則心日恣肆。	宋・朱熹
9	心有主，則能不動矣。	宋・程頤
10	正以處心，廉以律己。	明・薛瑄
11	自制是一種秩序，一種對於快樂與慾望的控制。	柏拉圖
12	有兩件事物我愈是思考愈覺得神奇，心中也愈充滿敬畏，那就是我頭頂上的星空與我內心的道德準則。	康德
13	青年人要有老年人的沉著，老年人應有青年人的精神。	海明威
14	最豐滿最好之稻穗，便最貼近地面。	梭諾爾之
15	人生最大的榮耀，不是永遠不敗，而是屢仆屢戰。	拿破崙
16	一沙一世界，一花一天堂，掌中握無限，剎那即永恆。	詩人布萊克
17	從未遭遇失敗的人，對自己或是別人，都是一知半解的。	米爾頓
18	此刻打盹，你將做夢；此刻學習，你將圓夢。	哈佛學生自律守則
19	勿將今日之事拖到明日。	哈佛學生自律守則
20	幸福或許不排名次，而成功必排名次。	哈佛學生自律守則

編輯：丁志達。

第八章

離職倫理

- 勞動契約
- 離職管理
- 競業禁止
- 裁員危機

> 生命猶如打牌。重點不在你是否拿一手好牌,而是如何把手上的壞牌打得可圈可點。
>
> ——佚名

對工作者而言,辭職或不辭職,這是一個「高難度」的問題;對企業而言,辭退或不辭退,也是一個「難以啓齒」的問題。《三國演義》第三回有句話說:「良禽擇木而棲,賢臣擇主而侍。」在自由經濟體系發展下,人才的挖角與跳槽逐漸演變成一種無可避免的現象。如果離職者是企業曾經精心培育的人才或核心團隊的成員,因先前企業經過多輪招聘、多年培育的成本投入,很可能「竹籃打水一場空」,有時甚至牽涉到「離職者」帶走了企業的智產權的文件投靠「敵營」(競爭對手),而帶來巨大的商業和法律風險。例如電腦及其周邊設備製造商宏碁(ACER)在2011年第一季底,以新台幣十二億元天價「請」走前執行長蘭奇(Gianfranco Lanci),原董事長王振堂當時形容:「就像動了一場腦部手術。」王振堂雖從蘭奇手上拿回執行長大權,但歷經兩年多,依舊走不出困局;2013年11月5日他宣布下台一鞠躬,扛起責任。

根據國內某人力銀行的觀察,無論基層員工或高階主管,離職後能留下令人懷念、完美背影的人,不到兩成,剩下八成都是帶著負面情緒離開,這就牽涉到離職倫理的問題。所以,惠普(HP)創始人之一比爾・休利特(Bill Hewlett)說:「我們不可能阻止員工離開公司,因為人才流動是正常的現象。我的願望就是:讓每一個離開惠普的員工都說惠普好。」

一、勞動契約

工作者一旦為企業聘僱,即形成一種契約關係,彼此有一定的權利,也有一定的義務,不過不管有形的契約或無形的契約,永遠無法明確界定此權利、義務的範圍,這就必須靠「心理契約」(員工個體與組織之

間相信另一方會遵循著彼此關係的內容並執行應盡的義務）的默契，才能好聚好散。

Story

人生發球權

　　古時候有個人到浙江睦州參佛時，問睦州禪師說：「我們每天要穿衣、吃飯真麻煩，怎樣才能從這一切中解脫出來？」禪師說：「我們穿衣，我們吃飯。」問人不解：「大師，你說什麼，我不明白。」

　　禪師說：「如果你不明白，就繼續穿你的衣服、吃你的飯。」

　　啟示錄：工作本身就像穿衣、吃飯，很多人抱怨不滿，卻天天都還是要穿衣、吃飯。轉職跳槽，某種程度就是希望跳脫這個循環。禪師說，「我們穿衣服，我們吃飯」，其實說的就是人的自覺，不再落入吃飯、穿衣的無味工作裡。

資料來源：成章瑜，〈人生發球權〉，《30雜誌》第77期，2011年1月號，頁12。

勞動契約之判決

一般學理上認為，勞動契約當事人之勞工，具有下列特徵：

1. 人格從屬性，即受雇人在雇主企業組織內，服從雇主權威，並有接受懲戒或制裁之義務。
2. 親自履行，不得使用代理人。
3. 經濟上從屬性，即受雇人並不是為自己之營業勞動而是從屬於他人，為該他人之目的而勞動。
4. 納入雇方生產組織體系，並與同僚間居於分工合作狀態。

勞動契約之特徵即在此從屬性。

資料來源：最高法院81台上347號判決。

(一)勞動契約種類

　　勞資關係的最基層法律結構係僱傭契約，即一方爲他方服勞務，與他方給付報酬的約定。僱傭契約在《民法》有條文來規範，但《民法》上個人自由主義之僱傭契約不足規範複雜的勞動關係，勞工法乃應運而生，發展成爲獨立的法律領域，而以勞動契約（個別簽約）及團體協約（企業與工會簽約）爲主要內容。

　　勞動契約是由僱傭關係演進而來。《勞動基準法》第2條第六款對勞動契約用辭的定義爲：「謂約定勞雇關係之契約」。

　　勞動契約分爲「定期契約」及「不定期契約」兩種。所謂定期契約，係在契約中明白訂定一定的期限，期滿即終止僱傭關係。在《勞動基準法》條文中規定，臨時性、短期性、季節性及特定性工作得爲定期契約；有繼續性工作應爲不定期契約。

　　定期契約期滿後，有下列情形之一者，視爲不定期契約：

一、勞工繼續工作而雇主不即表示反對意思者。

二、雖經另訂新約，惟其前後勞動契約之工作期間超過九十日，前後契約間斷期間未超過三十日者。

勞動契約消滅之原因 小常識

1.當事人合意終止
2.勞工自請辭職
3.雇主經濟解僱（《勞動基準法》第11條）
4.雇主懲戒解僱（《勞動基準法》第12條）
5.勞工被迫辭職（《勞動基準法》第14條）
6.定期契約期限屆滿
7.勞動契約目的完成
8.勞工自請退休（《勞動基準法》第53條）
9.雇主強制退休（《勞動基準法》第54條）
10勞工死亡

資料來源：李瑞敏（2012），「勞動契約原理與解僱類型爭議」講義，中華民國勞資關係協進會。

前項規定於特定性或季節性之定期工作不適用之。」（《勞動基準法》第9條）

(二)勞動契約約定的事項

依據《勞動基準法施行細則》第7條規定，勞動契約應依《勞動基準法》有關規定約定（**表8-1**）。勞動契約為非要式契約，勞工不論是否與雇主訂立書面勞動契約，皆無損原有勞動關係之存在，勞資雙方仍應繼續履行原有勞動契約之內容。所以，事業單位與勞工所簽訂之勞動契約，不需報經主管機關核准，惟該項勞動契約應不得違背《勞動基準法》及有關法令之規定。

(三)簽訂勞動契約注意事項

勞動契約的內容，雖然是勞資雙方簽訂，但不代表雇主可以任意妄為，仍要把握「合理」的原則，訂定可行有效的契約，以免過度嚴苛違反法令，一旦被告上法院，還是有可能會被判定無效。所以，勞資雙方在簽訂勞動契約時，應注意以下幾點：

表8-1 勞動契約約定事項

勞動契約應依《勞動基準法》有關規定約定左列事項：
1.工作場所及應從事之工作有關事項。
2.工作開始及終止之時間、休息時間、休假、例假、請假及輪班制之換班有關事項。
3.工資之議定、調整、計算、結算及給付之日期與方法有關事項。
4.有關勞動契約之訂定、終止及退休有關事項。
5.資遣費、退休金及其他津貼、獎金有關事項。
6.勞工應負擔之膳宿費、工作用具費有關事項。
7.安全衛生有關事項。
8.勞工教育、訓練有關事項。
9.福利有關事項。
10.災害補償及一般傷病補助有關事項。
11.應遵守之紀律有關事項。
12.獎懲有關事項。
13.其他勞資權利義務有關事項。

資料來源：《勞動基準法施行細則》第7條。

1. 受僱者是否真有特殊能力保證，若有，則在雇主的立場，為了維護契約的利益，則必須在契約的內容中有所約定。
2. 訂定固定期限的勞動契約，在期限屆滿後失其契約效力；而訂定不定期契約，只要不具備終止契約的事由，契約就繼續生效，即雇主不能單方面終止勞動契約關係，所以公司在僱用員工時，要訂立妥當的勞動契約內容。

個案8-1

上工前　合約看仔細了嗎？

不少員工和公司簽約後，以各種理由提早離職，公司不堪支出訓練成本，常因「違約金」和員工鬧翻；1111人力銀行發言人張旭嵐說，員工簽約前一定要「睜大眼」看清合約內容，若已受專業訓練卻提早離職，就可能被公司求償。

根據勞基法規定，員工只要在規定期限前向公司預告終止勞動契約，就可離職，公司不能扣錢或要求違約金，但公司若「砸大錢」讓員工接受專業訓練，員工卻提前離職或跳槽，影響公司權益，就容易產生糾紛。例如：航空公司常派機師到國外受訓，結業後回國工作，幾個月後卻跳槽，公司付出成本卻沒回收，機師受訓期間的「訓練費」就會被公司追討。

有的公司讓高階主管出國考察、念MBA學位，主管卻抱著學來的知識跳槽，若雙方簽約明定幾年內不能離職，公司既然支付成本，主管就得承擔違約的風險。

法界人士指出，公司可以合法和員工簽契約，規定員工受訓後的工作時間；但有的公司明明只提供兩堂課看錄影帶，員工離職後，公司卻索賠上萬元，就是不符合「比例原則」的要求。

資料來源：楊竣傑，〈上工前 合約看仔細了嗎？〉，《聯合報》，2013/01/21，B新北市／運動版。

3.受僱者本身行為有無涉及違法方面的事務。有時受僱者為了私人利
益而做出損及公司形象的行為,則受僱者所應負的責任,也要在勞
動契約中訂定清楚。

4.受僱人對於公司秘密保護的責任也應在勞動契約中訂定權責,才能
讓受僱者負起守密的義務。

5.在契約簽訂時,應要求受僱者附帶遵守公司工作規則,因為工作規
則是另外加以制訂,受僱者負有一個義務來遵守公司工作規則的規
定。

　　站在雇主的立場,為了協調勞資關係,最好在發生僱傭關係時,能
明確的訂立彼此的權利義務關係,對其他有關勞資問題的處理,也較不會
產生激烈化爭議傾向(李永然,1989)。

二、離職管理

　　日本職涯諮詢專家長井亮(Nagai Ryo)說:「轉換工作時,首先要
考慮的是什麼嗎?那就是,必須好好思考自己在職場上獲得的經驗,今後
是否會受到重視。」根據蓋洛普的調查指出,65%的離職員工其實想離開
自己的上司,因為他們的意見和想法常常未受到該有的尊重和重視,缺乏
參與感。

　　前德州儀器(Texas Instruments)亞洲區總裁程天縱,在一次演講中
提到,員工離職的主要原因可歸類為「三大累」:心理累,沒學到新東
西,產生職業倦怠症;第二是生理累,體力透支、工作永遠做不完;最後
若碰上不好的老闆,則容易引起情緒上的第三累,導致以離職收場,再度
投入另一個職場,重複同樣的惡性循環(黃玉嬿,2012)。

(一)離職前的思考問題

　　工作者在心中開始產生離職念頭(情緒)時,請仔細、客觀的考量下
列提到的這些問題後再決定去留,因一時衝動的遞出辭呈絕非明智之舉。

小叮嚀　跳槽前要問的7大問題

1.什麼原因讓你認定這是換跑道的機會？
2.你個人的未來規劃藍圖是什麼？你未來幾年的目標是什麼？你走在你的道路嗎？
3.這是更上一層樓的機會嗎？為什麼？
4.你可能會面對的挑戰是什麼？你有足夠的能力和毅力來處理嗎？
5.你個人的能力缺口有多大？你如何來補足呢？
6.這個工作會發揮你的能力優勢嗎？
7.你和你的家人商量過了嗎？

資料來源：陳朝益，〈跳槽前要問的7大問題〉，《30雜誌》第85期，2011/09，頁148。

1.當初為什麼選擇到這家公司工作？（自己挑選的？還是沒有別的機會可選擇？）

2.公司的待遇不好？（你的工作價值遠超過公司付給你的薪水？）

3.公司的制度不好？（你期望的制度是什麼？有哪些公司能符合你的期望？）

4.在公司的人際關係不好？（什麼原因？下一個工作難保不會遇到同樣的問題，屆時該怎麼辦？）

5.自己的個性不適合這份工作？（有沒有做過努力改變自己適應環境？）

6.自己的興趣改變了？（新的興趣明顯出現了嗎？還是只是逃避的藉口？）

7.公司有沒有其他部門的工作適合自己？（有嘗試瞭解公司其他部門嗎？）

8.有沒有嘗試找你的同事或主管談談自己的想法？（聽聽他人的意見不是壞事）

9.你有什麼能力讓自己轉換工作？（平常有作自我進修嗎？有取得證照嗎？）

10.你已經找到替換的工作了嗎？（否則要有一定的經濟力支持度過青黃不接期）

你想清楚以上這些問題嗎？話不要說死，除非你已經百分之百確定，否則給自己，也給公司一個轉圜的餘地（陸啓超，2004：151-152）。

管理大師彼得・杜拉克說，如果你發現置身在一個不適合自己的組織，例如，組織很腐敗，或是你的表現不能受到上司的肯定，離職會是一個正確的決定，能不能升職反而不是那麼的重要（**表8-2**）。

(二)提出離職的技巧

離職前務必要劃下美麗的休止符，離開的身段要優雅，千萬不要為了眼前的利益而翻臉不認人，這對自己的未來職涯發展是沒有半點好處的。高招的離職術，不但有可能讓你的主管幫你說好話，讓同事成為你的啦啦隊，未來若有好機會，也會想到你，拉你一把。

1. 頂頭上司必須是第一個知道你要離職的人。最佳提出辭呈的方法還是傳統的口頭請辭，可以這樣說：「老闆，我想跟您約個時間，單獨聊聊生涯規劃的問題。」在主管約談時，才正式遞上親筆簽名的書面辭呈（公司制式的離職單），表達出正式和堅定的辭職意向。
2. 離職面談時，一般情況下，主管會加以慰留（除非你的表現不佳），這時你必須堅持當初想辭職的種種理由，只能這麼說：「謝謝老闆關心，很感謝您看中我，也牢記過去您對我的指導與提拔，真的是基於個人生涯規劃，我已經想清楚做出的決定，與其把時間花在探討離職原因，不如專注在交接、維持任務運作的順暢，比較務實。」
3. 從你走出老闆辦公室，決定不接受慰留的那刻時間起，離職消息便會傳開，記得，給同事的離職原因不能多過給老闆的訊息。
4. 請清楚跟老闆確認離職生效日期、何時提出交接清單（交接清單要列出已完成專案和目前手中正在進行的專案兩部分、並詳細註明經手各類檔案名稱和存放位置）。
5. 正式提出辭職後至離職生效日前這段時間，儘量避免請假（包括未休完的特別休假，一般公司都會在離職當天將你未休的天數折合日薪給付），這是一種敬業精神，讓同事對你留下美好的印象。

表8-2　轉職檢測量表

非常符合＝5　符合＝4　部分符合＝3　不符合＝2　非常不符合＝1

問題	5	4	3	2	1
1.目前所處的產業狀況不明且公司經營狀況不佳。					
2.公司無法提供適當的發展空間與舞台，或是與我個人未來發展計畫不符。					
3.我認為公司的薪資福利與其他條件都已經不能滿足我的期待，而且沒有改善的機會。					
4.即便是輪調至其他職位，我也認為自己不適合待在現在的公司。					
5.就算目前的資源，可能會因為生涯轉換而耗盡，更可能讓自己歸零，但我仍願意一試，為了獲得更好的未來。					
6.現任主管並無法提供我磨練及學習的機會。					
7.我和現任主管相處不愉快。					
8.我不認同現任主管對於工作的價值觀以及管理方式。					
9.和現任主管共同工作造成我極大的壓力。					
10.我無法認同目前同事的工作價值觀。					
11.我無法為了轉換新工作，而捨棄目前已在公司經營的同儕互動關係。					
12.相較於目前的同事，我認為還可能有更適合我的工作夥伴。					
13.我認為自己具備快速適應新職位或新公司文化的能力。					
14.現在的工作不符合我的志趣，也沒有成就感。					
15.待在現在的職位或公司，已經沒有其他學習機會與成長空間了。					
16.在現在的職位上我已經可以獨當一面並承擔責任。					
17.我認為自己已經有接任現任主管位置的能力。					
18.在職業生涯中，我已經具備難以取代的專業能力，並累積了具體的績效與戰功。					

得分：18分～50分　看來你還沒有資格說你懷才不遇或是已經具備足夠的能力轉換跑道，若貿然轉職將得不償失！

得分：51分～71分　也許你正面臨職業倦怠感或有其他工作面的問題待解決，但離職不是遭遇工作難題或瓶頸的唯一解決方案，請深思熟慮，謀定而後動。

得分：71分以上　還在等什麼，若有好的轉職機會，趕快走吧，不須留戀！

資料來源：黃麗秋，〈職場大風吹：如何成為獵人頭顧問眼中的好咖？〉，《能力雜誌》總第697期，2014年3月號，頁27。

　　西諺云：「不要自斷後路，因爲地球是圓的。」這句話常用來說明好聚好散的重要，說不定那天又再職場共事；尤其現在企業求才不易，企業內部都列有「再僱用名單」，留下離職時的完美背影，除了有助自己事業的開創外，也爲自己預留後路，不可不愼（單小懿，2014）。

(三)不傷和氣的離職

　　當你已經決定離開這家公司，那你就要想想離開的方式（怎麼走）會讓自己與公司都舒服。下面幾項離職步驟要一一檢視，並確實做到。

1. 好聚好散，不要不告而別。即使是你與主管、同事相處不好，吵了架，也不要負氣就離職。
2. 離職的理由是否充分，足以說服公司。
3. 不要批評公司，即使你有一千個不喜歡的理由；更不要在同事間散播對公司、同事不利的言論，挑撥是非。
4. 是否留給公司足夠的時間找人接替，並有時間進行工作的交接。竭盡所能的把接任的人訓練好。
5. 除非你與雇主有特別規定，著作權（諸如公司的產品設計圖或是電腦檔案之類的文件）都歸屬於雇主所有，必須詳細列出交接清單，確實完成交接，並留存一份影本，以便將來如有爭執，還可以提出來證明。
6. 留下聯絡方式，給新接手工作的人；同時，在離職後仍主動關心新手工作狀況。
7. 不可以帶走公司的任何資料，尤其是您建立的客戶群。
8. 離職當天記得向主管及同事道謝，並告知新動向；也可以發一封謝函給工作上往來的客戶或相關業務的承辦人，感謝他們的照顧與合作。

　　如果你能按照上述的步驟一一檢討完成，相信你的離職給你的快樂與成就，將會大大超過對你可能帶來的傷害。讓你充滿自信與快樂來迎接

下一個職場人生吧！何況，往後在找工作時，如果要做徵信調查，或請主
管當推薦人，甚至請原主管引薦工作，都會順利很多（陸啓超，2004：
152-153）。

鴻海老臣索回扣　北檢起訴6人

　　鴻海表面黏著劑委員會（SMT）前資深副總廖萬城、前副總幹事鄧
志賢，涉嫌與白手套郝緒光勾結，利用簽核採購訂單權限，向供應商索賄
一億六千餘萬元；台北地檢署依違反《證交法》等罪嫌起訴廖萬城、鄧志
賢、郝緒光及共犯SMT前經理游吉安、陳志釧、前實驗室主管蔡宗志等六
人。

　　廖萬城繳回犯罪所得，但不認為收回扣犯法，檢方認為不符自白要
件，建請法院量處適當刑度；鄧志賢否認收賄，辯稱錢是郝緒光給他的
「吃紅」，未繳犯罪所得，建請從重量刑。郝緒光協助檢方釐清案情，建
請從輕量刑。

　　陳志釧、蔡宗志繳回犯罪所得，建請從輕量刑；游吉安未收回扣，建請
量處適當刑度。希瑪公司負責人蔡長城對行賄部分作偽證，獲緩起訴處分。

　　廖萬城、鄧志賢和郝緒光被羈押，法院裁定各以三千六百萬元、
三千五百萬元、五百萬元交保並限制出境；廖萬城、鄧志賢覓保無著被收
押，郝緒光在偵查中哭窮沒錢繳犯罪所得，卻在短時間內湊足保金離去。

　　檢方起訴指出，廖萬城、鄧志賢掌控SMT每年超過三百億元採購、
議價與簽核權，廖萬城為圖謀鉅額回扣，2009年找來郝緒光擔任白手套，
向十家供應商索賄，並找對於貼片機、迴焊爐儀器有驗收及驗證權的陳志
釧、蔡宗志、游吉安護航。

　　供應商若照實際交易金額或採購數量按比例給付廖萬城佣金，即可獲

得供應商資格、避免驗收遭刁難、議價時不被砍價、縮短收取貨款時間等「福利」。

　　十家供應商為取得訂單，以美金、人民幣、台幣付款，共交付郝緒光一億六十餘萬元佣金，郝緒光再依約定分七千兩百餘萬元給廖萬城、給鄧志賢一千七百餘萬元，陳志釧四百七十一萬元、蔡宗志三百八十五萬元，其餘被郝緒光當作公關費或自己使用。

資料來源：張宏業、藍凱誠，〈鴻海老臣索回扣　北檢起訴6人〉，《聯合報》，
　　　　　2014/05/22。

三、競業禁止

　　競業禁止（Non-Competition）牽涉勞工的工作權、生存權，很容易引起勞資爭議。競業禁止，是指事業單位為保護其商業機密、營業利益或維持其競爭的優勢，要求特定人與其約定在其在職期間或離職後之一定期間、區域內，不得經營、受僱或經營與其相同或類似之業務工作而言。

有關雇主要求員工簽定競業禁止條款是否有效？

　　勞資雙方於勞動契約中約定競業禁止條款現行法令並未禁止，惟依民法第247條之1的規定，契約條款內容之約定，其情形如顯失公平者，該部分無效；另法院就競業禁止條款是否有效之爭議所作出之判決，可歸納出下列衡量原則：
　　一、企業或雇主須有依競業禁止特約之保護利益存在。
　　二、勞工在原雇主之事業應有一定之職務或地位。
　　三、對勞工就業之對象、期間、區域或職業活動範圍，應有合理之範疇。
　　四、應有補償勞工因競業禁止損失之措施。
　　五、離職勞工之競業行為，是否具有背信或違反誠信原則之事實。
資料來源：行政院勞工委員會（89）台勞資二字第0036255號函。

企業要求勞工簽訂競業禁止條款的主要目的包括：

1. 避免其他競爭事業單位惡意挖角和勞工惡意跳槽。
2. 避免優勢技術或營業秘密外洩。
3. 避免勞工利用其在職期間所獲得之技術或營業秘密自行營業，削弱原雇主之競爭力。（周志盛，2007）

(一)法院見解

簽訂競業禁止條款只是一種法律手段，通常都是員工剛加入企業時所簽署的文件，而不是離職時才簽訂。法院實務見解認為，雇主為避免遭受不公平之競爭，尚非不得與員工間簽訂競業禁止約款，除違反強制、禁止規定或違背公序良俗或不公平競爭等外，基於契約自由原則，倘該約款限制競業之時間、範圍及方式，在社會一般觀念及商業習慣中，可認為合理適當且不危及受限制員工之經濟生存能力者，其約定應為有效。

由於《勞動基準法》並沒有對「競業禁止」的規範條文，所以效力如何，都是在個案發生後交由法院來判斷。競業禁止的訴訟個案中，大部分產生在科技產業與仲介業為多，而法院的判決書所論斷的見解亦未完全一致，因而在實務上即引起是否違反《憲法》上保障工作權、生存權之強制規定，而為《民法》上違反公序良俗之無效的法律行為的爭議問題。

為尊重《民法》契約自由原則，只要當事人雙方互相約定，競業禁止條款的契約內容就會成立，即屬有效。然而，競業禁止的爭議多半發生在離職之後，法雖無明文規定，但如果因為限制太嚴而影響到離職者的生存權及工作權，就會被法院認定為無效。

(二)競業禁止的限制

競業，顧名思義，是「與同業競爭」之意，是雇主為了保護自身權益，避免其他競爭事業單位惡意挖角或員工惡意跳槽，削弱原雇主之競爭力，企業會採取一些防範措施，而簽訂競業禁止條款只是一種法律手段。

　　受僱者受競業禁止約定的限制，可分為在職期間與離職後兩種樣態。

◆在職期間的競業禁止

　　《公司法》規定董事、監察人及經理人在職期間競業禁止，但現行勞工法令並無任何法律約束，而由企業與員工自行約定。

　　勞僱關係存續期間，勞工除有提供勞務的義務外，尚有忠誠、慎勤之義務，亦即勞工應保守公司的秘密及不得兼職或為競業行為的義務。雖法律未明文禁止勞工之兼職行為，因此勞工利用下班時間兼差，賺取外快，如未損害僱主之利益，原則上並未違反法令之規定。但是如果勞工在僱主之競爭對手處兼差，或利用下班時間經營與僱主競爭之事業，則可能危害到僱主事業的競爭力，故僱主常透過勞動契約或工作規則，限制勞工在職期間之兼職或競業行為，勞工如有違反約定或規定之情事，可能受到一定程度之處分，其情節嚴重者甚至構成懲戒解僱事由。

◆離職後之競業禁止

　　勞工對僱主負有守密及不為競業之義務，於勞動契約終了後即告終止，僱主如欲再保護其營業上之利益或競爭上之優勢時，須於勞動契約另為特別約定，常見的方式為限制勞工離職後之就業自由，明定離職後一定期間內不得從事與僱主相同或類似之工作，違者應賠償一定數額之違約金的約定，這種約定稱為「離職後之競業禁止」（行政院勞工委員會勞資關係處，2003）。

　　離職後員工之競業行為，是否具有顯著背信性或顯著的違反誠信原則，房屋仲介業有一個著名的案例，即離職員工竊取、盜拷原僱主的客戶名單及營業資料，並於原來的商圈開設另一家房屋仲介公司，而被原公司提起刑事背信、業務侵占等告訴。

(三)離職後之競業禁止

　　勞工對僱主負有守密及不為競業之義務，於勞動契約終了後即告終

止，雇主如欲再保護其營業上之利益或競爭上之優勢時，須於勞動契約另為特別約定，常見的方式為限制勞工離職後之就業自由，明訂離職後一定期間內不得從事與雇主相同或類似之工作，違者應賠償一定數額之違約金之約定。

離職後之競業禁止條款，是否能被法院判斷競業條款是否合理有效，下列幾項原則可作為判斷的依據：

◆雇主有無法律上利益應受保護之必要

簽訂競業禁止約定，除需著眼於雇主有無實質被保護之利益存在外，如其所主張應受保護之法律上利益係營業秘密時，此營業秘密並需符合《營業秘密法》對營業秘密之定義。如雇主耗費相當心血或金錢所研發而得優勢技術或創造之營業利益。

所謂實質被保護的利益，可能包括雇主原有的知識、有保護必要的營業秘密、特殊的訓練培育計畫、特殊的方法、能力、技藝、機密資訊、機密的客戶名單（資料）、特殊知識、獨特不尋常的服務等。

◆勞工擔任之職務或職位

雇主欲與勞工簽訂離職後競業禁止，該勞工應擔任一定職務，且因該職務而有機會接觸公司之營業秘密、參與公司技術之研發等；對於較低職位本於普通技能就業之勞工，或所擔任的職務並無機會接觸公司之欲保護優勢技術或營業利益者，則應無限制其競業禁止的必要。

◆應本契約自由及誠信原則約定

簽訂競業禁止約定應本於契約自由原則，雇主不得以強迫或脅迫手段，強制勞工一定要簽立，或利用新進勞工之無經驗或利用勞工急於求職之意願，任意要求勞工簽訂競業禁止約定。

◆限制之期間、區域、職業活動範圍是否合理

競業禁止條款應訂明限制勞工競業之期間、區域、職業活動範圍，且該限制應不逾越合理範圍，即在社會一般觀念及商業習慣上可認為合理適當範圍，不會嚴重限制當事人的工作權，以及不會危及受限制當事人的

經濟生存能力。

　　以下僅就限制再就業之期間、區域及其職業活動，參酌實務運作簡要說明之。

1. 期間：應明定競業禁止之起訖時間及期限，目前較為常見且為法院所接受的期限為二年以下。
2. 區域：應明定競業禁止之行政區域，並以企業的營業領域、範圍為限，且不得構成勞工就業及擇業權利的不公平障礙；至於雇主尚未開拓的市場，或將來可能發展的區域，基於自由競爭的原則，不應該受到任何限制。
3. 職業活動範圍：它指員工離職後不得從事的工作或業務，以及指定對原事業單位具有競爭性的行業，如特定產業或職業，且該限制應無逾越合理範圍，即在社會一般觀念及商業習慣尚可認為合理適當範圍，不會嚴重限制當事人的工作權，以及不會危及受限制當事人的經濟生存能力。

◆有無代償措施

　　勞工離職後，可能因為遵守競業禁止條款而蒙受工作上、經濟上的損失，雇主對其提供的補償措施，稱之為「代償措施」。至於代償金額，可參考德國商法規定，員工離職後競業禁止期間內每一年之補償，雇主應支付之補償數額，應不得低於員工離職時所能取得報酬之一半，或英國則有所謂的「花園休假」，即在該競業期間原雇主給付薪資報酬給勞工，而該勞工則無需從事工作。

◆違約金是否合理

　　事業單位固然可以與勞工約定違約金多寡，但應需考量違約金的額度與競業禁止期間之長短二者間之相關性，並應與是否提供勞工代償措施作適度衡量，意即如果雇主已提供代償措施，勞工仍恣意違約，即可視為情節重大，其違約金自可從高考量，如果未提供代償措施或代償措施金額過低，則勞工違約之可責性即已降低，從而其給付違約金之正當性必受質疑，故為避免對勞工之工作權造成過度限制或侵害，違約金金額應依一般

客觀事實、勞工違約當時的社會經濟狀況及當事人可能受損情形來斟酌。

◆員工有無顯著背信或違反誠信原則

競業禁止效力應在離職員工的競業行為確有顯著背信及顯著的違反誠信原則時發生，如離職員工對原雇主之客戶、情報大量篡奪等情事，或其競業之內容或態樣較具惡質性，或競業行為出現有顯著的違反誠信原則，即屬重大違反誠信原則（陳瑞敏，2003）。

如果勞工離職原因可歸責於雇主，例如因遭資遣而離職，競業禁止條款應不發生效力，雇主也不得強迫、脅迫或利用勞工急於求職心態要求簽訂競業禁止契約。

勞資雙方應開誠布公、事先溝通協調，與其事後再來處理爭議，不如事先預為防範，訂定明確的契約內容，以維持企業經營及工作倫理，並藉以維持勞動市場秩序。

個案8-3

智慧財產權和機密資訊

1. 創意、創作、創新和資訊（統稱為「智慧財產權」）的價值通常超過實物資產。我們必須依靠公司巨大的智慧財產權資產，才能研發出新的產品、促成新的商機，同時在激烈競爭的商業環境中保持公司既有的商業優勢。

2. 智慧財產權包括創新、創意、專利、工作流程等，它們是由您或其他員工代表英威達（INVISTA）創造的，與我們的業務息息相關，屬於英威達（INVISTA）。若我們無法明確認定妥善保護並珍視自己的智慧財產權，我們冒著失去我們對這些智慧財產權的相關權利的風險，並將因此失去這些智慧財產權帶來的競爭優勢。

3. 所謂的智慧財產權的分類包括：

(1)商業秘密以及機密和專屬的業務資訊。

(2)商標和商品名稱。

(3)擁有版權的資訊。

(4)擁有專利或尚未申請專利的技術。

5.公司的智慧財產權可能是機密的，且包含專屬資訊。勿將機密和專屬資訊透露給公司內部或外部的其他人，除非這些人具有合法正當的需求必須知悉這些資訊，並已同意保護這些資訊的機密性。在揭露之前必須經過適當的授權和協議。

6.這類機密和專屬資訊的典型範例包括：

商務流程和系統／公司策略／客戶名單／財務資料／法律和法規事宜／製造方法／行銷策略／商業模型建構技術／其他分析和（或）管理技術組織圖／專利、專利申請書或可取得專利的（或潛在的可取得專利的）發明／價格資訊／產品配方／銷售資料和策略／由公司研發的軟體／技術性資料、流程和設備／技術性產品和流程資訊／商業機密和關鍵技術資訊（Know-How）／保護公司的智慧財產權。

7.凡是英威達（INVISTA）的智慧財產權，均不得用來為個人或公司以外的人員謀取利益。務必小心不要遺失、錯放或遺留機密資訊在無人看管或其他人容易獲取的地方。不要隨便地在其他人可能無意中聽到的地方談論機密資訊。您必須始終遵守公司已建立的特定安全性措施或程序。

8.當聘僱關係終止時，保護公司機密資訊和智慧財產權的義務將無限期持續，除非這些機密資訊或智慧財產權法定進入公眾領域。請將所有物品、文件、資料和檔案（包括電腦資料和資料庫）悉數歸還公司。離職後不得以任何形式私自保留屬於公司的機密資訊或智慧財產權的副本。

資料來源：英威達（INVISTA）全資公司員工行為守則，http://www.invista.com/documents/coc-tch.pdf（檢索日期：2014/10/10）。

四、裁員危機

有一個人25歲時被任職的公司裁員，因而面臨失業的窘境。他的老師居然對他說：「你其實很幸運。」年輕人委屈地叫道：「幸運？我平白浪費了幾年的時間，而且走得灰頭土臉。」老師繼續說：「凡在早年受到挫折的人，都是幸運的，可以有機會從頭做起，學到許多寶貴的經驗，並且避免重蹈覆轍。而那些運氣一直很好的人，到了四、五十歲忽然困難臨頭，那才真正可憐，他們沒有學過如何面對失敗，這時才學，年紀已經太大了。」（魏悌香，2012）

 **Story**

巴哈失業

音樂作曲家巴哈（Johann Sebastian Bach）的「第六號大提琴組曲」（Six Suites for Violoncello Solo），是在他人生最潦倒、最苦悶的時期寫的作品。那個時候的巴哈，正受德國科登的雷奧普王子邀請，為他作曲。總是在生活中掙扎的音樂家，以為好日子就要來了，不料妻子去世，他的孩子一一病死，與王子的關係突然陷入僵局，連帶著工作也沒有了。失業的巴哈寫下了「第六號大提琴組曲」。

沒有悲傷與埋怨的音符，「第六號大提琴組曲」輕盈自在，宛若飛翔般的跳躍在弓弦之間，當生命陷入最低潮的時候，或許是最美好的體驗，任何一點小小的恩惠，都將成為值得紀念且珍惜的回憶。

資料來源：李茶，〈天涯百樂門：巴哈也在不景氣〉，《聯合報》，2001/05/22，繽紛版。

景氣好時，一般企業少有裁員的動作，企業所擔心的反而是優秀員工的跳槽問題，即使是經濟不景氣，裁員也不是所有企業作為解決財務問題的第一優先考慮問題，只有在「財務調度危機」出現時，裁員就成為一個重要選項。當工作者真的被資遣時，自己要如何調整「工作無保障」心態時，平時工作者就要儲備好戰力（資歷），另闢戰場（到競爭對手求職），找到工作。

個案8-4

資遣員工感恩　連20年請老闆吃飯

「老闆，謝謝你有情有義！」利台紡織纖維公司桃園廠二十年前關廠，當年上百名勞工被優惠資遣，每年回娘家聚會，2012年11月15日在餐廳舉杯向退休總經理張田道謝，感恩老闆當年厚道，讓他們安享晚年。

利台失業員工組成的「利台老友會」昨二十週年慶，每年都到場的張田逐桌敬酒，感激老員工當年努力，讓利台馳名紡織界，「因為有你們，才有我今天的存在和價值！」

利台紡織1966年建廠，以小羊毛大衣呢獨占香港市場，創下台灣外銷英國西裝料先例，前經濟部長趙耀東曾任副董事長。二十年前利台轉售遷往大陸，桃園廠停工。保養課長郭香卿說，當時很多員工都有家庭負擔，聽到關廠如青天霹靂，但勞資和諧溝通，很快達成共識，以優於勞基法近兩倍資遣費發給員工，資方並繼續補助建教合作學生學雜費直到高中職畢業，還幫大家找工作。郭香卿說，勞工們感受資方善意，幫忙拆卸機具，運到大陸組裝，並協助教學、轉移技術，等於重新為資方設廠，完成最後一次任務。

老幹部顏楓林說，利台隔壁的八德聯福製衣廠也有失業員工，那些失業勞工用臥軌擋火車、上高速公路撿垃圾爭取欠薪；華隆紡織苗栗頭份廠

工人苦行到台北，東菱電子等員工至今還因「代位求償」被告追討財產，「和他們比較起來，我們太幸福了」。

員工王秀琴說，相較當年大批惡性倒閉的資方，「我們老闆很慈悲」，很多同事靠著高額資遣費，讓失業後的生活穩定，養大子女，不少人看到當年照片還會掉淚。

利台桃園廠最後一任廠長戴茂榮提議每年十月最後一個週日，老員工回娘家相聚，至少上百人到場，每次都邀請資方代表參加，「這一攤員工埋單，老闆才是客人」。

張田說，他看著部屬從學生變青年到老年，走過失業還能安居樂業，更欣慰當年作出正確決定，讓曾經一起奮鬥的勞資雙方，散場後感情還像一家人。

資料來源：賈寶楠，〈資遣員工感恩 連20年請老闆吃飯〉，《聯合報》，2012/11/5，A12話題版。

(一)被裁員的失落感

由於企業的經營環境與各項投資的變化是與時俱增的，原先能滿足企業用人需求條件的員工，有可能逐漸變成企業不需要的人了。例如，在地理因素上，可能是企業決定終止某個地區的活動；在科技上，可能是企業決定終止使用某種技術而現場人員無法短期學會新技術等（楊千，2012）。

美國Stybel Peabody Lincolnshire企管顧問公司的創辦人史帝柏（Laurence J. Stybel）和皮巴帝（Maryanne Peabody）在《哈佛企管評論》中指出，傳統工作者都有一種工作到退休的心態，以致於很難接受被裁員的事實，結果陷入三種失落感中：

1.自我認知的失落：有些人，特別是主管人員，常在優秀的績效與客戶的稱讚中，自我強化了他們在企業裡的重要性，以致於無法面對

突如其來的變故。其實對一般人而言，被裁員代表的不僅僅是賴於餬口的工作沒了，有時候陷入經濟困境的危機，對自己的能力價值也會產生懷疑。

2.眾叛親離的失落：許多人都不能接受原來像親人、朋友般相處的上、下屬或同事突然變得疏離。這樣的情緒尤其在情勢不明朗時，職場上更容易被激盪、強化，彼此之間的競爭，隱隱約約的醞釀這一股情緒。

3.自信心的失落：特別是一些原本生性內向，或從事較少與外界接觸的員工或幹部，很容易會因為裁員而喪失自信，更加退縮。（陸啟超，2004：107-108）

美國可口可樂公司（Coca-Cola Company）前任總裁布賴恩‧戴森（Brian Dyson）在一次演講時，談到生活與工作的關係指出，我們每個人都像馬戲團的小丑，都在玩著五個球：即工作、健康、家庭、朋友、心靈。而這五個球其中有一個球如果不小心把它弄掉了，它還能夠反彈回來，這個球就是工作。

(二)終止勞動契約之條件

依《勞動基準法》第11條規定，「非有左列情事之一者，雇主不得預告勞工終止勞動契約：

一、歇業或轉讓時。

二、虧損或業務緊縮時。

三、不可抗力暫停工作在一個月以上時。

四、業務性質變更，有減少勞工之必要，又無適當工作可供安置時。

五、勞工對於所擔任之工作確不能勝任時。」

(三)終止勞動契約之預告期間

依《勞動基準法》第16條規定，「雇主依第11條或第13條但書規定

終止勞動契約者，其預告期間依左列各款之規定：

一、繼續工作三個月以上一年未滿者，於十日前預告之。

二、繼續工作一年以上三年未滿者，於二十日前預告之。

三、繼續工作三年以上者，於三十日前預告之。

勞工於接到前項預告後，為另謀工作得於工作時間請假外出。其請假時數，每星期不得超過二日之工作時間，請假期間之工資照給。

雇主未依第一項規定期間預告而終止契約者，應給付預告期間之工資。」

(四) 資遣費的計算

資遣費計算，須視勞工適用《勞動基準法》（勞退舊制）或《勞工退休金條例》（勞退新制）而有不同之給付標準（**表8-3**）。

◆勞退舊制

在同一雇主之事業單位繼續工作，每滿一年發給相當於一個月平均工資之資遣費。依前款計算之剩餘月數，或工作未滿一年者，以比例計給之。未滿一個月者以一個月計（《勞動基準法》第17條）。

◆勞退新制

勞工適用本條例之退休金制度者，適用本條例後之工作年資，於勞動契約依勞動基準法第11條、第13條但書、第14條及第20條或職業災害勞工保護法第23條、第24條規定終止時，其資遣費由雇主按其工作年資，每滿一年發給二分之一個月之平均工資，未滿一年者，以比例計給；最高以發給六個月平均工資為限，不適用勞動基準法第17條之規定（《勞工退休金條例》第12條）。

《勞工退休金條例》在民國94年7月1日施行後入職的勞工，只能適用勞退新制。

表8-3　資遣費給付之勞動法規

法規	條文	內容
勞動基準法	第11條	非有左列情事之一者，雇主不得預告勞工終止勞動契約： 一、歇業或轉讓時。 二、虧損或業務緊縮時。 三、不可抗力暫停工作在一個月以上時。 四、業務性質變更，有減少勞工之必要，又無適當工作可供安置時。 五、勞工對於所擔任之工作確不能勝任時。
	第13條但書	勞工在第50條規定之停止工作期間或第59條規定之醫療期間，雇主不得終止契約。但雇主因天災、事變或其他不可抗力致事業不能繼續，經報主管機關核定者，不在此限。
	第14條	有左列情形之一者，勞工得不經預告終止契約： 一、雇主於訂立勞動契約時為虛偽之意思表示，使勞工誤信而有受損害之虞者。 二、雇主、雇主家屬、雇主代理人對於勞工，實施暴行或有重大侮辱之行為者。 三、契約所訂之工作，對於勞工健康有危害之虞，經通知雇主改善而無效果者。 四、雇主、雇主代理人或其他勞工患有惡性傳染病，有傳染之虞者。 五、雇主不依勞動契約給付工作報酬，或對於按件計酬之勞工不供給充分之工作者。 六、雇主違反勞動契約或勞工法令，致有損害勞工權益之虞者。 勞工依前項第一款、第六款規定終止契約者，應自知悉其情形之日起，三十日內為之。 有第一項第二款或第四款情形，雇主已將該代理人解僱或已將患有惡性傳染病者送醫或解僱，勞工不得終止契約。 第17條規定於本條終止契約準用之。
	第20條	事業單位改組或轉讓時，除新舊雇主商定留用之勞工外，其餘勞工應依第16條規定期間預告終止契約，並應依第17條規定發給勞工資遣費。其留用勞工之工作年資，應由新雇主繼續予以承認。
職業災害勞工保護法	第23條	非有下列情形之一者，雇主不得預告終止與職業災害勞工之勞動契約： 一、歇業或重大虧損，報經主管機關核定者。 二、職業災害勞工經醫療終止後，經公立醫療機構認定心神喪失或身體殘廢不堪勝任工作者。 三、因天災、事變或其他不可抗力因素，致事業不能繼續經營，報經主管機關核定者。
	第24條	有下列情形之一者，職業災害勞工得終止勞動契約： 一、經公立醫療機構認定心神喪失或身體殘廢不堪勝任工作者。 二、事業單位改組或轉讓，致事業單位消滅者。 三、雇主未依第27條規定辦理者。 四、對雇主依第27條規定安置之工作未能達成協議者。
	第27條	職業災害勞工經醫療終止後，雇主應按其健康狀況及能力，安置適當之工作，並提供其從事工作必要之輔助設施。

製表：丁志達，2014/10/10檢索。

(五)企業解僱勞工的合法條件

企業解僱員工必須要符合法定事由，即《勞動基準法》第11條的裁員解僱、和同法的第12條的懲戒解僱，否則不得爲之。

《勞動基準法》第11條裁員解僱要預告，且須給付勞工預告工資及資遣費。

《勞動基準法》第12條懲戒解僱則可不經預告，無須給付資遣費。

勞工一旦被企業資遣時，可檢視下列勞動法規保障勞工工作權的相關事宜。

1.須有法定事由，及《勞動基準法》第11條、第13條但書規定。
2.須預告勞工，即《勞動基準法》第16條的規定。
3.勞工謀職時應給有薪假，即《勞動基準法》第16條的規定。

 **Story**

裁員風雲

在2008年秋天的某一天，紐約華爾街的一家公司的兩名員工外出午餐，返回公司時，其中一人的通行卡刷過掃瞄機後順利進入，另一人的通行卡卻被掃瞄機拒絕（鎖卡）。當第一名員工拿出他的通行卡為這名同事開門時，守衛走向兩人，告訴第一名員工他可以進入他的辦公室，但第二名員工卻被告知，自當天中午起，他被裁員了，他必須去人力資源部聽取下一步指示。

資料來源：Ram Charan，李芳齡譯（2009），《逆轉力：經濟不確定年代的新領導法則》，天下文化，頁142。

4.資遣費的計算，依《勞動基準法》第17條及《勞工退休金條例》第12條規定辦理。

5.須資遣通報，以便勞工申請失業保險金，即《就業服務法》第33條的規定。

6.發給非自願性離職證明書，以便讓被資遣勞工向政府有關單位申請失業金，但前提是勞工加入勞工保險累積超過一年的加保年資。

一帆風順的人生，無法提高我們的才能。唯有勇敢挑戰逆境、解決困難，就會發現自己又獲得了一項才能，逆境永遠會存在通往成功的道路上。

(六)誰動了我的奶酪？

斯賓賽・約翰遜（Spencer Johnson）的著作《誰動了我的奶酪？》，他以一個簡短的寓言故事，生動的闡述了職場上「變是唯一的不變」求生術。

從前，在一個遙遠的地方住著嗅嗅、匆匆、哼哼和唧唧四個小傢伙，為了填飽肚子和享受樂趣，他們每天在不遠處的一座奇妙迷宮裡跑來跑去，在那裡尋找一種叫做「乳酪」的黃橙橙、香噴噴的食物。

經過一段時間艱苦的尋找，他們找到了乳酪A站，那裡有各式各樣的堆積如山的乳酪，他們樂壞了，瘋狂似的衝過去開始盡情享用，時間一長，哼哼和唧唧理所當然的認為他們本就該享受這種生活，因為他們費了很大的力氣才找到此乳酪，而嗅嗅和匆匆則每天來食用之前都抓一抓，聞一聞，看看乳酪站和前一天有何區別，直到有一天當牠們來到乳酪A站的時候，乳酪已經完全沒有了，嗅嗅和匆匆相互看了一眼，然後快速地尋找下一個乳酪站。

哼哼在大聲抱怨誰動了我的乳酪？覺得這世界對他們太不公平了，用盡一切惡毒的語言詛咒那個搬走了他們乳酪的黑心賊，他覺得自己完了，唧唧在消沉一段時間後，覺得應該重新去尋找新的乳酪，但哼哼不願意和他一起走，繼續留在原地抱怨，唧唧在歷經一段時間後很快調整過

來，又開始積極的尋找乳酪，並最終找到了更大、更豐富的乳酪B站，更重要的是唧唧在這次變化中積極調整心態，從此不懼怕任何變化。

書中虛構了四個角色：老鼠嗅嗅和匆匆、小矮人哼哼和唧唧，用來代表我們的不同方面，即我們簡單的一面和複雜的一面。

嗅嗅：他能夠及早嗅出變化的氣息。

匆匆：他能夠迅速開始行動。

哼哼：他因為害怕變化而否認和拒絕變化，這會使事情變得更糟糕。

唧唧：當他看到變化會使事情變得更好時，能夠及時調整自己去適應變化。

我們每個人都具有上述這些不同的面向，不論我們的年齡、性別、種族和國籍如何。但不管我們選擇哪一面，我們都有共同的方面，那就是：「需要在迷宮中找到我們自己的道路，幫助我們在變化的時代獲得成功。」（Spencer Johnson，潘岳、林雅汐譯，2001）

故事中的「奶酪」是對在職場工作的人的是一種「象徵」比喻，職場「呆」久了，就會開始害怕變化，都理所當然的認為企業老闆應該給我

溫水裡的青蛙

美國康乃爾大學的研究人員曾做過一個經典的實驗，被稱為「青蛙效應」。實驗時，將一隻青蛙從涼水中取出，猛地放進沸水鍋裡，生死關頭，青蛙因突然受到「熱」的強烈刺激，會本能地從水中奮力跳出來，擺脫死神，安然逃生。

接著，研究人員再將這隻青蛙放進另一口裝滿冷水的鍋內，在鍋下慢慢燒火加溫。就這樣，冷水變成溫水，青蛙竟毫無察覺地在鍋內悠然自得地游弋。等到水溫燙手，牠無法再忍受，想躍出鐵鍋自救時，卻無能為力，枉送了性命。反應敏捷、警惕性很高的青蛙能夠自救於沸水卻葬身溫水的現象很是耐人尋味。沸水鍋內的青蛙能夠成功逃生，是因為牠感覺到這是危險，務必要盡其本能及時進行抗爭自救。溫水鍋內喪命，是因為牠的不自覺，牠對危險的警惕和防範意識放鬆所致。實際上，青蛙是在麻木中死去。

啟示錄：在職場上，如果沒有危機意識，那一天被裁員時，就會措手無策，如同青蛙意識到危險想躍出水面時，卻已四肢無力，最終死在熱水中。

資料來源：〈青蛙效應〉，http://bobosiayu.blogspot.tw/2007/05/blog-post.html。

工作、給我職位、給我薪水，殊不知在全球化的急速變革時代中，企業的經營風險與日遽增，個人在職場上要有「危機意識」，時時要保有積極上進的態度與學習新知，才能在日新月異的當今社會立於不敗之地。

(七)檢視自我能力

天有不測風雲，人有旦夕禍福，沒有人敢保證被裁員的厄運一輩子不會降臨。為了避免企業組織變革或經營不善而採取「裁員」措施來降低成本，工作者平日在職場上就要扮演好自己的「當責」（答應的事做好）角色外，同時也應無時無刻自省下列幾項問題：

1. 如果我是上司的角色，目前我的工作表現，上司會想繼續重用我嗎？
2. 在組織內，上司是否已經不動聲色的找到接班人，隨時準備取代我的工作？
3. 我現在的待遇與工作附加價值是否對稱？這份薪資到其他企業也會支付給我嗎？
4. 我的技術、專業知能是否能跟得上企業未來發展？
5. 我有沒有進入高階管理層的潛力？
6. 在組織變革中，如果換上新上司，他會重用我嗎？新來的上司會重用我的優點（長處）？在哪些方面，我的工作經驗與新任上司有互補性？兩者的同質性會不會太重疊，讓我的專長無從發揮？
7. 在企業內，我是屬單一專長？多項專長？
8. 企業將我外放到海外工作，我在台的工作由誰接替？他的潛力如何？未來調回母公司，我有「新位子」可坐嗎？原來的職位會「鳳還巢」嗎？
9. 我是否經常翻閱報刊雜誌的人事欄或求才網站的出缺職位？我的目前職位是時常出現在各行業「網羅」的人選嗎？還是沒有找到這一類的求才訊息？
10. 最近一年，我閱讀多少專業的相關書籍？受過多少專業訓練課

程？取得多少專業上的執照？

11.我的外語能力行嗎？電腦操作技巧學會了多少？

12.在同業中，我有多少朋友？平日我是否能廣結善緣？如果一旦被公司資遣，這些友人會幫助我介紹工作嗎？

以上問題可自問自答，就能檢視自己抵抗失業的韌性。居安思危，工作者要珍惜現在擁有的工作環境，全力以赴，但也要為自己的職涯布樁，哪天老闆翻臉不認人的時候，你才能馬上找到新東家，裁員風暴來襲，何足懼之（丁志達，2001）？

結　語

古希臘歷史學家希羅多德（Herodotus）曾說過一句名言：「逆境擁有一種驚人的效果，就是能喚醒人們在順境時，處於沉睡中的力量與資質。」人生得失成敗，不會由文憑決定，也不取決於某個遭遇阻礙的瞬間。各行各業都有辛苦的一面，如能把困難當成是必然，就會願意面對、解決它；現在的不足或一時的挫折，不代表以後會一直不好或不幸，關鍵是要願意去找各種可能性，勇敢做出選擇，並加倍努力。而失敗有時是上天賜給的最大祝福，因為它讓人得以重新歸零，從挫折中學習、檢視自我；只要熱情不減、不放棄，當主客觀條件成熟時，就是掌握蓄勁、發揮韌性的機會。成功慢一點來、路迂迴一點，沒關係（朱宗慶，2011：87）。

箴言集——學習價值觀

序號	箴言	出處
1	少而好學，如日出之陽；壯而好學，如日中之光；老而好學，如炳燭之明。	漢·劉向
2	玉不琢，不成器。人不學，不知義。	禮記·學記
3	劍雖利，不厲不斷；材雖美，不學不高。	漢·韓嬰
4	涉淺水者見蝦，其頗深者察魚鱉，其尤甚者觀蛟龍。	漢·王充
5	為學譬如熬肉，先得用猛火煮，然後用慢火溫。	宋·朱熹
6	業精於勤而荒於嬉，行成於思而毀於隨。	唐·韓愈
7	學而不行，與不學同。	宋·龔昱
8	學問的要訣，在於活用，不能活用的學問，便等於無學。	日本·福澤諭吉
9	為學正如撐上水船，一篙不可放緩。	宋·朱熹
10	學貴心悟，守舊無功。	宋·張載
11	21世紀的文盲不再是那些不識字的人，而是那些不懂得學習、不懂得遺忘、不懂得再學習的人。	阿爾文·托夫勒
12	努力學習直到生命的最後一刻是件美好的事。	法國·盧梭
13	學習不僅是明智，它也是自由。知識比任何東西更能給人自由。	俄國·屠格涅夫
14	善於學習，並能夠迅速將所學到的知識應用到實踐中去，這種能力是企業最根本的競爭優勢。	美國·威爾許
15	做出一項錯誤的決策是可以理解的，而拒絕進行持續的學習是不可原諒的。	美國·克勞斯比
16	學習並不是強制的，但也不是可有可無的。	美國·戴明
17	人的天性猶如野生的花草，求知學習好比修剪移栽。	英國·培根
18	問題不在於學到的是什麼樣的知識，而在於所學的知識要有用處。	法國·盧梭
19	走入社會之前，與其為人事關係操心，倒不如多在自己本身學識上去下點功夫。	法國·羅蘭
20	對老鷹來說，屈尊向烏鴉學習是最浪費時間的事。	英國·布萊克

編輯：丁志達。

第九章

維權倫理

- 勞動基準法
- 配套法規
- 勞動三權
- 年金制度
- 性騷擾防治

> 義務可進可退則進，權利可進可退則退。
>
> ——陸軍一級上將閻錫山

　　勞動者的基本權利，包括生存權、工作權、團結權、協商權和爭議權等五種。其中生存權為勞動者維持生存之權利，為對勞動者生存過程的保障，其內容包括保障勞動者的有合理工資、適當的工作時間與休息休假、妥善的安全衛生環境、發生人身事故後的社會保險給付、勞工福利等權利。工作權則為勞動者有適當工作機會的要求與合乎人的條件之工作環境的要求，可謂對勞動者勞動過程的保障，其內容主要包括參加職業訓練、就業服務、失業後的就業補償、受僱保護、性別工作平等。團結權（組織權）則指保障勞工可以自由組織或加入工會之權利；協商權（締約權）則為保障工會可與雇主、雇主團體進行團體協商勞動條件及相關事項，並根據協商結果簽訂團體協約之權利；爭議權（罷工權）指保障工會在與雇主協商勞動條件及相關事項時有進行罷工、怠工等爭議行為之權利（**圖9-1**）。

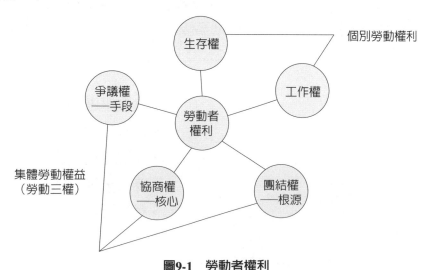

圖9-1　勞動者權利

資料來源：陳金福，〈兩岸勞動三權相關法律之比較〉，《台灣勞工季刊》第31期，2012年9月，頁94。

在上述五種勞動者基本權利中，生存權、工作權屬於個別勞動權利，而團結權、協商權、爭議權則屬於集體勞動權益，通稱為勞動三權（陳金福，2012）。

維權，指的是在勞動法規明文規定下，勞動者依法享有的勞動條件，雇主不得以任何理由規避不遵守，否者，勞動者有權向政府行政機關提起申訴、救濟，以保障自己應享有的勞動權益。

一、勞動基準法

《勞動基準法》係規定最低勞動條件之法律，屬公法的一種，雇主與勞工所訂勞動條件，不得低於該法標準。它旨在防止不合理之勞動條件出現，藉以保障勞工基本權益，加強勞雇關係的和諧。

《勞動基準法》分為十二章八十六條，包括：勞動契約的訂定；工資保障規定；工作時間、休息、休假之規定；童工、女工之特別保護規定；勞工退休規定；職業災害補償規定；技術生之保護；工作規則之訂定及其他事項。

(一)勞工的定義

《勞動基準法》第2條第一款指出：「勞工，謂受雇主僱用從事工作獲致工資者。」

雇主與勞工之間一定會有「僱傭的關係」，通常以勞工與雇主要具有從屬性之關係，成為判斷是否為勞工的重要依據。勞工通常會有以下特徵：勞工的報酬是提供勞務之對價、勞工有接受管理考核及獎懲等義務、勞工應辦理請假手續、勞工對提供勞務之方法較沒有較大之決定權、勞工通常有出勤紀錄及差勤管理、勞工有專屬性（不可被別人代替提供勞務）等（桃園縣政府勞動及人力資源局，2014）。

(二)工資保障規定

工資是人力資源管理體系中最重要的核心功能之一,是雇主在經營成本中能自我控制的部分,但它又是勞工生活保障的「護身符」。工資的定義,係指勞工因工作而獲得之報酬,包括工資、薪金及按計時、計日、計月、計件以現金或實物等方式給付之獎金、津貼和其他任何名義之經常性給與。給薪的多寡,由勞雇雙方自行議訂之,但議定的數額不得低於基本工資(**表9-1**)。

(三)基本工資

基本工資,是指勞工在正常工作時間八小時內所得的報酬,超過八小時的延長工時(加班費)及例假日、休假日工作加給的工資,都不算入基本工資。

工資之給付,《勞動基準法》有如下的規定:

表9-1 各種廣義工資請求權時效

時效	說明
工資請求權	《民法》第126條:「利息、紅利、租金、贍養費、退職金及其他一年或不及一年之定期給付債權,其各期給付請求權,因五年間不行使而消滅。」因此,工資請求權為五年時效。
退休金請求權	《勞動基準法》第58條規定:「勞工請領退休金之權利,自退休之次月起,因五年間不行使而消滅。」因此,退休金請求權為五年時效。
職業災害補償請求權	依《勞動基準法》第61條規定:「第59條之受領補償權,自得受領之日起,因二年間不行使而消滅。」因此,職業災害補償請求權時效為二年。
資遣費	非各期給付,因此,資遣費請求權時效為十五年。
特休、未休假工資請求權	特休、未休假工資請求權時效為五年。

資料來源:邱駿彥(2013),「工作規則原理及工資、工時案例」講義,中華民國勞資關係協進會。

1. 以法定通用貨幣或實務給付之，如以實物方式給付者，作價應公平合理，並適合勞工及其家屬之生活之需要。
2. 除當事人有特別約定或按月預付者外，每月至少定期發給二次。
3. 雇主對勞工不得因性別而有差別之待遇。工作相同，效率相同者，給付同等的工資。
4. 雇主不得預扣勞工工資作為違約金或賠償費用。

(四)延時（加班）工資

工時是勞動條件中最重要的一環，跟勞工收入與健康息息相關。延時（加班）工資，係指平日工作超過法定正常工作時間後，延長工作時間在二小時以內者，按平日每小時工資額加給三分之一以上；再延長工作時間二小時以內者，按平日每小時工資額加給三分之二以上。因天災、事變或突發事件延長工作時間者，按平日每小時工資額加倍發給之，事後並應補給適當之休息。

勞工於延長工作時間後，如同意選擇補休而放棄領取加班費，固為法所不禁，唯有關補休標準等事宜亦當由勞雇雙方自行協商決定。

勞工因健康或其他正當理由不能接受正常工作時間以外之工作者，雇主不得強制其工作。

(五)平均工資

平均工資，謂計算事由發生之當日前六個月內所得工資總額除以該期間之總日數所得之金額。工作未滿六個月者，謂工作期間所得工資總額除以工作期間之總日數所得之金額。工資按工作日數、時數或論件計算者，其依上述方式計算之平均工資，如少於該期內工資總額除以實際工作日數所得金額百分之六十者，以百分之六十計。

(六)正常工作時間

勞工每日正常工作時間不得超過八小時，每二週工作總時數不得超

過八十四小時。另雇主經工會或勞資會議同意得延長工作時間，其連同正常工時每日不得超過十二小時，每月延長工作時間總時數不得超過四十六小時，但如遇天災、事變或突發事件有例外規定。

(七)例假

勞工每七日中應有一日之休息，作為例假，例假日不必是星期日。事業單位如非因天災、事變或突發事件，不得使勞工於例假日工作。如有必要，該例假得經勞工同意後，於各該週期間內酌情變更。

(八)休假

依《勞動基準法》第37條及《勞動基準法施行細則》第23條所定之紀念日、勞動節日及勞動部規定應放假之日，均應休假。雇主如徵得勞工同意於休假日工作者，工資應加倍發給。惟雇主如徵得勞工同意將休假日調移於工作日以達週休二日，調移後之原休假日（紀念節日之當日）已成為工作日，勞工於該日出勤工作，不生加倍發給工資問題。

(九)特別休假

勞工在同一雇主或事業單位，繼續工作滿一定期間，每年應依規定給予特別休假：

1.一年以上三年未滿者7日。
2.三年以上五年未滿者10日。
3.五年以上十年未滿者14日。
4.十年以上者，每滿一年加給一日，加至30日為止。

特別休假日期應由勞雇雙方協商排定之，並應於勞動契約有效期間為之。當勞動契約終止時，勞工尚未休完之特別休假，如係可歸責於勞工之原因，雇主可不發給未休完特別休假日數之工資；反之，如係可歸責於雇主之原因，雇主應發給未休完之特別休假日數之工資。

(十)職業災害補償

勞工因遭遇職業災害或罹患職業病，而致疾病、傷害、殘廢或死亡時，雇主應給予下列之補償：

1. 醫療補償：勞工受傷或罹患職業病時，雇主應補償其必需之醫療費用。
2. 工資補償：勞工在醫療中不能工作時，雇主應按其原領工資數額予以補償。但醫療期間屆滿二年仍未能痊癒，經指定之醫院診斷，審定為喪失原有工作能力，且不合勞工保險條例規定之殘廢給付標準者，雇主得一次給付四十個月之平均工資後，免除此項工資補償責任。
3. 殘廢補償：勞工經治療終止後，經指定之醫院診斷，審定其身體殘存殘廢者，雇主應按其平均工資及其殘廢程度，一次給予殘廢補償。
4. 死亡補償：五個月平均工資之喪葬費及四十個月平均工資之死亡補償。

(十一)工作年資

勞工工作年資自受僱之日起算，以服務同一事業者為限。定期契約期間屆滿，未滿三個月而訂定新約或不定期契約，因故停止履行，繼續履行原約時，前後年資應合併計算。

(十二)特殊工作之規範

《勞動基準法》第84條之1規定：「經中央主管機關核定公告之下列工作者，得由勞雇雙方另行約定，工作時間、例假、休假、女性夜間工作，並報請當地主管機關核備，不受第三十條、第三十二條、第三十六條、第三十七條、第四十九條規定之限制。

一、監督、管理人員或責任制專業人員。

二、監視性或間歇性之工作。

三、其他性質特殊之工作。

前項約定應以書面爲之，並應參考《勞動基準法》所定之基準且不得損及勞工之健康及福祉。」

適用《勞動基準法》第84條之1規定之勞工，僅限經勞動部核定公告之工作者，且勞雇雙方另行約定之書面契約，須經地方主管機關核備後，始不受《勞動基準法》原工作時間相關規定限制之效力。

二、配套法規

依據《中央法規標準法》規定，法律得定名爲法、律、條例或通則（第2條）。各機關發布之命令，得依其性質，稱規程、規則、細則、辦法、綱要、標準或準則（第3條）。《勞動基準法》公布施行後，就會延伸出法規內條文的落實執行的規範，依其性質訂定相關「配套」制度來落實「法律」的強制規定。

(一)勞工保險條例

勞工保險係採申報制度，雇主應於所屬勞工到、離職當日填具加保申報表或退保申報表送交勞保局辦理加、退保手續。加保效力的開始，是從投保單位將加保申報表送交勞保局或郵寄之當日零時起算；退保保險效力則於投保單位將退保申報表送交勞保局或郵寄之當日24時停止。凡受僱於僱用勞工五人以上之公司，年滿15歲以上，65歲以下之勞工，應以其雇主或所屬團體或所屬機構爲投保單位參加勞工保險爲被保險人。

現行勞工保險的種類如下：

1.普通事故保險：生育、傷病、失能、老年及死亡五種給付。

2.職業災害保險：傷病、醫療、失能及死亡四種給付。

工作者上工第一天就要加入勞保，意外時才領得到職災給付。另，勞保年金自民國98年1月1日起施行，老年、失能、死亡三種給付，除了一次給付外，增加了年金的選擇，也就是「老年年金」、「失能年金」和「遺屬年金」三種給付。

(二)就業保險法

《就業保險法》係提供勞工失業給付與津貼的社會保險制度，給付的項目包括：失業給付、提早就業獎助津貼、職業訓練生活津貼、育嬰留職停薪津貼和失業被保險人及其眷屬全民健康保險保險費補助。

1. 失業給付：被保險人於非自願離職；辦理退保當日前三年內，保險年資合計滿一年以上；具有工作能力及繼續工作意願；向公立就業服務機構辦理求職登記，十四日內仍無法推介就業，於翌日完成失業認定；繼續請領者，每月應檢附兩次求職紀錄，親自前往公立就業服務機構辦理。
2. 提早就業獎助津貼：符合失業給付請領條件，於失業給付請領期間屆滿前受僱工作，並參加本保險三個月以上。
3. 職業訓練生活津貼：被保險人非自願離職，向公立就業服務機構辦理求職登記，經公立就業服務機構安排參加全日制職業訓練。
4. 育嬰留職停薪津貼：被保險人之保險年資合計滿一年以上，子女滿3歲前，依《性別工作平等法》之規定，辦理育嬰留職停薪。
5. 失業之被保險人及隨同被保險人辦理加保之眷屬全民健康保險保險費補助。

非自願離職認定標準，指被保險人因投保單位關廠、遷廠、休業、解散、破產宣告離職；因《勞動基準法》第11條、第13條但書、第14條及第20條規定各款情事之一離職；被保險人因定期契約屆滿離職，逾一個月未能就業，且離職前一年內，契約期間合計滿六個月以上者，視為非自願離職。

申請失業給付的書件

一、失業（再）認定、失業給付申請書及給付收據。
二、離職證明書或定期契約證明文件。
三、國民身分證或其他身分證明文件影本。
四、被保險人本人名義之國內金融機構存摺影本。
五、身心障礙者，另檢附社政主管機關核發之身心障礙證明。
六、有扶養眷屬者，另檢附下列證明文件：
　　(一)受扶養眷屬之戶口名簿影本或其他身分證明文件影本。
　　(二)受扶養之子女為身心障礙者，另檢附社政主管機關核發之身心障礙證明。

資料來源：《就業保險法施行細則》第13條。

　　《就業保險法》第16條規定，失業給付按申請人離職辦理本保險退保之當月起前六個月平均月投保薪資百分之六十按月發給，最長發給六個月。但申請人離職辦理本保險退保時已年滿45歲或領有社政主管機關核發之身心障礙證明者，最長發給九個月。

(三)勞工請假規則

　　勞工請假規定，分別訂在《勞工請假規則》及《性別工作平等法》兩種法規內。

　　1.給薪假：婚假、喪假、公傷病假、公假、陪產假等。
　　2.視情形給薪之假：普通傷病假、生理假等。
　　3.可不給薪假：事假、家庭照顧假等。

(四)性別工作平等

　　《性別工作平等法》立法的目的，旨在消弭性別職場之不平等、排除受僱者就業障礙，在消弭性別職場不平等的部分，包括禁止性別歧視，排除受僱者就業障礙，包括性騷擾之防治及促進工作平等措施（**表9-2**）。

表9-2　勞工請假規定

假別	申請資格	日數	工資計算	附註
婚假	本人結婚	婚假8日	工資照給	
喪假	父母、養父母、繼父母、配偶喪亡	喪假8日	工資照給	左列所稱之祖父母或配偶之祖父母均含母之父母
	祖父母、子女、配偶之父母、配偶之養父母或繼父母喪亡	喪假6日		
	曾祖父母、兄弟姊妹、配偶之祖父母喪亡	喪假3日		
普通傷病假	未住院者	1年內合計不得超過30日	普通傷病假1年內未超過30日部分，工資折半發給，其領有勞工保險普通傷病給付未達工資半數者，由事業單位補足	普通傷病假超過前述期限，經以事假或特別休假抵充後仍未痊癒者，得申請留職停薪。留職停薪期間以1年為限。逾期仍未癒者得予資遣，其符合退休要件者，應發給退休金
	住院者	2年內合計不得超過1年		
	未住院傷病假與住院傷病假	2年內合計不得超過1年		
	經醫師診斷，罹患癌症（含原位癌）採門診方式治療或懷孕期間需安胎休養者，其治療或休養期間，併入住院傷病假計算			
事假	勞工因有事故必須親自處理者	1年內合計不得超過14日	事假期間不給工資	
公假	依法令規定應給予公假者	視實際需要給假	工資照給	
公傷病假	因職業災害而致殘廢、傷害或疾病	治療、休養期間，視實際需要給假	按原領工資數額補償	
特別休假	於事業單位繼續工作滿一定期間	依特別休假規定給假	工資照給	
生理假	女性勞工因生理日致工作有困難	每月得請1日	全年請假日數未逾三日，不併入病假計算，其餘日數併入病假計算	普通傷病假1年內合計未超過30日部分，工資折半發給

（續）表9-2　勞工請假規定

假別	申請資格		日數	工資計算	附註
產假	女性勞工分娩		8星期	工作在6個月以上者，產假期間工資照給；未滿6個月者減半發給	「分娩」與「流產」，依醫學上之定義，妊娠20週以上產出胎兒為「分娩」，妊娠20週以下產出胎兒為「流產」
	妊娠3個月以上流產		4星期		
	妊娠2～3個月流產		1星期	勞工選擇請產假者不給薪；請普通傷病假、事假及特別休假者，依相關規定辦理	
	妊娠未滿2個月流產		5日		
陪產假	男性勞工之配偶分娩		3日	薪資照給	於配偶分娩之當日及其前後合計15日期間內，選擇其中之3日請假
哺乳時間	子女未滿1歲須受僱者親自哺乳		每日2次，每次30分鐘	哺乳時間視為工作時間	應有親自哺乳之事實
育嬰留職停薪	1.勞工任職滿1年 2.撫育未滿3歲子女		1.至少6個月最多2年 2.同時撫育子女2人以上者，其育嬰留職停薪期間應合併計算，最長以最幼子女受撫育2年為限	無薪	1.勞工勞健保繼續享有（可延遲3年繳納），事業單位不需負擔保費 2.不適用配偶未就業者，但有正當理由者不在此限
家庭照顧假	家庭成員預防接種、發生嚴重疾病或其他重大事故		全年以7日為限，請假日數併入事假計算	依事假規定辦理	不適用配偶未就業者，但有正當理由者不在此限

備註：
1. 事業單位不得因勞工請特別休假、婚假、喪假、公傷病假、公假或產假時，扣發全勤獎金。另不因勞工提出申請生理假、陪產假或家庭照顧假時拒絕其請求，且不影響其全勤獎金、考績或為其他不利之處分。
2. 勞工請假時，應於事前親自以口頭或書面敘明請假理由及日數。但遇有急病或緊急事故，得委託他人代辦請假手續。辦理請假手續時，事業單位得要求勞工提出有關證明文件。
3. 勞工請事假、普通傷病假、婚假、喪假，除延長假期在1個月以上者外，如遇例假、紀念日、勞動節日及其他由中央主管機關規定應放假之日，應不計入請假期內。
4. 全年總日數的計算，均自當年度1月1日起至12月31日止。

（本表所列為勞動基準法及相關法令所定最低勞動條件基準，事業單位如有優於法令者，從其規定）

資料來源：新北市政府勞工局。

　　《性別工作平等法》第二章明定：雇主對求職者或受僱者之招募、甄試、進用、分發、配置、考績、陞遷、教育訓練、福利措施、薪資給付、退休、資遣、離職、解僱或其他類似活動，不得因性別或性傾向而有差別待遇。工作規則、勞動契約或團體協約，不得規定或事先約定受僱者有結婚、懷孕、分娩或育兒之情事時，應行離職或留職停薪；亦不得以其為解僱之理由。違反規定者，其規定或約定無效；勞動契約之終止不生效力。」（**表9-3**）

　　受僱者申請育嬰留職停薪資格，在《性別工作平等法》第16條規定：「受僱者任職滿一年後，於每一子女滿三歲前，得申請育嬰留職停薪，期間至該子女滿三歲止，但不得逾二年。同時撫育子女二人以上者，其育嬰留職停薪期間應合併計算，最長以最幼子女受撫育二年為限（第一項）。受僱者於育嬰留職停薪期間，得繼續參加原有之社會保險，原由雇主負擔之保險費，免予繳納；原由受僱者負擔之保險費，得遞延三年繳納（第二項）。」前條受僱者於育嬰留職停薪期滿後，申請復職時，除有下列情形之一，並經主管機關同意者外，雇主不得拒絕：

　　1.歇業、虧損或業務緊縮者。
　　2.雇主依法變更組織、解散或轉讓者。

表9-3　職場常見的五種懷孕歧視

類別	說明
求職遭拒	雇主因求職者懷孕而拒絕予以僱用。
禁孕條款	雇主在僱用受僱者時，要求受僱者切結，若有懷孕之情事即行離職或辦理留職停薪，此為「禁孕條款」又稱「單身條款」。
假調動真逼退	雇主因受僱者懷孕而予以調動，調動後之工作與受僱者之能力不符，造成受僱者無法勝任，自行離職。
不當解僱	雇主以受僱者因懷孕身心不適，而影響其工作表現，給予受僱者較差之考績，並以「工作不能勝任」或其他事項為由解僱懷孕之受僱者。
刻板印象	受僱者並未因懷孕影響其工作表現與效率，雇主純粹因個人觀念好惡或一般社會對懷孕婦女的刻板印象，而認為僱用懷孕婦女會造成企業形象損失，間接使消費者流失的歧視。

資料來源：新北市政府勞工局（2014），《職場懷孕：性別工作平等》文宣手冊。

3.不可抗力暫停工作在一個月以上者。

4.業務性質變更，有減少受僱者之必要，又無適當工作可供安置者。

雇主因前項各款原因未能使受僱者復職時，應於三十日前通知之，並應依法定標準發給資遣費或退休金（《性別工作平等法》第17條）。

(五)職業災害勞工保護法

我國職業災害勞工保護制度，主要是由雇主責任及社會保障二大面向組成，並分散於不同法令。雇主責任方面，《職業安全衛生法》、《勞動檢查法》係課予雇主提供安全衛生的設備及環境之義務，預防職業災害之發生；《勞動基準法》則是從特別保護的觀點，賦予雇主負擔無過失之職災補償責任，以維護職業災害勞工及其家屬之經濟生活。另《勞工保險條例》訂有各項保險給付，而職業災害保險給付可與《勞動基準法》雇主職災補償責任相抵充之（李涓鳳，2011）。

民國91年4月28日起實施的《職業災害勞工保護法》，係為保障職業災害勞工之權益，加強職業災害之預防，促進就業安全及經濟發展而立法。除《勞動基準法》及《勞工保險條例》給予勞工職業災害保障外，該法提供職災勞工補充性之保障，補助對象包括已參加勞工保險勞工及未參加勞工保險勞工；已參加勞保職災勞工，除勞保之職災給付外，可依該法第8條規定請領職業疾病生活津貼、身體障害生活津貼、職業訓練生活津

育嬰留職停薪

受僱者只要於「就業保險」年資合計滿1年以上，家中有3歲以下小孩，且依《性別工作平等法》第16條規定，辦理育嬰留職停薪者，就有資格請領（男、女都可請領），給付金額以當月起前六個月平均月投保薪資60%計算，按月發給，每一子女最長發給六個月，父母同為被保險人時的分別請領，期間不得重疊。

受僱者申請育嬰留職停薪，應事先以書面向雇主提出。前項書面應記載下列事項：一、姓名、職務。二、留職停薪期間之起迄日。三、子女之出生年、月、日。四、留職停薪期間之住居所、聯絡電話。五、是否繼續參加社會保險。六、檢附配偶就業之證明文件。前項育嬰留職停薪期間，每次以不少於六個月為原則。（《育嬰留職停薪實施辦法》第2條）

資料來源：新北市政府勞工局（2014），《職場懷孕：性別工作平等》文宣手冊。

個案9-1

下班回家車禍　算職災判雇主賠

　　賴姓印刷工人下班騎機車回家途中出車禍，提告要求雇主給付職業災害補償金及療傷期間的薪水，並提繳勞工退休金；雇主認為賴提前下班，且違規騎快車道才出車禍，拒絕給付。

　　新北地院法官認為，賴上下班往返住處和工作場所，與工作有關；他雖違規騎車，但不影響求償權益，因此判雇主給付補償金和薪水共三十七萬餘元，並提繳近一萬六千元勞工退休金至賴的專戶。

　　賴姓工人主張，他2009年7月29日凌晨，從五股區公司下班回新店區住處途經，在新店區安康路遭轎車撞傷，造成右側髖關節脫臼及髖骨盆粉碎性骨折、右腳跟撕裂傷及身體多處挫傷等，療傷一年多。賴說，他的工作是責任制，只要工作完成就可提前下班；當天他的工作提早完成，所以提前五分鐘下班，卻在回家途中出車禍，算是職業災害。公司不聞不問，且以他提前下班等理由拒付職業災害補償金，也未依法付他療傷期間的薪水；他申請勞資調解更發現，公司未為他辦勞保和提繳勞工退休金。他要求公司給付職業災害補償金，及療傷期間的薪水共三十九萬多元，且須依法提繳他的勞工退休金。

　　劉姓雇主抗辯，賴當天提前下班，回家途中出車禍受傷，並非雇主可控制的就業場所或作業活動範圍內；且賴違規行駛快車道肇禍，不屬職業災害，公司不應付補償金，但法官未採信雇主說法。

資料來源：饒磐安，〈下班回家車禍 算職災判雇主賠〉，《聯合報》，2013/02/27，新北市／運動B版。

貼、器具補助、看護補助、勞工死亡家屬補助，退保後職業疾病生活津貼等各項補助。至於未參加勞工保險勞工發生職災事故時，符合該法第9條規定者，亦得依規定請領前述各項補助及津貼，又雇

主如未依《勞動基準法》規定予以職業災害補償時，得另依該法第6條規定，按最低投保薪資向勞工保險局申請殘廢、死亡補助。參加勞工保險之職災勞工，於職業災害醫療期間終止勞動契約並退保者，得依該法第30條規定：「以勞工團體或勞工保險局委託之有關團體為投保單位，繼續參加勞工保險普通事故保險，至符合請領老年給付之日止。」，並由專款補助其續保期間保險費之50%（**表9-4**）。

表9-4　職業災害經濟補助措施　　　　　　　　（參照本法第8、9條，摘錄彙整如下）

一、已加入勞保之勞工，勞工保險局補助有：	請領年限：請領第1項、第2項、第5項以及第8項之補助，合計以五年為限。
1.職業疾病生活津貼 2.身體障害生活津貼 3.職業訓練生活津貼 4.器具補助 5.看護補助 6.職災勞工死亡家屬補助 7.其他補助 8.退保後職業疾病生活津貼	
二、未加入勞保之勞工，勞工保險補助有：	請領年限：請領第1項、第2項及第5項之補助，合計以三年為限。
1.職業疾病生活津貼 2.身體障害生活津貼 3.職業訓練生活津貼 4.器具補助 5.看護補助 6.職災勞工死亡家屬補助 7.其他補助	

資料來源：新北市政府勞工局（2014），《職業災害勞工保護法》文宣。

三、勞動三權

　　勞動法區分為兩大領域，即以《勞動基準法》為核心之個別勞動法，以及以《工會法》、《團體協約法》及《勞動爭議處理法》等勞動三法為核心之集體勞動法。前者的目的是在維持勞工之具有尊嚴的勞動條件，以緩和勞工在契約上不對等的地位，以及勞動過程之受支配的從屬狀

態；後者之目的則是在此基礎上使勞工能積極地參與勞動條件的決定，藉此促進勞動條件的維持和改善，以及回復勞工之人格的自主性。

勞動三法是規範集體勞資關係的主要勞動法，是對團結權、協商權及爭議權的所謂勞動三權，它分別對工會的形成、團體協商的過程和爭議行爲之手段加以保障，來促成對等之勞資關係的集體勞動法制。

(一)團結權

工會（labor union）的出現與發展已經有幾百年的歷史。社會學學者都對工會持正面的評價，認爲工會運動的目標是追求社會公平與正義的實現；經濟學學家則多持質疑的態度立場，認爲工會有害於自由市場的運作，這就是工會有著「壟斷的面孔」（monopoly face）和「集體的聲音／制度化的回應面孔」（collective voice/institutional response face）的不同評價由來。

我國《工會法》第1條指出，工會之組織是員工想藉集體的力量來保障勞工權益，增進勞工知能，發展生產事業，改善勞工生活爲宗旨。爲了加強保護勞工加入、籌組工會之權利，《工會法》第35條明定雇主妨害工會運作之不當勞動行爲處罰規定。

不當勞動行爲態樣有：

1. 對於勞工組織工會、加入工會、參加工會活動或擔任工會職務，而拒絕僱用、解僱、降調、減薪或爲其他不利之待遇（第一項）。
2. 對於勞工或求職者以不加入工會或擔任工會職務爲僱用條件（第二項）。
3. 對於勞工提出團體協商之要求或參與團體協商相關事務，而拒絕僱用、解僱、降調、減薪或爲其他不利之待遇（第三項）。
4. 對於勞工參與或支持爭議行爲，而解僱、降調、減薪或爲其他不利之待遇。
5. 不當影響、妨礙或限制工會之成立、組織或活動。（第四項）。

雇主或代表雇主行使管理權之人，為前項規定所為之解僱、降調或減薪者，無效（第五項）。

(二)協商權

團體協商（collective bargaining）是一個過程，是指一個或多數雇主或雇主團體與一個或多個勞工團體（工會）之間，為達成有關工作條件或僱傭條件協議的一種協商。而團體協約（collective agreement）是團體協商的結果，勞資雙方達成協議後所簽定的一紙書面契約。

《團體協約法》第1條開宗明義的指出：「為規範團體協約之協商程序及其效力，穩定勞動關係，促進勞資和諧，保障勞資權益，特制定本法。」同法第2條規定：「團體協約，指雇主或有法人資格之雇主團體，與依工會法成立之工會，以約定勞動關係及相關事項為目的所簽訂之書面契約。」由此可知，團體協商是一種手段，而簽訂團體協約才是最終的目的。團體協約簽訂的最重要前提是當事人雙方必須處於對等的地立，如果有一方依賴其在勞資關係上的優勢，進行干擾使雙方無法達成協約或造成一方不利的結果，將失去《團體協約法》制定的意義（張鑫隆，〈新勞動三法對台灣工會的意義及未來的課題〉）。

依《團體協約法》第6條規定：勞資雙方應本誠實信用原則，進行團體協約之協商；對於他方所提團體協約之協商，無正當理由者，不得拒絕（第一項）。若有一方無正當理由拒絕協商，經依法裁決認定者，處新台幣十萬元以上五十萬元以下罰鍰。（第32條之1）

勞資之一方於有協商資格之他方提出協商時，有下列情形之一，為無正當理由：

1. 對於他方提出合理適當之協商內容、時間、地點及進行方式，拒絕進行協商。
2. 未於六十日內針對協商書面通知提出對應方案，並進行協商。
3. 拒絕提供進行協商所必要之資料。（第二項）

團體協約得約定事項 小常識

一、工資、工時、津貼、獎金、調動、資遣、退休、職業災害補償、撫卹等勞動條件。
二、企業內勞動組織之設立與利用、就業服務機構之利用、勞資爭議調解、仲裁機構之設立及利用。
三、團體協約之協商程序、協商資料之提供、團體協約之適用範圍、有效期間及和諧履行協約義務。
四、工會之組織、運作、活動及企業設施之利用。
五、參與企業經營與勞資合作組織之設置及利用。
六、申訴制度、促進勞資合作、升遷、獎懲、教育訓練、安全衛生、企業福利及其他關於勞資共同遵守之事項。
七、其他當事人間合意之事項。
學徒關係與技術生、養成工、見習生、建教合作班之學生及其他與技術生性質相類之人，其前項各款事項，亦得於團體協約中約定。

資料來源：《團體協約法》第12條。

　　另，《團體協約法》第7條規定，因進行團體協約之協商而提供資料之勞資一方，得要求他方保守秘密，並給付必要費用。

(三)爭議權

　　和諧的勞資關係，讓勞資雙方能齊力一心，共同努力，如此一來，企業才能永續經營、穩定成長。但畢竟雇主和勞工每個人都是不同的個體，有不同的考量和想法、不一樣的需求與抉擇，難免會發生爭執，其中勞資雙方當事人基於法令、團體協約、勞動契約等規定所為之權利義務之爭議，或是對勞動條件主張繼續維持或變更的爭議，就即是所謂的勞資爭議（高寶華，2008）。

　　爭議權為勞方的一種爭議行為，而在勞動者進行爭議行為之同時，資方為維護其財產之所有權或經營上利益，必然亦會採取對抗行為，故爭議權之意義，乃指勞動者為貫徹其主張，以集體的意思對雇主所採取之阻礙業務正常營運之行為及雇主對抗之行為。勞資雙方在談判過程造成了僵局，不易順利做出決議，在這種「騎虎難下」的情況下，通常最常使用的

折衷方案，便是交由第三者來決定。法定的勞資爭議處理方法計有調解、仲裁、裁決、司法訴訟等程序。

根據「維基百科」的解釋，團體爭議權也稱罷工權。罷工（strike），在法律上的用語即「不為勞務之給付」。在勞動三權中，爭議權是團結權、協商權的後盾，而爭議權中，又以罷工是最具有威力的最後手段。《勞資爭議處理法》第54條規定：「工會非經會員以直接、無記名投票且經全體過半數同意，不得宣告罷工及設置糾察線。」糾察線的設置，係為讓工會之罷工於一定程序之行使，不致有觸法之虞。

(四)勞工權益基金

勞動部為維護勞工權益，對於因勞資爭議提起訴訟之勞工提供適當之協助，解決勞工在訴訟程序中可能面臨的困難，設立「勞工權益基金」，以期達成擴大勞工訴訟扶助之範圍、提供多元訴訟協助措施、勞資爭議迅速處理的目標。基金用途主要為勞工訴訟法律扶助及訴訟期間必要生活費用補助（**圖9-2**）。

在職場上，勞資爭議的發生在所難免，爭議事件的處理不當，不僅會傷害勞資關係，整個社會往往也必須付出代價。勞工在維權上，必須謹慎使用勞動三法立法的真諦，勞資雙方記得「家和萬事興」的古訓，讓企業永續發展，勞工快樂工作。

四、年金制度

年金，是指一種定期性、持續性的給付，無論是按年、按季、按月或按週給付，都可稱為年金。目前我國實施的年金制有三種：國民年金、勞保年金和勞工退休金。

(一)國民年金

我國隨著平均壽命延長，出生率下降，老年人的人數和比例呈現顯

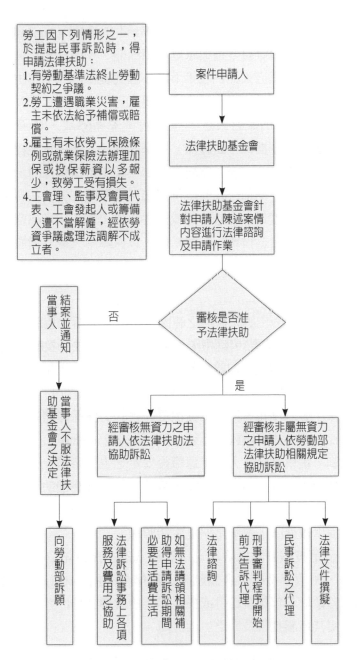

圖9-2　勞工申請訴訟扶助流程圖

資料來源：行政院勞工委員會（2012），「勞工權益基金」文宣手冊。

著成長，早已邁入聯合國世界衛生組織（World Health Organization）所稱的高齡化社會。而隨著社會變遷與家庭結構改變，家庭扶持老人之傳統功能漸趨式微，子女供養老人比例逐年下降，因此提供國民老年生活的經濟安全保障，已成為我國社會安全體系中重要之一環。

國民年金，主要納保對象是年滿25歲、未滿65歲，在國內設有戶籍，且沒有參加勞保、農保、公教保、軍保的國民。國民年金提供「老年年金」、「身心障礙年金」、「遺屬年金」三大年金給付保障，及「生育給付」、「喪葬給付」兩種一次性給付保障。被保險人只要按時繳納保險費，在生育、遭遇重度以上身心障礙或死亡事故，以及年滿65歲時，就可以依規定請領相關年金給付或一次性給付，以保障本人或其遺屬的基本經濟生活。

(二)勞保年金

我國勞工保險在民國39年開辦，老年給付是採取一次給付制，由於請領年齡偏低，以及國人平均餘命延長，使得一次性的老年給付無法具有長期的養老功能，政府乃在民國98年1月1日起修正施行的《勞工保險條例》，將勞保年金制度化，為勞工提供更完善的勞保保障體系。

勞保年金，就是按月領取，活到老，領到老、保愈久，領愈多的一種長期給付制，提供被保險人老年退職後安定之生活所需，亦得視個人退休需求而選擇延後或提前請領；失能年金並有加發眷屬補助，可確實保障失能達終身不能從事工作之被保險人家庭經濟生活；遺屬年金另有遺屬人數加計，可提供被保險人遺屬長期之生活照顧。

勞保年金是按照實際保險年資為計算基礎，沒有年資上限，所以保險年資愈久，領取年金給付金額愈高，且年金得相互轉銜，具保障完整性。例如：於領取老年年金給付或失能年金給付期間死亡者，則轉銜接為遺屬年金，使其遺屬獲得長期之生活保障。

(三)老年年金

　　提供勞工退休後長期之經濟生活保障，更可視個人退休規劃而選擇延後請領「展延老年年金」或提前請領「減額老年年金」。

(四)失能年金

　　除了提供失能達終身無工作能力者長期之生活照顧外，如有符合條件的配偶或子女，還可加發眷屬補助，可確實保障其整體家庭經濟生活。

消費者物價指數

　　消費者物價指數（Consumer Price Index, CPI）乃是由消費者的立場，來衡量財貨及勞務的價格。一般而言，CPI指數若持續上揚，代表通膨有升溫跡象，在相同的所得水準下，民眾購買力將隨物價上揚而下降，影響層面相當廣泛；也因此各國央行皆以控制通膨作為重要的政策目標之一。

　　由於CPI是市場相當重視的通膨指標，因此數據的公布往往具有很大影響力。

資料來源：基金大觀園：fund. bot.com.tw/z/glossary/glexp_4290. djhtm。

(五)遺屬年金

　　不論是被保險人在保險有效期間死亡，或是在「領取老年年金或失能年金期間死亡」者，符合條件的遺屬即可請領遺屬年金，且另有遺屬人數加計，使其遺屬獲得長期之生活保障（勞工保險局，2008）。

　　為確保年金給付之實質購買力，年金給付金額會隨著消費者物價指數（Consumer Price Index, CPI）累計成長率來調整。

(六)勞工退休金條例

　　勞工退休金是一種強制雇主應給付勞工退休金的制度，分為新制、舊制兩種：舊制依《勞動基準法》辦理，新制則依《勞工退休金條例》辦理（**表9-5**）。

表9-5　新舊制勞工退休金差異比較表

法源	勞動基準法（勞退舊制）	勞工退休金條例（勞退新制）
適用對象	《勞基法》勞工。	《勞基法》本國勞工（含短期工、臨時工等）。
制度差異	採行確定給付制，由雇主於平時提存勞工退休準備金，並以事業單位勞工退休準備金監督委員會之名義，專戶存儲。	採行確定提撥制，由雇主於平時為勞工提存退休金或保險費，以個人退休金專戶制（個人帳戶制）為主、年金保險制為輔。
年資採計	工作年資採計以同一事業單位為限，因離職或事業單位關廠、歇業而就新職，工作年資重新計算。	工作年資不以同一事業單位為限，年資不因轉換工作或因事業單位關廠、歇業而受影響，為可攜式。
退休要件	自請退休（勞基法第53條）： 1.工作十五年以上年滿55歲者。 2.工作二十五年以上者。 3.工作十年以上年滿60歲者。 強制退休（勞基法第54條）： 1.年滿65歲者。 2.心神喪失或身體殘廢不堪勝任工作者。	選擇適用勞工個人退休金專戶制之勞工於年滿60歲，且適用新制年資十五年以上，得自請退休，向勞保局請領月退休金；年滿60歲，適用新制年資未滿十五年時應請領一次退休金。
領取方式	一次領退休金	提繳未滿十五年者，請領一次退休金。 提繳滿十五年者，可請領一次退休金或請領月退休金，但須先投保延壽年金。
給付月薪計算	平均工資（退休前六月）	每月工資（視分級表而定）
退休金計算	按工作年資，每滿一年給與兩個基數。但超過十五年之工作年資，每滿一年給與一個基數，最高總數以四十五個基數為限。未滿半年者以半年計；滿半年者以一年計。	·月退休金：勞工個人之退休金專戶本金及累積收益，依據年金生命表，以平均餘命及利率等基礎計算所得之金額，作為定期發給之退休金。 ·一次退休金：一次領取勞工個人退休金專戶之本金及累積收益。
退休金所有權	雇主。	勞工。
給付方式	退休金一次付清（可另訂協議採分期付清）。	年資滿十五年採月退制。 年資未滿十五年採一次退。
資遣費	一年年資計算一個月平均工資（以年資計算資遣費，給付資遣費無最高上限的規定）。	一年年資換算0.5個月平均工資（資遣費最多給付六個月為上限）。
雇主負擔	採彈性費率，以勞工每月工資總額之2%至15%作為提撥基準。	退休金提撥率採固定費率，雇主按月之提撥率不得低於員工每月工資之6%。
勞工負擔	勞工毋需提撥。	勞工在工資6%範圍內可以自願提撥，享有稅賦優惠。
收支保管單位	台灣銀行。	勞工保險局。

資料來源：丁志達（2011），《勞資關係》，揚智文化，頁130。

　　《勞工退休金條例》於民國94年7月1日正式開辦（民國94年7月1日施行後入職者，只能適用本制規定）。雇主應爲適用《勞動基準法》之勞工（含本國籍；與在中華民國境內設有戶籍之國民結婚且獲准居留而在台灣地區工作的外國人、大陸地區人民、香港或澳門居民），按月提繳不低於其每月工資6%勞工退休金，儲存於勞保局設立之勞工退休金個人專戶，退休金累積帶著走，不因勞工轉換工作或事業單位關廠、歇業而受影響，專戶所有權屬於勞工。勞工得在每月工資6%範圍內，個人自願另行提繳退休金，個人自願提繳部分，得自當年度個人綜合所得總額中全數扣除。

　　勞工年滿60歲可請領退休金，提繳退休金年資滿十五年以上者，應請領月退休金；提繳退休金年資未滿十五年者，應請領一次退休金。另勞工如於請領退休金前死亡，可由遺屬或遺囑指定請領人請領退休金（勞動部勞工保險局，2014）。

五、性騷擾防治

　　《性別工作平等法》是針對職場上雇主與受僱者間的性騷擾防治；《性別平等教育法》以預防校園性騷擾事件爲主，對象指一方爲學校校長、教師、職員、工友或學生，他方爲學生；《性騷擾防治法》非屬職場、校園性騷擾，如公共運輸與公共場所之性騷擾案件（**表9-6**）。

　　根據美國平等雇用機會委員會的定義，性騷擾（sexual harassment）爲「有性涵義而不受歡迎的說話或行爲」。性騷擾多半發生在隱密場合，當事人舉證不容易，有時還會遭人反控。不論是言語或身體接觸的行爲，只要涉及「性」，都可能算是性騷擾。

表9-6　性騷擾法律規範

法律名稱	保障範圍	適用場域	主管機關
性別工作平等法	保障員工工作權	職場性騷擾（工作場所）	勞動部
性別平等教育法	保障學生受教權	校園性騷擾（校園）	教育部
性騷擾防治法	保障個人人身安全	所有人及場所（不屬於職場及校園之性騷擾）	內政部

參考來源：黃源謀（2012），《法律與職場倫理：拼盤式創新教學模式》，新文京開發，頁75。

職場倫理

個案9-2

痴漢公務員　騷擾美女同事

中部某公家單位一名有建築師執照的技士，2012年11月16日在辦公室涉嫌公然摸女同事，被害人提告並指控男同事曾言語騷擾二十餘次，害她失眠幾乎不敢上班；這名技士曾被處分卻依然故我，還說：「我會讓她快樂！」

被騷擾的女子臉蛋清秀，長髮及肩，她向性別平等委員會（性平會）委員指出，男同事常走到身邊，沒事就說「我請你吃飯好嗎？」、「我送花給妳好不好？」如影隨形，後來常故意拉她的手，她被騷擾到長期失眠，上班就很不愉快。

兩人的服務單位召開過兩次性平會，第一次記這名技士申誡，但技士未收斂，最近再度開會議處，還沒做出結論，沒想到他昨天又再犯。

被害人指控，這名技士昨天近中午，走近她身旁，伸手拉她手臂；「已經不是第一次了，感覺真的很噁心！」她第一時間被嚇到，隨即用力甩開，感覺「超不舒服」。

資料來源：陳秋雲、林佩均，〈痴漢公務員 騷擾美女同事〉，《聯合報》，2012/11/17，A14社會版。

(一)拒絕性騷擾

性騷擾普遍發生於男對女，上司對下屬。性騷擾是令女性感到噁心和恥辱的行為，不少職場女性曾遇到性騷擾，但不知該如何處理。專家指出，當事人不要忌諱有損個人名聲，可直接尋求法律支援（**表9-7**）。

在職場上，遇到性騷擾保護的步驟有：

1. 制止性騷擾行為：明確表明立場，告知騷擾者你不舒服的感覺，並要求立刻停止。如果忍氣吞聲，可能引來性暴力，甚至性侵害。

表9-7 員工遇到職場性騷擾時如何正面迎擊

作法	說明
立即制止	用手撥開、言語制止、明確表達不舒服的感覺,並要求對方不要再犯。
蒐集證據	錄音、調閱監視器錄影、保存往來書信、簡訊、電子郵件,跟好友傾訴、記下發生時間、地點、行為人的言行越詳細越好。
找佐證	是否有同事看見你單獨被叫進辦公室或哭著離開等。另外,可以拜託有正義感的同事出面相挺或者有其他受害者控訴內容。
內部申訴	遇到職場性騷擾時,勇敢說出來!蒐集證據後即可向事業單位提出申訴,要求對方不得再有不當行為、道歉或其他措施。
外部申訴	若事業單位未積極處理時,可向縣市政府勞工行政單位申訴,未依法處理的事業單位將會被處罰。

資料來源:行政院勞工委員會文宣廣告,《聯合報》,2012/12/19,A9話題版。

2.講出去及寫下來:遇到性騷擾時,不要保持沉默,將自己的遭遇告知可信任的親友,並將被騷擾的過程記錄下來(事發日期、時間、地點、證人及性質,以及你的反應等),以便將來向有關當局投訴。
3.內部申訴:先循公司內部性騷擾處理管道。
4.向政府主管機關申訴:雇主未採取適時措施時,可直接向當地勞工行政主管機關提出申訴。

(二)性騷擾法令

辦公室發生性騷擾事件,受害人基於同事之誼,或上司與下屬關係,往往有所顧忌。根據《性別工作平等法》規定:所稱性騷擾,謂下列兩款情形之一:

1.受僱者於執行職務時,任何人以性要求、具有性意味或性別歧視之言詞或行為,對其造成敵意性、脅迫性或冒犯性之工作環境,致侵犯或干擾其人格尊嚴、人身自由或影響其工作表現。
2.雇主對受僱者或求職者為明示或暗示之性要求、具有性意味或性別歧視之言詞或行為,作為勞務契約成立、存續、變更或分發、配置、報酬、考績、陞遷、降調、獎懲等之交換條件(第三章性騷擾之防治第12條)。

　　雇主應防治性騷擾行為之發生。其僱用受僱者三十人以上者，應訂定性騷擾防治措施、申訴及懲戒辦法，並在工作場所公開揭示（第13條第一項）。

　　雇主於知悉前條性騷擾之情形時，應採取立即有效之糾正及補救措施（第13條第二項）。

　　職場女性要保護自己身體，捍衛「身體自主權」，對不當的觸摸、言語，都應當面拒絕（施志雄，2003）。

(三)工作者的自我防禦

　　性騷擾的防治，首重工作者之自我防禦，蓋工作者乃是職場性騷擾的行為對象，又是性騷擾的直接受害者，應有自我防禦的意識。

◆端正的行儀

　　任何職業之工作場所，均係用以實現企業目的之處所。每一工作人員，都有一定工作安置，都要承擔一定的任務，而必須認真努力予以完成。在此勞動過程，雖然有時需要紓解緊張，但絕對不是可以隨便挑逗性意念的處所。因此，任何工作者在職場談情說愛、服飾不整，言行輕浮，均非所宜。因此，工作者的自我防禦，首先必須在職場表現端正的行儀，以免被人誤認有機可乘而想入非非。

◆敏銳的覺知

　　工作者的端正行儀或可減少性騷擾之發生，但不能保證絕不會受性騷擾的困惑，工作者仍應隨時警覺可能遇到他人的性騷擾。性騷擾者的性意念存在於心中，對外均以若無其事的假象表現，其表現的方式，由淺而深，由暗而明，得寸進尺。因此，工作者應就其眼神、音調、表情及動作等感覺知道其所懷心意。對於真心誠意的愛慕表示，與虛情假意的言行應有敏銳的感覺能力，以防治性騷擾於未然。

◆適當的反應

　　工作者若覺知他人以性意念的眼神、言詞、表情或動作對其有性意

念的不當行為時，應適時以適當的方法予以反應，不能毫無反應而令人有所誤會而得寸進尺。初期或難於判斷其是否有性騷擾之意念，但綜合其眼神、言詞、表情或動作判斷其不懷好意時，應即避開話題，保持距離，或以適當的言語明白反應，使其知難而退。若再有明確的性騷擾行為，則應嚴正地表示不悅之意，但仍然必須避免促其老羞成怒。必要時，迫不得已自可提起申訴，以阻止其再犯（陳繼盛，2013）。

(四)職場性騷擾防治措施

企業職場性騷擾防治措施，應包括下列事項：

1.實施防治性騷擾之教育訓練，以達性騷擾防治之實質目的。
2.應會同受雇者代表（或工會組織）主動訂定、公開揭示性騷擾防治措施和辦法，以及禁止工作場所性騷擾之書面聲明。
3.規定處理性騷擾事件之申訴程序，並指定人員或單位負責，對所有指控立刻展開調查。
4.建立有效的申訴程序，以保密方式處理申訴事件，並使申訴人免於遭受任何報復或其他不利之待遇。
5.對調查屬實行為人之懲戒處理方式，如明訂工作規則等。
6.如果原告需調職，要確定她（他）不會調到較不理想的職位。
7.採取後續行動，避免騷擾行為繼續發生。

雇主有義務建立性騷擾防治措施及懲戒辦法，內容需包括處理範圍、適用對象、申訴方式、處理流程、獎懲制度，使就業場所能形成內部規範，達到積極預防性騷擾的效果（丁志達，2011）。

個案9-3

企業禁止非法騷擾政策

英威達（INVISTA）公司致力於提供一個沒有非法騷擾的工作環境。我們禁止且不能容忍對個人或集體實施基於膚色、種族、宗教信仰、性別、性取向、原始國籍、血統、年齡、殘障、懷孕、退伍軍人身分或其他受法律保護的要素的口頭或其他方式的行為攻擊，包括任何導致威脅、敵對或攻擊工作環境的行為。該條款適用於所有參加公司營運的人員，且任何員工——無論是上級主管還是同事，亦或是公司其他代表都不能有這種行為。

我們禁止所有這樣的行為，無論是對員工、求職者還是生意上的合作夥伴，例如廠商、承包商或客戶。

我們還禁止基於認定為存在上述任何要素的非法騷擾，或者與基於認定為存在上述任何要素的人有關聯的非法騷擾。

對員工的期望要求每名員工遵守我們的政策，反對非法歧視和違禁騷擾。當發現有不遵守此一政策或違反我們提供平等聘僱機會承諾時須通知公司。上級主管和經理必須留心未能遵守我們政策的任何跡象，且必須即時彙報可能的違規，即使以前沒有被申訴時也應如此。任何有關非法歧視或違禁騷擾行為的報告，公司均會對其評估並做出回應。

若您感到自己成為被騷擾的對象或察覺周圍有這種行為發生，或是有同事私下向您表示他／她成為被歧視的對象，請立即透過下列管道提出申訴：您的直屬上級主管、公司經理、當地的人力資源部門主管、公司人力資源部門、法律部門、合規及道德規範辦公室或GuideLine熱線。報復任何善意報告歧視或非法騷擾行為的人是違反公司政策的，且被嚴格禁止。

資料來源：〈員工行為守則〉，英威達（INVISTA）網站，http://www.invista.com/documents/coc-tch.pdf（檢索日期：2014/10/10）。

結　語

　　工作者若發現雇主違法，可就近向當地勞工行政主管機關、檢查機構提出申訴。《安娜·卡列尼娜》（Anna Karenina）的作者托爾斯泰（Lev Nikolayevich Tolstoy）說：「上帝賜給我們一天，賜給我們力氣，是要我們奉獻給勞動的，報酬就在勞動裡。」不管是勞心或勞力，我們從事勞動的目的在於獲得一家人的溫飽殆無疑義。為了獲得一定水準的物質生活，除努力去勞動外，向資方爭取合理的薪資是我們的責任。但是別忘了，勞動本身帶給我們的喜悅與鼓舞的精神力量的存在。當你努力勞動時，勞動本身就是一種報酬；當你完成一件工作時，那滿足和驕傲，的確不是可以用金錢來計算的（薇薇夫人，1990）。

　　相傳彌勒菩薩化身的五代後梁高僧布袋和尚說過：「手把青秧插滿田，低頭便見水中天，六根清淨方為道，退步原來是向前。」這段揭語指出了維權倫理的真諦，當我們退一步時，或許會發現「退步原來是向前」。隨著產業結構之改變及勞工維權意識的日漸抬頭，勞資之間的爭議在所難免，但如何「化干戈為玉帛」，正考驗著勞資雙方當事人的智慧。當勞工面對雇主有違法的行為時，應該先透過企業內部申訴的管道進行溝通，試圖利用勞資雙方彼此之間的正式對話，達成共識，因為「覆巢之下無完卵」，千萬不要各存私心，吵鬧不休，而把整個企業毀了。

箴言集——服務價值觀

序號	箴言	出處
1	大道之行也，天下為公。	禮記
2	君子貴人賤己，先人而後己。	禮記
3	善氣迎人，親如兄弟；惡氣迎人，害於戈兵。	管子·心術下
4	得人者興，失人者崩。	司馬遷·史記
5	人生以服務為目的，而不以奪取為目的。	孫文
6	勤儉為服務之本。	青年守則
7	助人為快樂之本。	青年守則
8	做愈多，體會愈多，智慧愈多。	靜思語
9	親親而仁民，仁民而愛物。	孟子·盡心上
10	民為貴，社稷次之，君為輕。	孟子·盡心下
11	最高的道德就是不斷地為人服務，為人類的愛而工作。	印度·甘地
12	船錨是不怕埋沒自己的。當人們看不到它的時候，正是它在為人類服務的時候。	普列漢諾夫
13	做生意的唯一目的，就在服務人群；而廣告的唯一目的，就在對人們解釋這項服務。	李奧貝納
14	科學的事業就為人民服務。	托爾斯泰
15	我要做的只是以我微薄的綿力來為真理和正義服務。	愛因斯坦
16	尊重個人，優質服務，追求卓越。	IBM企業文化
17	學校的目標應當是培養有獨立行動和獨立思考的個人，不過他們要把為社會服務看作是自己人生的最高目標。	愛因斯坦
18	顧客在意的其實是我們徵詢他們的意見和誠意。	邁克爾·戴爾
19	勞動受人推崇。為社會服務是很受人讚賞的道德理想。	杜威
20	今天你對客人微笑了嗎？	希爾頓飯店對員工的詢問話

編輯：丁志達。

第十章
名人談職場倫理

> 學到了，就教別人；得到了，就給別人。這樣，你的人生故事便有了目的與意義。
>
> ──女詩人馬雅‧安哲羅（Maya Angelou）

台灣首屆（2014）國中會考的寫作測驗題目為「面對未來，我應該具備的能力」。考生如光是寫加強「外語能力」還不夠，最好能探討未來社會需要的人格特質、態度。未來若是團隊時代，自己就要加強團體合作的能力、謙虛的態度等，才有機會拿六級分滿分。

對每屆即將踏出校門的學子而言，面對未來的「成」與「敗」是個未知數，於是在每年的各校畢業典禮上，都會邀請在社會上已有成就的名流到校勉勵畢業生，這些名人的一席話，都是以過來人的身分告訴畢業生，事業成功就是要重視「職場倫理」，自己就會遇到「貴人」提攜，逐步實現個人的夢想與目標。而被世人肯定的名人群中，在其家書中也會提出一些有關「職場倫理」的經典名句留給後世子孫當作為人、處事的座右銘。

《論語‧述而篇》說：「三人行，必有我師焉。」本章節以洛克菲勒（天堂與地獄比鄰）、賈伯斯（求知若飢，虛心若愚）、柏南克（自我改造的職涯）、歐普拉（人生沒有「失敗」這回事）、李嘉誠（您準備好了嗎？）、陳長文（給畢業生的一封信）和趙麗蓮（畢業贈言）等名人的文章、演講內容來闡釋「職場倫理」的作法，擇其善者而從之，其不善者而改之，善莫大焉。

一、洛克菲勒：天堂與地獄比鄰

約翰‧洛克菲勒（John Davison Rockefeller）白手起家，魄力遠見，冷靜精明，創辦標準石油（Standard Oil）公司，不斷併購，終成美國歷史上第一個擁有十億美金財富的鉅子，建立美國龐大的石油帝國。

個案10-1

洛克菲勒家族傳家信條原則

- 我相信每個個體的至尊價值，和他對生命、自由與追求幸福的權利。
- 我相信每個權利隱含一個責任；每個機會意味一種義務；每份財產帶來一種職責。
- 我相信法律是為人而制定的，而人不是為了法律而造就的；我相信政府是人民的僕人，而不是人民的主人。
- 我相信勞動才能獲得尊嚴，不管是體力勞動還是腦力勞動；世界不欠任何人生計，但它欠每人一個謀生的機會。
- 不管在政府、企業、還是個人，我相信儉樸是井然有序的生活所必需；節約是健全的財務結構之主要條件。我相信真理與正義是社會秩序長久維繫的根本。
- 我相信諾言的神聖，一句承諾應該如同契約一般有效；一個人最高的價值在於品格，而不是財富、力量或地位。
- 我相信提供有用的服務是人類共同的職責，在犧牲的煉火中，自私的浮渣才能消除，人類高尚的靈魂才能發揮出來。
- 我相信全能博愛的上帝，不論其名稱為何；而個人最高的成就，最大的幸福以及最廣的用途都將在符合上帝意旨的生活中始能找到。
- 我相信愛是世界上最偉大的東西；只有愛能夠克服仇恨；公理能夠而且必將戰勝強權。

資料來源：小約翰·洛克菲勒；引自：張育美（2012），《CEO參政記：我見我聞我思我實踐》，天下文化，頁163。

約翰‧洛克菲勒寫給他的兒子小約翰‧洛克菲勒（John Davison Rockefeller, Jr）的一封信上說：

我可以很自豪的說，我從未嘗過失業的滋味，這並非我運氣，而在於我從不把工作視為毫無樂趣的苦役，卻能從工作中找到無限的快樂。

我認為，工作是一項特權，它帶來比維持生活更多的事物。工作是所有生意的基礎，所有繁榮的來源，也是天才的塑造者。工作使年輕人奮發有為，比他的父母做得更多，不管他們多麼有錢。工作以最卑微的儲蓄表示出來，並奠定幸福的基礎。工作是增添生命味道的食鹽。但人們必須先愛它，工作才能給予最大的恩惠、獲致最大的結果。

(一)真正地喜愛工作

我初進商界時，時常聽說，一個人想爬到高峰需要很多犧牲。然而，歲月流逝，我開始瞭解到很多正爬向高峰的人，並不是在「付出代價」。他們努力工作是因為他們真正地喜愛工作。任何行業中往上爬的人都是完全投入正在做的事情，且專心致志。衷心喜愛從事的工作，自然也就成功了。

熱愛工作是一種信念。懷著這個信念，我們能把絕望的大山鑿成一塊希望的磐石。一位偉大的畫家說得好：「痛苦終將過去，但是美麗永存。」

(二)企業需要更有價值的人

但有些人顯然不夠聰明，他們有野心，卻對工作過分挑剔，一直在尋找「完美的」雇主或工作。事實是，雇主需要準時工作、誠實而努力的雇員，他只將加薪與升遷機會留給那些格外努力、格外忠心、格外熱心、花更多的時間做事的雇員，因為他在經營生意，而不是在做慈善事業，他需要的是那些更有價值的人。

不管一個人的野心有多麼大，他至少要先起步，才能到達高峰。一旦起步，繼續前進就不太困難了。工作越是困難或不愉快，越要立刻去做。如果他等的時間越久，就變得越困難、可怕，這有點像打槍一樣，你瞄的時間越長，射擊的機會就越渺茫。

(三)簿記員的經歷

我永遠也忘不了做我第一份工作——簿記員的經歷，那時我雖然每天天剛濛濛的亮起，我就得去上班，而辦公室裡點著的鯨油燈又很昏暗，但那份工作從未讓我感到枯燥乏味，反而很令我著迷和喜悅，連辦公室裡的一切繁文縟節都不能讓我對它失去熱心。而結果是雇主不斷地為我加薪。

收入只是你工作的副產品，做好你該做的事，出色完成你該完成的工作，理想的薪金必然會來。而更為重要的是，我們勞苦的最高報酬，不在於我們所獲得的，而在於我們會因此成為什麼。那些頭腦活躍的人拚命勞作絕不是只為了賺錢，使他們工作熱情得以持續下去的東西要比只知斂財的欲望更為高尚——他們是在從事一項迷人的事業。

(四)職場歷練

老實說，我是一個野心家，從小我就想成為巨富。對我來說，我受僱的休伊特·塔特爾公司是一個鍛鍊我的能力、讓我一試身手的好地方。它代理各種商品銷售，擁有一座鐵礦，還經營著兩項讓它賴以生存的技術，那就是給美國經濟帶來革命性變化的鐵路與電報。它把我帶進了妙趣橫生、廣闊絢爛的商業世界，讓我學會了尊重數字與事實，讓我看到了運輸業的威力，更培養了我作為商人應具備的能力與素養。所有的這些都在我以後的經商中發揮了極大效能。我可以說，沒有在休伊特·塔特爾公司的歷練，在事業上我或許要走很多彎路。

(五)感恩之情

　　現在，每當想起休伊特和塔特爾兩位先生時，我的內心就不禁湧起感恩之情，那段工作生涯是我一生奮鬥的開端，爲我打下了奮起的基礎，我永遠對那三年半的經歷感激不盡。所以，我從未像有些人那樣抱怨他的雇主，說：「我們只不過是奴隸，我們被雇主壓在塵土上，他們卻高高在上，在他們美麗的別墅裡享樂；他們的保險櫃裡裝滿了黃金，他們所擁有的每一塊錢，都是壓榨我們這些誠實的工人得來的。」我不知道這些抱怨的人是否想過：是誰給了你就業的機會？是誰給了你建設家庭的可能？是誰讓你得到了發展自己的可能？如果你已經意識到了別人對你的壓榨，那你爲什麼不結束壓榨，一走了之？

(六)石匠的故事

　　工作是一種態度，它決定了我們快樂與否。同樣都是石匠，同樣在雕塑石像，如果你問他們：「你在這做什麼？」他們中的一個人可能就會說：「你看到了嘛，我正在鑿石頭，鑿完這塊我就可以回家了。」這種人永遠視工作爲懲罰，在他嘴裡最常吐出的一個字就是「累」。

　　另一個人可能會說：「你看到了嘛，我正在做雕像。這是一份很辛苦的工作，但是酬勞很高。畢竟我有太太和四個孩子，他們需要溫飽。」這種人永遠視工作爲負擔，在他嘴裡經常吐出來的一句話就是「養家糊口」。

　　第三個人可能會放下錘子，驕傲地指著石雕說：「你看到了嘛，我正在做一件藝術品。」這種人永遠以工作爲榮，工作爲樂，在他嘴裡最常吐出的一句話是「這個工作很有意義」。

(七)天堂與地獄

　　天堂與地獄都由自己建造。如果你賦予工作意義，不論工作大小，你都會感到快樂，自我設定的成績不論高低，都會使人對工作產生樂趣。

如果你不喜歡做的話，任何簡單的事都會變得困難、無趣，當你叫喊著這個工作很累人時，即使你不賣力氣，你也會感到精疲力竭，反之就大不相同。事情就是這樣。

如果你視工作為一種樂趣，人生就是天堂；如果你視工作為一種義務，人生就是地獄。檢視一下你的工作態度，那會讓我們都感覺愉快（John Davison Rockefeller, 2004）。

二、賈伯斯：求知若飢，虛心若愚

2005年6月12日，史蒂夫・賈伯斯（Steve Jobs）在美國加州帕羅奧多市（Palo Alto）史丹福大學（Stanford University）的畢業典禮上發表演說。在整個演講進行到三分之二時，賈伯斯說：「你必須找到你所愛的東西。做大事的唯一方法，就是熱愛你所做的事。如果你還沒有找到，繼續尋找，不要安於現狀。」（Cal Newport，樂為良譯，2012：10）

賈伯斯這一生歷經風風雨雨，甚至被自己的公司趕出去，費盡心力再次回到蘋果公司（Apple Inc.），努力將蘋果產品推向國際化，成為世界上極為響亮的名號，成為電子產品的龍頭。賈伯斯說：「你總得信奉某種東西。不管是你的直覺，還是命運、人生、因果報應，或者其他的什麼。這樣的信心從來不曾讓我失望，也徹底改變我的人生。」

芬蘭總理史杜普（Alexander Stubb）說，美國科技公司蘋果已故共同創辦人賈伯斯販售創新產品，搞垮了芬蘭兩大就業市場。智慧型手機iPhone打趴諾基亞（Nokia），平板電腦iPad打倒林業（陳韻涵，2014）。

(一)愛你所做的事

我很榮幸今天能來到全球第一流的大學，與你們一起參加你們的畢業典禮。我從來沒從大學畢業過。說實話，這是我第一次離大學畢業典禮這麼近。

個案10-2

賈伯斯的智慧語錄

- 你一旦僱用了B級員工，他就會開始把其他B級和C級的員工帶進來。
- 我想在宇宙中製造點聲音。
- 創新是決定成為領導者或是跟隨者的關鍵。
- 質重於量，你打一支全壘打比兩支二壘安打好多了。
- 全世界最有錢的人也無法將財富帶入棺材中……對我來說，夜晚入睡前能為自己達到的美好成就喝采重要多了。
- 保持進取之心……記得執著的傻勁。
- 你想下半輩子繼續賣糖水，還是抓住一個改變世界的機會？
- 時間有限，不要浪費時間活在別人的陰影裡；不要被教條所惑，盲從教條等於活在別人的思考中；不要讓他人的噪音壓過自己的心聲。
- 蘋果公司開除我，是我人生中最好的經驗。從頭開始的輕鬆釋放了成功的沉重，讓我進入了這輩子最有創意的時代。
- 我有很棒的經驗，充沛的活力，再加上一點「夢想」，而且我不怕從頭開始。
- 你不可能有先見之明，只能有後見之明，因此，你必須相信，這些小事一定會和你的未來產生關聯。
- 如果你把每天都當成最後一天來過，總有一天你會證明自己是對的。
- 你必須要找到你所愛的東西。

編輯：丁志達（2014）。

　　我確信我愛我所做的事情，這就是這些年來支持我繼續走下去的唯一理由。你得找出你的最愛，工作上是如此，人生伴侶也是如此。你的工作將占掉你人生的一大部分，唯一真正獲得滿足的方法就是做你相信是偉

大的工作，而唯一做偉大工作的方法是愛你所做的事。如果你還沒找到這些事，繼續找，別停頓。盡你全心全力，你知道你一定會找到。而且，如同任何偉大的事業，事情只會隨著時間愈來愈好。所以，在你找到之前，繼續找，別停頓。

(二)關於死亡

當我17歲時，我讀到一則格言，好像是：「把每一天都當成生命中的最後一天，你就會輕鬆自在。」這對我影響深遠，在過去三十三年裡，我每天早上都會照鏡子，自問：「如果今天是此生最後一日，我今天要做些什麼？」每當我連續太多天都得到一個「沒事做」的答案時，我就知道我必須有所改變了。提醒自己快死了，是我在人生中面臨重大決定時，所用過最重要的方法。因為幾乎每件事——所有外界期望、所有的名聲、所有對困窘或失敗的恐懼——在面對死亡時，都消失了，只有最真實重要的東西才會留下。提醒自己快死了，是我所知避免掉入畏懼失去的陷阱裡最好的方法。人生不帶來、死不帶去，沒理由不能順心而為。

沒有人想死。即使那些想上天堂的人，也想活著上天堂。但是死亡是我們共同的終點，沒有人逃得過。這是注定的，因為死亡很可能就是生命中最棒的發明，是生命交替的媒介，送走老人們，給新生代開出道路。

現在你們是新生代，但是不久的將來，你們也會逐漸變老，被送出人生的舞台。抱歉講得這麼戲劇化，但是這是真的。

(三)活出自己

你們的時間有限，所以不要浪費時間活在別人的生活裡。不要被教條所侷限，如果盲從教條，就是活在別人思考結果裡。不要讓別人的意見淹沒了你內在的心聲。最重要的，擁有追隨自己內心與直覺的勇氣，你的內心與直覺多少已經知道你真正想要成為什麼樣的人。

(四)求知若飢，虛心若愚

在我年輕時，有本神奇的雜誌叫做*Whole Earth Catalog*，當年這可是我們的經典讀物。那是一位住在離這不遠的門洛派克（Menlo Park）的斯圖瓦特·布蘭特（Stewart Brand）發行的，他把雜誌辦得很有詩意，那是1960年代末期，個人電腦還沒出現，所有內容都是打字機、剪刀跟拍立得相機做出來的。雜誌內容有點像是印在紙上的平面谷歌（Google），在Google出現之前三十五年就有了。這本雜誌很理想主義，充滿新奇工具與偉大的見解。斯圖瓦特·布蘭特跟他的團隊出版了好幾期的*Whole Earth Catalog*，然後很自然的，最後出了停刊號。當時是1970年代中期，我正是你們現在這個年齡的時候。在停刊號的封底，有張清晨鄉間小路的照片，那種你四處搭便車冒險旅行時會經過的鄉間小路。在照片下印了行小字：求知若飢，虛心若愚（Stay Hungry, Stay Foolish）。

那是他們親筆寫下的告別停刊訊息，我總是以此自許。當你們畢業，展開新生活，我也以此祝福你們（〈賈伯斯對史丹佛畢業生演講〉）。

賈伯斯到史丹福大學對應屆畢業生演講的影片在YouTube上已被觀看超過350萬次，幾乎每則相關報導都會提及：「史蒂夫·賈伯斯敦促畢業生追求自己的夢想。」

三、柏南克：自我改造的職涯

2006年2月，班·柏南克（Ben Shalom Bernanke）接替艾倫·葛林斯潘（Alan Greenspan）出任美國聯邦準備理事會（The Federal Reserve System）主席，成為全球最有權力的中央銀行總裁。2009年被《時代雜誌》評選的「年度風雲人物」。

個案10-3

柏南克給畢業生的建議

1. 任何22歲的人，若自認能預知自己十年後、甚至三十年後的情況，只能說缺乏想像力罷了。人生歷程，多少與多年前預期的大不相同。這是好事，不是壞事。誰希望在故事開頭就知道結局？別害怕任由故事自由發展。

2. 無論人生如何發展，每個人都擁有一個遠大的終生目標，那就是人類的自我發展。如果你無法對自己感到滿意，即使最輝煌的成就也無法令你滿足。

3. 菁英體系是指天生擁有優質健康與基因的幸運者；幸運地擁有家庭支持與鼓勵，也許擁有極佳收入；幸運地擁有良好的教育和就業機會，以及擁有許多其他方面優勢的幸運者，才有機會獲得卓越的成就。唯一使所謂的菁英體系通過道德檢驗，而被視為公平的方法，就是這些各方面都受幸運之神眷顧的人，亦擔負起努力工作的重責大任，致力於創造更美好的世界，並與他人分享這份幸運。

4. 最值得欽佩的是那些充分利用自身優勢，或勇敢面對逆境的人。那些受過正規教育不多，但腳踏實地、勤奮地為家人提供衣食和教育的人，更值得我們尊重和協助。

5. 公共服務並非易事，但如果你最終選擇了這條道路，確實是值得追求的挑戰。

6. 經濟學屬於極複雜的思維領域，它擅於解釋政策制定者以往所做決策的錯誤原因，卻難以預測未來的發展。然而，謹慎的經濟學分析確實有個重要的益處，就是協助排除不合邏輯或與數據不符的想法，適用於至少90%的經濟政策提案。

7. 對世上許多人來說，金錢確實是生死存亡的關鍵。請記住，金錢只

是工具，而非目的。僅基於金錢所做的職業選擇，而非基於對工作
的喜愛或開創新局的熱情，將成為日後苦惱的根源。

8.沒有人喜歡失敗，但失敗是生活與學習中不可或缺的部分。如果你
不曾弄髒衣服，根本算不上參與比賽。

9.發展自身成功的定義時，希望你們能與某位親密伴侶攜手前進。身
為歷經三十五年幸福婚姻的人，我無法想像人生旅途中，有任何選
擇的重要性勝於選擇終身伴侶。

10.偶爾打個電話給父母。總有一天，你會希望自己長大成人、忙碌不
堪、成就非凡的孩子打個電話給你。

資料來源：洪曉慧譯，〈柏南克為2013年普林斯頓大學畢業生演講〉摘錄，Myoops開放
式課程網址，http://www.myoops.org/main.php?act=course&id=2516。

2013年5月，柏南克應邀在麻州巴德學院（Bard College）畢業典禮致
詞。其內容摘錄如下：

「畢業」（graduate）一字，來自拉丁文的踏步（step），而大學畢
業，是你們在人生旅程中，向前邁出的重要一步，值得慶賀。最重要的
是，你們完成了大學教育，而它所強調的創造力和思辨能力，將成為你們
日後仰賴的心智習慣。為什麼創造力和思辨能力這麼重要？因為我是個經
濟學家，所以，我認為從長期來看，最重要的因素，就是科技進步的速
度。從羅馬帝國到工業革命之前，人類的生活水準幾乎沒什麼改變。但到
了18世紀中葉，科技知識開始被應用到商業上，從那時起，全世界至少歷
經了三波的技術創新。

(一)技術創新的演進

第一波創新，發生在18世紀中葉的工業時代初期，人類發明了蒸汽
機、紡紗機和鐵路。機械化與大量生產，大幅提升了勞工生產力，降低了

基本生活必需品的價格。

　　第二波創新，從19世紀中葉開始，一直延續到二次大戰後。這個時期的許多發明，澈底改變了我們的生活，例如房屋排水系統、電力普及化、內燃引擎、抗生素、飛行、電話、收音機、電視等。

　　第三波創新，則是1970年代以來的資訊科技與生物科技革命。

　　由於前兩波創新帶來的經濟效應非常龐大，未來幾十年的經濟展望好壞，就要看最近的這一波資訊革命，能不能創造出類似前兩波那麼大的影響。

(二)改變，是唯一的不變

　　全球化的世界，只要有創新產品問世，潛在的市場規模就非常可觀。總之，跟從前相比，現代人的創新能力、創新動機，絕對大得多。科技創新與經濟發展的歷史告訴我們，「改變，是唯一的不變」。進入職場後，你們必須不斷改造自己。未來，真正的成功和滿足，並不來自於通曉某種既定的知識，而是來自不斷調整自己，發揮創造力，來因應這個快速變動的世界。

　　認真投入、善加應用新科技，就是調整自己適應未來的一大關鍵。你們在這所學校接受的教育，從中培養出的思考力、創造力和想像力，就是迎接未來挑戰所做的最好準備（吳怡靜，2013：24-26）。

四、歐普拉：人生沒有「失敗」這回事

　　如果有個女孩年紀輕輕性生活複雜，和一個從軍中告假兩星期的年輕人在一起懷了孩子，女孩的父親重聽，家境貧困，你認為她應該生下孩子嗎？如果這個女孩沒有讓她的孩子來到人世，那麼今天左右美國人的歐普拉‧溫佛芮（Oprah Gail Winfrey）就不會誕生。歐普拉的姓「Winfrey」的意思是一種「battle-joy」（戰鬥的喜悅）（曉夫，2010）。

　　美國媒體女王和慈善家歐普拉，2013年受邀到美國哈佛大學（Harvard University）對畢業生進行演講。她拿自己創辦有線頻道「歐普拉電視網」的挫敗經驗為例，現身說法。她說：「如果你跟我一樣，不斷鞭策自己追求更高的目標，那麼，你一定會有摔跤的時候。失敗沒有關係，重要的是如何從谷底走出來，讓自己變得更好。未來，不論您面臨再多挑戰與挫折，都要堅守一個目標：真實做人，努力發揮人性善念的力量。」

個案10-4

歐普拉的10個成功法則

1.除了奮鬥，還是奮鬥。

2.可以沒有錢，不能沒有夢。

3.吃苦當吃補，失敗當加菜。

4.不斷以自我成長來培養群眾魅力。

5.不迷失於浮華世界。

6.找出真實的自己，突顯本色。

7.坦然面對，更能抓住機會。

8.聽見自己的直覺在發聲。

9.教育──窮人通往富裕的金鑰。

10.相信，就會得到。

資料來源：曉夫，〈歐普拉鬥志〉，《優渥誌》第13期，2010年9月號，頁48-51。

　　歐普拉說：「我不相信失敗，如果你享受它的過程，它就不是失敗！」以下是歐普拉在哈佛大學的演講菁華錄。

(一)當早晨來臨

我從19歲就進入電視圈。1986年，《歐普拉秀》開播，締造了長達二十一年的收視冠軍紀錄，我也陶醉在成功中。直到幾年前，我重新檢視自己，決定開創新局，所以結束脫口秀，創立了歐普拉電視網（Oprah Winfrey Network, OWN）。但是一年後，幾乎所有媒體都說，我的新事業是個大失敗。我還記得，有天翻開《今日美國報》（*USA TODAY*），就看到了「歐普拉電視網搖搖欲墜」的標題。那真是我的專業生涯最淒慘的一刻，我心力交瘁、沮喪受挫，而且難堪不已。我想起了一首讚美詩「當早晨來臨」（By and by, when the morning comes），它的歌詞勉勵人們，「困境不會是永久的，這次的難關也終將過去」。

(二)失敗是為了讓我們換方向

如果你跟我一樣，不斷鞭策自己追求更高的目標，那麼，你一定會有摔跤的時候。如果你不斷將自己推向更高，更高，根據機率，你早晚總會掉下來，更不用提希臘神話中用蠟做翅膀飛翔的伊卡洛斯（Icarus）了。當你做事時，我希望你知道這一點，記住：沒有失敗這回事。失敗只是生命試圖從另一個方向推動我們，再試試看。當你掉入人生谷底時，痛苦是難免的。沒有關係，就給自己一點時間，感嘆失落吧。重要的是，你要從每次的錯誤中，學到教訓。因為人生的每個經驗、遭遇和失誤，都是為了引導和鞭策你，成為一個更好的自我。記取教訓還不夠，你必須找對下一步，而關鍵就是要培養出一套道德和情感的內在導航系統（Global Positioning System, GPS），來告訴自己該往哪裡走。

人生的挑戰在於，你不只要讓自己的履歷反映出你的事業成就（what you want to be），更要反映出你的人生目的（who you want to be）。因為，將來有一天，當你受挫摔跤，跌入谷底時，能夠幫助你走出谷底的，就是你的人生目的。

(三)眞實做人

不論你未來面臨怎樣的挑戰、挫折或不如意，只要你堅守一個人生目標，必將找到眞正的成功與快樂。這個目標就是：眞眞實實地做人。你要充分發揮人性，運用你的能量，幫助自己、家人和朋友變得更好。已故神學家霍華・瑟曼（Howard Thurman）說過：「不要問這個世界需要什麼。問你自己，有什麼事會讓你充滿活力，然後就去做吧。因爲這世界需要的，就是充滿活力的人。」

未來的道路上，你們會不時跌倒，心中產生對人生的疑問。但我知道，只要你願意傾聽、接受內心導航系統的指引，找到讓自己充滿活力的生命目標，就一定會快樂、成功，而且爲世界帶來改變（吳怡靜，2013：16-18）。

個案10-5

歐普拉人生課題

當我坐在主持台前，開始主持脫口秀那一刻，感覺彷彿呼吸般自然，感覺——適得其所。這就是我事業生涯真正的起點。我從中領悟到一項人生課程：當你從事自己真正熱愛的工作時，會感覺適得其所，每天都能得到意想不到的收穫，無論薪水是多是少（歡呼聲）（掌聲）。確實如此。

但你怎麼知道自己是否做了正確決定？要如何得知？憑感覺。現在我瞭解到，感覺確實是你這輩子的導航系統。當你試著決定該不該做某件事時，你的情緒導航系統會告訴你答案。訣竅是——學習放下自我，檢視內心的直覺。我所做的每一個正確決定、我曾經做過的每一個正確決定，都來自於直覺。我所做的每一個錯誤決定，都是因為我漠視內心更響亮的聲音。如果感覺不對，千萬別貿然行動，這就是我要和大家分享的課程。

那麼，我對成功的定義是什麼？我想告訴大家：錢十分有用，我不會告訴你們錢不重要，因為錢是非常棒的東西。我喜歡錢，買東西時很好

用。但擁有鉅額財富並不代表你是成功的人，你需要的是財富和生命的意義。你希望從事有意義的工作，因為有意義的人生才能為生命帶來真正的富足。你真正希望的是，被你信任和重視的人圍繞、被珍惜你的人圍繞，這才是真正的富足。因此，人生的第一課：跟著感覺走。感覺對了，就勇往直前；如果感覺不對，就不要貿然前進。

想獲得真正的快樂，你必須貢獻一己之力，為超越自身的遠大理想而奮鬥。因為人生是一個互惠互動的過程，想更上一層樓，你必須有所回饋。對我來說，這是人生最重要的課程：想獲得快樂，你必須無私地付出。

這門課程的意義顯而易見，那就是──如果你感到傷痛，你需要做的就是幫助他人減輕傷痛；如果你感到痛苦，請幫助他人脫離痛苦；當你陷入困境時，藉由幫助他人，你也能幫助自己脫離困境。在這個過程中，你將會成為我所謂最偉大族群的一員，那就是以慈悲服務人群的團體。

無論你選擇什麼領域的工作，如果你以服務他人為人生宗旨，我相信你的生命將會更有價值，並擁有快樂的人生。

無論各位今天將取得什麼學位，無論是博士或其他學位，無論你們的專長是商學、法律、工程、人類學、科學、醫學；如果你們選擇將所學的技能和才華貢獻於服務人群，當你們選擇以服務為人生宗旨時，請將這個信念貫徹於生命中的每一刻，它會將你所做的每一份工作都變成一項恩賜。

馬丁‧路德‧金的名言做結束。他說，「並非每個人都有機會成名。」因此，正如馬丁‧路德‧金博士所說，「並非每個人都有機會成名，但每個人都能做出偉大的事業，因為偉大的定義在於服務的熱誠。」你們當中學歷史的人或許知道接下來的部分，他說，「服務他人並不一定要取得大學學位；服務他人並不一定要懂得主動詞一致的道理；服務他人並不一定要瞭解柏拉圖和亞里斯多德的哲學；服務他人並不一定要明白愛因斯坦的相對論；服務他人並不一定要知道物理的熱力學第二定律；你只需要擁有慈悲的心和充滿愛的靈魂。」

資料來源：洪曉慧譯，〈歐普拉為2008年史丹佛大學畢業生演講〉摘錄，Myoops開放式課程網址，http://www.myoops.org/main.php?act=course&id=2473。

五、李嘉誠：您準備好了嗎？

　　汕頭大學創辦人李嘉誠在2008年汕頭大學畢業典禮中提出，人要活出有意義的非凡生命，需要有能超乎「匹夫」的英雄特質，一個英雄所具備的品德不單要有勇氣、有勝不驕的度量和敗不餒的懿行，更要知道生命並不僅僅是連連勝利的短暫歡欣或失敗的挫折。希臘哲學家對「卓越」與「自負」有一個非常發人深省的觀念，他們相信每一個人都有責任把自己潛能發揮得淋漓盡致，但同時，人的內心應有一戒條，不能自欺地認為自己具有超越實際的能力，系統性擴大變而自我膨脹幻象，如陷兩難深淵，你會被動地、不自覺地，步往失敗之宿命。

(一)知人者智，自知者明

　　在「卓越」與「自負」之間取得最佳平衡並不容易，因為有信心、勇敢無畏也是品德，但沉醉於過往和眼前成就、與生俱來的地位或財富的傲慢自信，其實是一種能力的潰瘍。我們要謹記傳統智慧，《老子‧道德經》上的八字真言：「知人者智，自知者明。」

(二)自負指數

　　我想和大家分享的訣竅是什麼？我稱它為「自負指數」，那是一套衡量檢討自我意識、態度和行為的簡單心法。我常常問問自己，我有否過分驕傲和自大？我有否拒絕接納逆耳的忠言？我有否不願意承擔自己言行所帶來的後果？我有否缺乏預視問題、結果和解決辦法的周詳計畫？

(三)謙虛的心

　　我深信「謙虛的心」是知識之源，是通往成長、啟悟、責任和快樂之路。在「卓越」與「自負」之間，智者會親前者而遠後者。背道而馳的結果，可能是一生真成就得之極少，而懊悔卻巨大，成為你發揮最佳潛能

的障礙，減弱你主控人生處境的能力。在現今無限可能的電腦時代，大家對「重新開機」按鈕相當熟悉。然而，在生命這場永無休止的競爭過程中，我們未必有很多「重新開機」的機會，我相信，給你這個機會，也沒有人期望過著一個不斷要「重新開機」的人生。

(四)常思考，常反思

請大家緊記，邁向成功要通過層層考驗和淬礪。當你們走出小淵，踏進人生這真正的大學堂，請堅守常思考、常反思的守則，並懷著奉獻和關懷的心態處事。只知擷取而不懂付出的人，他的人生僅是個虛影，只有

個案10-6

您準備好了嗎？（Are you ready？）

• 當你們夢想偉大成功的時候，你有沒有刻苦的準備？

• 當你們有野心做領袖的時候，你有沒有服務於人的謙恭？

• 我們常常都想有所獲得，但我們有沒有付出的情操？

• 我們都希望別人聽到自己的聲音，我們有沒有耐心聆聽別人？

• 每一個人都希望快樂，我們對失落、悲傷的人有沒有憐憫？

• 每一個人都希望站在人前，但我們是否知道什麼時候甘為人後？

• 你們都知道自己追求什麼，你們知道自己需要什麼嗎？

• 我們常常只希望改變別人，我們知道什麼時候改變自己嗎？

• 每一個人都懂得批判別人，但不是每一個人都知道怎麼自我反省。

• 大家都看重面子，but do you know honor？

• 大家都希望擁有財富，但你知道財富的意義嗎？

各位同學，相信你們都有各種激情，但你知道不知道什麼是愛？

資料來源：〈李嘉誠在汕頭大學2004屆畢業典禮上的講話〉，http://youtoutou.diandian.com/post/2011-08-09/40038001790（檢索日期：2014/10/10）。

能活出原則，真正懂得如何奉獻國家民族及世界的人，才是真英雄。應如《莊子‧盜跖篇》所說：「勢為天子，未必貴也；窮為匹夫，未必賤也；貴賤之分，在行之美惡。」如果你們願意這樣做，並緊記常常檢討自己的訣竅，那麼你們定能攀登高峰後再達巔峰。

各位同學，我衷心祝福你們一生快樂成功，請放膽邁步活出精彩，今天你以汕大為榮，我深深相信，明天汕大將以你為榮（〈李嘉誠在2008年汕頭大學畢業典禮上的講話：自負指數〉，2008）。

李嘉誠說：「一個真正做大事、有遠見的人，是看世界的潮流，估計自己未來發展的方向。事在人為，不能有志無才，你可以誇口說你的志向是摘下天上的月亮，但你知道怎麼摘下？所以我說事在人為，靠自己，靠意念，還要有最新的知識及經驗積累才能達到。」

六、陳長文：給畢業生的一封信

理律法律事務所執行合夥人兼執行長陳長文，寫了一篇「代間的省思──給畢業同學的一封信」，發表在《民生報》。茲摘錄原文精華片段如下：

「挫折，是人生最大的資產與禮物。」多年前，認識了罹患進行式肌肉萎縮症的朱仲祥；自幼失去雙親照顧、被醫生判定活不過20歲的仲祥，身軀蜷縮如同幼兒，喪失行走能力、心肺功能衰竭、呼吸困難，連寫字、按鍵盤都很困難。即便如此，每次看見他，卻總是保持著永遠的開朗，仲祥總是用熱愛生命地口吻說：「只要有呼吸，就有希望！」雖然仲祥在2001年離開人世，即便陷入這麼困難的處境，挫折仍沒有打倒他，仲祥精彩地、認真地、盡力地充實了屬於他的三十七年的人生功課。我們這群手足俱健的人，又什麼理由在逆境來時俯首稱臣，在挫折面前放棄自我呢？

(一)失敗不可怕

有一次甲骨文的執行長艾力生（Larry Ellison）應邀到耶魯大學對著

一千名畢業生演講，他對著在場的耶魯高材生說：「今天我看著我的前面，並不是看到擁有光明前程的一千個希望，我看到的事實上是一千個失敗的人，我沒有看到一千個各行各業的領袖人物，我看到的是失敗的人。為什麼？因為我艾力生，世界第二個有錢的人，是大學的退學生，而你們不是。」他接下來說，「比爾‧蓋茲（Bill Gates）是世界上至少到目前為止還是第一有錢的人，他也是個退學生，你們不是，還有一個人叫做艾倫（Paul Allen），是比爾‧蓋茲合夥人，他是世界第三有錢人，他也是一個休學生，你們不是。」他是要告訴我們，學校教育只是給我們一個基礎，我們要認識大學教育的侷限性。透過這段震撼有力的演講，不知道大家能否體會，「挫折」往往代表生命的「轉折」，生命總會在特別的地方轉彎，今時今刻的不順遂，往往是為自己人生一份特別的體驗，乃至於未來的成功埋下伏筆。

(二)捲款而走的合夥人

兩年多前（2003），我所服務的理律法律事務的一位資深員工捲走了客戶約30億的款項。面對這樣重大的打擊，最簡單的選擇，其實是倒閉。但我們想到，事務所裡有五百位同仁，理律是大家的經濟依靠。而且，我們也必須對客戶負責。我們就想，理律絕不能倒下。於是我們開始了與客戶長達一個月的談判。這期間，幾度瀕臨談判破裂。代表理律和客戶談判賠償事宜的我，當時很能體會春秋時期伍子胥一夜白頭的心情。後來終於達成協議，除了分期償還客戶，更協議將一部分的賠償轉為公益用途，這個協議一出，報紙寫了一篇社論，讚譽理律即便在最艱難的時刻，仍能想到對社會的公益責任。

兩年多過去，理律撐了過來，而且變得更堅強。我常回頭去想這件事，漸漸發現，那件當時痛心至極的災難，對現在的自己來說，卻是人生最重要的禮物之一。透過那次事件，我有機會更深層地認識人性、反省自己，更深層地思考人生意義，經歷那樣的挫折，會讓自己發現許多不曾想過的盲點。

331

包裹在挫折外表下的東西，往往是珍貴的成長禮物。每每看到社會新聞中，許多人因為一時的挫折，自暴自棄，頹然迷思，甚至選擇結束生命，我都覺得很痛心，很多人只看到挫折的表象，就被擊倒了，也就因此失去機會發覺挫折所代表的真正意義。

(三)正直的人生

法國大哲學家蒙田（Michel de Montaigne）曾說：「最美好的事，莫過於正正派派做好一個人；最艱難的學識，莫過於懂得自自然然過好這一生。」在電影《女人香》中，奧斯卡影帝艾爾帕西諾（Al Pacino）飾演一位目盲的退伍軍官，他在片中慷慨地說道：「人生，會遇到無數的十字路口，每一次，我們都知道哪條路是正確的，但我們從不選它，因為我們知道，正確的路有多難走。」一旦一個人在心態的十字路上錯了這一步，之後的人生路就很難期待了。漸漸地就會讓自己在每一個十字路口畏難擇易、去正取邪，惶惑地虛擲人生，終至不返。對於這最基礎的價值建立，尤其要戒慎恐懼。例如，當各位出社會工作時，如果服務的公司要求自己作假帳，就代表那間公司根本不值得為他工作。雖然當下作出抗拒，會遭到很多的壓力與困難，但那些困難與壓力，將會引導你找到正當的人生方向、正當的工作。

(四)關心無助靈魂

彭明輝寫的〈不後悔的人生〉的這一篇文章，引用了俄國大文豪托爾斯泰的小說《伊凡‧伊列區之死》（*The Death of Ivan Ilyich*）裡的情節。故事主角伊凡‧伊列區直到「死前」，都可以算作「非常成功」，至少是那種他「自以為是」的成功！他做到令人欽羨的高等法院檢察長，有一個人人羨慕的漂亮太太，交往的都是聖彼得堡的上流階級和貴族。他聰明伶俐，善於討好長官，立志要在官場裡出人頭地。出身貧苦的他，平步青雲，財富迅速累積，好不威風得意。

然而，這個「成功」的故事卻急轉而下，有一次當他掛窗簾的時

候，竟從梯子跌下，從此臥病不起。臥病後，他才發現，正如他以往一般從沒有關心過別人一樣，身邊沒有一個人真正關心他。

醫生毫不在乎他的疼痛與憂慮，不把他當作一個有感覺、有思想的人，只是機械化地用專業角度在處理他的身體。這就像他在法院一貫風格，他只想從專業角度把所有案件冷漠而優雅地處理掉，冷漠到近乎無情與殘酷。同事知道他遭難後只想打探他遺下的空缺會讓誰升上，像禿鷹一般貪婪地等待著從他的不幸中得到好處。而以前的他也是一隻一模一樣的禿鷹。不甘於平凡的他，一生都在追求財富、名利以及與眾不同。但直到將死他才發現，他從沒有得到過一件與人不同的東西，他從沒留下會讓人銘記在心的功勳，他一生的官運亨通、功成名就，都是只不過是「庸俗至極」的集合。他很想從頭來過，但上天已不再給他第二次機會！

大家會不會擔心自己成為第二個、第三個伊凡·伊列區呢？當臨到了和伊凡·伊列區同樣的最後人生，我們是否能泰然地告訴自己，我對自己的人生無愧？

(五)紅十字之父獻大愛

紅十字之父亨利·杜南（Jean Henri Dunant），有一次當他路經蘇法利諾（Solferino）戰場，看到路上哀嚎垂死的士兵，他選擇留下來救傷援苦，這還不夠，他覺得自己一個人能力單薄，遂開始奔走四方，呼籲成立中立的救援組織，而為了獻身於這樣的大愛，他的銀行事業從此一蹶不振，從此落魄潦倒。可是，也因為他的努力卻使得至今傳承逾百年、濟扶無數苦難靈魂的紅十字會，就此誕生。

孔子說：「德不孤，必有鄰。」在我的人生之路上，所見過真正成功的人士，他們最大的資產就是正直的性格，因為正直，所以才能得到別人的信任，因為能夠得到別人的信任，才能擁有更多的機會。所以，當一個正直的人，是一切成功的源頭，能接受挫折的洗禮，才能真正地贏得人生（陳長文，2006）！

30億元的背叛與信任

2003年10月初，理律員工劉偉杰盜賣客戶新帝公司（SanDisk）託管股票新臺幣30億元，由陳長文領導的「危機處理小組」，最後在二十四天內與新帝達成協議，賠償8,600萬美元度過難關。

30億元的背叛，很多人認為是理律的「信任」文化，讓劉偉杰有機可乘，但不可思議的是，在幾乎崩潰的信任危機中，理律居然沒有背棄信任，反而用長年對客戶、員工累積的「信任」，化解了危機。

2003年10月初，理律員工劉偉杰辦理留職停薪，10月9日，理律員工首次發現，劉偉杰涉嫌盜賣新帝公司（SanDisk）託管股票新臺幣30億元。眼前的理律，第一要面對的是「信心危機」。理律人最引以為傲的就是信任文化，但是劉偉杰卻濫用理律的信任，讓理律人根本不知道該再相信什麼。陳長文堅定地跟夥伴說：「我們原來是什麼，就是什麼。」理律不能因為劉偉杰的背棄，背棄對人的信任，對客戶的信任。不管賠不賠得起，即使是30億的天文數字。在法律上，一般公司賠償，只負有限責任，律師卻要負無限責任。

10月20日，理律開始最艱巨的一場談判。新帝是美國上市公司，面對如此龐大的業外損失，必須要在期限內向美國證期會報告；對理律而言，如果不抓緊時間，解決債務問題，骨牌連鎖效應下，其他上萬客戶也可能一夕信心崩盤。在最後的關頭，雙方達成協議：在簽約第一時間內理律先賠2,000萬美元，另外4,800萬美元用信用狀作保證，分十六季、四年償還。不足的1,800萬美元，理律願意以十八年，每年提供100萬美元用在法律服務、公益慈善和教育上，以補償新帝的損失。

雖然歷經劉偉杰30億元的背叛，但是理律自始至終，從不懷疑自己的「信任」文化。

資料來源：成章瑜，〈理律，30億元的背叛與信任〉，《遠見》雜誌第210期，2003年12月號，頁166-178。

七、趙麗蓮：畢業贈言

趙麗蓮（Lilian Chao）爲中德混血兒，她窮畢生之力貢獻於英語教學七十年，成效卓著。他於1964年5月對台大外文系畢業班的演說後離開教職。其演說內容如下：

我的退休時間已經到了，這不但是因爲我已經到了退休的年齡，而且是因爲教了四十五年書以後，我在體能、心智與精神方面都已經疲憊。你們大概是我所教的最後一班學生了。我對你們的期望很高，我衷心祈禱，希望你們不會令我失望。

(一)失去熱誠的畢業生

過去多年來，我一直很不快樂，因爲我看到我的很多學生，在畢業以後不久就忘記了學生時代的熱誠。他們沉溺於社會的泥淖中，並且失去了他們青春時代的價值觀與理想。是什麼原因引起這樣的結果呢？是因爲追逐金錢與權力這件事占據了他們的全部心靈。

不錯，金錢是重要的，但是金錢不值得你們花上所有的才華去追求。從人類的歷史看來，我們都很瞭解，貪圖私人的財富是會毀掉人生所有美善的東西。爲自己追求金錢將永遠不會使你們滿足。你們獲得更多，需求也就更多。你們永遠不會賺得夠，於是，你們會繼續不停地追逐金錢，直到有一天嚥下最後一口氣爲止。

(二)金錢價值觀

根據我的經驗，金錢只會招致邪惡和怨恨，而不是滿足與快樂。就以我自己爲例吧。我出生自富有的家庭。我長大以後，甚至嫁到一個更富裕的家庭。但是很不幸，就是財富使我的家庭破裂，並且拉長了我和我的親人之間的距離。金錢剝奪了我一生所有的幸福。金錢只是帶給我傷心和

悔恨。那就是爲什麼我希望你們當中，不要有任何人會因爲變成百萬富翁而失去生命中眞正的幸福，因爲金錢很容易給你們帶來不幸。

(三)金錢vs.權力

金錢通常伴隨著權力，同時能買到權力。對年輕人來說，權力常是很大的誘惑。也許你們還太年輕，不會明白權力有多可怕。我曾看見很多有爲的青年因爲追求權力，也毀於權力。

我的期望是，你們每一位都會竭盡所能在自己的工作崗位上完成自己的責任與義務。我國目前正在經歷一場生死攸關的奮鬥；我們每一個人的職責，就是盡力做好最適合自己的工作。你們每一位都必須爲國家，爲人民盡心盡力。有一句古諺這樣說：「大河乃是由無數的水滴聚集而成。」你們每一位就像一點水滴。單獨的水滴毫無分量；聚集起來就能形成一股洪流。它強而有力，足以推動時代與局勢的巨輪。

你們就像幼鳥，不久將離巢單飛。我的希望是你們不要飛得太高而招致危險，而是平安順利地飛過生命中所有的風暴。

(四)依賴自己

最後我要你們牢記在心的是：永遠不要依賴別人，而要依賴自己。千萬不可以因爲有親切的父母，關愛的朋友，和權勢的親戚可以依靠，你們就輕率懶散。根據我的經驗，這些終會消逝。在這個變動與不安的世界上，你們有什麼可以依靠呢？除了你自己，你毫無所恃。你們必須對自己有堅強的信心。這種信心孕育自你們的知識學問，以及你們的師長的經驗。在你們的一生之中，沒有人能隨時陪伴著你們。即使你們有強勢的家庭背景，以及有影響力的親戚朋友，他們不能對你們的眞實自我增添或減少一分。你們要隨時啜飲知識之泉，絕對不可以畏懼學習。

(五)愛就是犧牲

你們要記得，所有的愛就是犧牲。你們的生命不屬於自己，而是屬

於國家。如果你愛國，就必須爲國奉獻自己。

我再重複地說，做任何事情絕對不可依賴別人。要記住：「天助自助者。」你們是命運的主宰。如果說命運是你們的主宰，那只是很拙劣的藉口。

當我離開這個世界的舞台中心愈來愈遠時，我的視力也愈來愈模糊了，但是你們也正在走向我將要離開的地方。我不會覺得沮喪或感傷，因爲生命現象是神秘的大自然法則。當新生命正在誕生、成長、茁壯的時候，總會有舊生命逐漸老化與凋謝。

(六)當中國人爲榮

在你們畢業的時候，我沒有禮物可以贈給你們。但現在我將一點淺薄的知識與經驗傳授給你們。我還有一個臨別時的想法要告訴你們。無論你們走到哪裡，無論你們做什麼事，舉止行爲應該要像個堂堂正正的中國人，並且深深地以當中國人爲榮。當中國人以及做個堂堂正正的中國人，一直是我生命中的原動力。

我不是以一點淺薄的知識而自豪，而是因爲有這個機會把這點淺薄的知識傳遞給你們年輕的一代而感到驕傲。請你們充分利用我給你們的教導。我非常希望你們終生把所有的知識與能力貢獻給國家。

也許將來我們不會再見面了，但是即使這樣，但願你們能終生善用在學生時代我所教導你們的東西。這樣我們就永遠不會分離了。我的一部分將與你們，以及未來世世代代的人們永遠同在（〈趙麗蓮退休前的臨別贈言〉，http://plog.tc.edu.tw/post/2916/38650）。

趙麗蓮這篇饒富人情味的畢業贈言，是在這物慾橫流的現在社會難得聞見的清音。

結　語

在職場上，每個人都會面對了無數的人生抉擇。在人生十字路口，有多少次是不畏懼艱難地堅決走正確的路？又有多少次會折服在畏苦怕難

地選擇了容易但錯誤的路？西‧切威廉斯說：「人生是一次航行。航行中必然遇到從各個方面襲來的勁風，然而每一陣風都會加快你的航速。只要你穩住航舵，即使是暴風雨，也不會使你偏離航向。」

在職場上，縱使遭受「折磨」、「挫折」，但它就是指引你走向成功的恩賜，你只要堅守「職場倫理」，不可變節、不可自暴自棄，把成功當目標，雨過天晴，你就能重新再出發，成功自然報到。商用電腦程式語言COBOL之母葛麗絲‧霍普（Grace Hopper）曾引用的座右銘：「停泊於港口的船隻很安全，但那不是建造船隻的目的。」一個人自學校畢業後投入職場，就要拉起船帆，勇敢地航向未來的那一片湛藍吧！

 **Story**

善自珍重

靈訓禪師在廬山歸宗寺參學時，有一天動念想下山，因此向歸宗禪師辭行。禪師問道：「你要到哪裡去？」靈訓據實以答：「回嶺中去。」禪師慈顏關懷道：「你在此參學十三年，今天要離開，我應該為你說些佛法心要，等你行李整理好，再來找我吧！」

靈訓禪師整理行李後，就持具去向歸宗禪師告假。禪師親切的招呼道：「你到我前面來！」靈訓依言靠近。禪師輕聲說道：「天寒地凍，你一路要善自珍重。」

靈訓語下，頓然徹悟。

歸宗禪師十三年來悉心照拂弟子，當弟子前來辭別時，知「蛋已孵熟」，只要再加以深心護念付囑的一啄，便可以令靈訓禪師徹骨徹髓照見自家面目。一句「善自珍重！」是師家無限的護念與付囑呀！

資料來源：星雲大師（2003），《金剛經講話》，佛光文化，頁26-27。

箴言集──責任價值觀

序號	箴言	出處
1	貴以身為天下，若可寄天下；愛以身為天下，若可托天下。	老子・道德經
2	君子懷德，小人懷土。君子懷刑，小人懷惠。	論語
3	士不可以不弘毅，任重而道遠。仁以為己任，不亦重乎？死而後已，不亦遠乎？	論語
4	如欲平治天下，當今之世，捨我其誰也？	孟子・公孫丑下
5	善罪身者，民不得罪也；不能罪身者，民罪之。	管子・小稱
6	朕躬有罪，無以萬方；萬方有罪，罪在朕躬。	商湯
7	人生須知負責任的苦處，才能知道盡責任的樂趣。	民國・梁啓超
8	天下興亡，匹夫有責。	明末清初・顧炎武
9	鞠躬盡瘁，死而後已。	三國・諸葛亮
10	良農不為水旱不耕，良賈不為折閱不市，士君子不為貧窮怠乎道。	荀子
11	責任具有至高無上的價值，它是一種偉大的品格，在所有價值中它處於最高的位置。	美國・愛默生
12	人生不是一種享樂，而是一樁十分沉重的工作。	俄國・托爾斯泰
13	每一個人都應該有這樣的信心：人所能負的責任，我必能負；人所不能負的責任，我亦能負。如此，你才能磨練自己，求得更高的知識而進入更高的境界。	美國前總統林肯
14	偉大的代價是責任。	英國・邱吉爾
15	責任感與機遇成正比。	威爾遜
16	責任到此止步。	美國前總統杜魯門
17	我相信：每一份權力都意味著一項責任；每一個機會都意味著一個義務；每一份財產都意味著一項稅收。	美國・洛克菲勒
18	人可以不偉大，但不可以沒有責任心。	比爾・蓋茲
19	責任：這意味著以責任感取代對上級的一味服從，以工作表現好壞取代職位的權力。	美國・杜拉克
20	那些在官僚體系裡遊刃有餘的某些人，一旦獨立承擔工作和責任，他們必然會原形畢露。	傑克・威爾許

編輯：丁志達。

參考書目

〈UNESCO終身學習五大支柱《學習：內在的財富》〉，阿摩線上測驗網址，http://yamol.tw/note_book.php?bsid=5215&noteid=2648（檢索日期：2014/05/05）。

〈人生觀、價值觀、事業觀、愛情觀的定義？〉，王朝網路，http://tc.wangchao.net.cn/xinxi/detail_298551.html。

〈大前研一：未來唯一生存之道就叫專業〉，《遠見》雜誌，2006年4月號，遠見書房，http://store.gvm.com.tw/article_content_11945.html。

〈什麼是π型人〉，http://www.jnps.tp.edu.tw/class/JN143/files_dl/%E4%BB%80%E9%BA%BC%E6%98%AF%CF%80%E5%9E%8B%E4%BA%BA.doc。

〈日本料理禮儀〉，隨意窩，http://blog.xuite.net/botc.tai/day/18323208。

〈吃西餐之刀叉拿法〉，台北國際禮儀協會，http://www.webdo.com.tw/web_news.php?userid=julianjuliantw&cnt_id=10957。

〈李嘉誠在2008年汕頭大學畢業典禮上的講話：自負指數〉，人人網，http://blog.renren.com/share/201589631/8737395007。

〈求職陷阱手法大公開——不實經紀公司篇〉，行政院勞工委員會職業訓練局；引自：518人力銀行，http://bbs.518.com.tw/index-view-6288.html。

〈酒後駕車〉，我的E政府，http://focus.www.gov.tw/subject/class.php?content_id=231（檢索日期：2014/06/14）。

〈傾聽十誡〉，痞客邦，http://tsbhdty.pixnet.net/blog/post/12121830-%E5%82%BE%E8%81%BD%E5%8D%81%E8%AA%A1。

〈解放你心中的猴子〉，Xuite日誌，http://blog.xuite.net/jimmy.kin/elearning/8474360。

〈嘉義市政府禮儀基準規範〉，嘉義市政府，http://163.29.100.10/Manasystem/Files/lows/%E5%98%89%E7%BE%A9%E5%B8%82%E6%94%BF%E5%BA%9C%E7%A6%AE%E5%84%80%E5%9F%BA%E6%BA%96%E8%A6%8F%E7%AF%84941027%E5%AE%9A%E7%A8%BF%E7%89%88.doc。

〈趙麗蓮退休前的臨別贈言〉，余玉照譯，http://plog.tc.edu.tw/post/2916/38650
（檢索日期：2014/05/11）。

〈鄭崇華董事長勉勵畢業生：經過艱苦環境的歷練，才能更有能力、更有信
心〉，成功大學網址，http://web.ncku.edu.tw/files/14-1000-54259,r515-1.
php。

〈職場倫理與禮儀〉，台北國際禮儀協會，http://www.webdo.com.tw/web_news.
php?userid=julianjuliantw&cnt_id=8709。

〈職業選擇〉，MBAlib智庫百科，http://wiki.mbalib.com/zh-tw/%E8%81%8C%E
4%B8%9A%E9%80%89%E6%8B%A9。

Andy Grove，巫宗融譯（1997），《英代爾管理之道》（*High Output
Management*），遠流出版，頁11。

Cal Newport，樂為良譯，〈職涯資本勝出法則：技能比熱情更能幫你找到喜愛
的工作〉，《大師輕鬆讀》第466期，2012/11/21。

CHAMPAGNEJAYNE.COM，〈香檳趣談〉，《讀者文摘》第94卷第3期，2011
年11月，頁108-110。

Daniel Goleman，〈成為全方位領導人〉，《哈佛商業評論》第32期，
2009/04，http://www.hbrtaiwan.com/article_content_AR0001059.html。

Daniel Goleman，李田樹譯，〈EQ——好領導人的條件〉，《EMBA世界經理
文摘》第149期，1999年1月，頁28-55。

David Stewart (1996), *Business Ethics*. McGraw-Hill, pp. 223-226；引自：孫震
（2005），《理當如此：企業永續經營之道》，天下文化，頁104。

Denis Waitley & Reni L. Witt，尹萍譯（2000），《樂在工作》，天下文化。

Dennis Wholey，尹萍譯（1990），《你快樂嗎？》，中華企業管理發展中心，
頁35。

Gary Blair，〈小細節，讓人生大不同〉，《大師輕鬆讀》第365期，
2010/02/04，頁次：目錄。

Joe Condolfo口述，Donald Jay Korn執筆，許順青譯（1996），《態度——銷售
致富的十個習慣》，廣場文化出版，頁84。

John Davison Rockefeller（2004），〈天堂與地獄比鄰〉，《洛克菲勒：留給兒

子的38封信》，海洋文化，頁27-32。

Karen O. Dowd & Sherrie Gong Taguchi，劉復苓譯（2004），《功成名就的第一本書》，美商麥格羅・希爾，頁233-234。

Larry Myler，〈無可取代的就業力〉，《大師輕鬆讀》第369期，2010/03/18。

Lawrence Block口述，盧珮如採訪整理，〈談創意、紀律、熱情：每年寫出一本書的秘訣〉，《管理雜誌》第440期，2011/02，頁71。

Lyle M. Spencer，魏梅金譯（2002），《才能評鑑法——建立卓越績效的模式》，商周出版，頁17-19。

Michael Abrashoff，許美玲、林俊仁譯（2007），《這是你的船：成功領導的技巧與實踐》，久石文化，頁9。

O. C. Ferrell, John Fraedrich, & Linda Ferrell，黎正中譯（2008），《企業倫理：倫理決策訂定與案例》（*Business Ethics: Ethical Decision Making and Cases*），華泰文化。

Oren Harari，樂為良譯（2003），《鮑爾風範：迎戰變局的領導智慧與勇氣》，美商麥格羅・希爾，頁157。

Richard Sennett，黃維玲譯（1999），《職場啓示錄：走出新資本主義的迷惘》，時報文化，頁8。

Spencer Johnson，潘岳、林雅汐譯（2001），《誰動了我的奶酪？》，中信出版社，頁4-5。

Stephen R. Covey & Jennifer Colosimo，編輯部編輯，〈讓自己成為偉人行業〉，《大師輕鬆讀》第380期，2010/06/03，頁2。

Stuart Foxman，〈道歉之道〉，《讀者文摘》，2007年3月號，頁136。

Tony Buon，冷元紅譯，〈別讓職場衝突破壞你的組織〉，《遠見》雜誌第230期，2005/08。

丁志達（2001），《裁員風暴：企業與員工的保命聖經》，生智文化，頁209-210。

丁志達（2011），《勞資關係》，揚智文化，頁111。

丁菱娟（2011），《專業與美麗：丁菱娟70個溝通智慧》，經濟日報出版社，頁22-23。

大前研一，呂美女譯（2006），《專業：你的唯一生存之道》，天下文化，頁
　　21-23。

大津秀一，詹慕如譯（2011），《死前會後悔的25件事》，天下文化，頁28。

川北義則，周幸譯，〈挨罵是上班族的無價之寶〉，《講義》第50卷第1期，
　　2011年10月號，頁120-121。

工商時報經營知識組（2008），《七年級生你準備好了嗎？GYLA與青年領袖
　　的46堂課》，商訊文化，頁7-8。

王世章，〈《共好》一書心得分享〉，《捷運報導》第246期，2008/08/01，
　　http://www2.dorts.gov.tw/news/newsletter/ns246/rp246.htm。

王永慶（1973），《談經營管理》，台塑企業雜誌社，頁72。

北條利森，謝志河譯（1998），《求職簡歷表》，眾文圖書，頁187。

台北市政府勞工局（2003），《求職防騙完全攻略本》，頁16-17。

台北縣就業服務中心（2007），《新鮮人求職手冊》，頁10-11。

朱立安（2012），《職場倫理》，揚智文化。

朱宗慶，〈年輕藝術家的關鍵態度：專業、敬業、樂業〉，《講義》第49卷第4
　　期，2011年7月號。

朱延智（2012），《企業倫理》，五南出版，頁102。

朱海濤，〈社會責任不是「獨腳戲」〉，《人力資源》總第364期，2014/02，頁
　　34。

行政院勞工委員會（2012），《職場高手密笈》，頁7。

行政院勞工委員會勞資關係處（2003），《簽訂競業禁止參考手冊》，行政院
　　勞工委員會，頁6-7。

吳全成、馬翠華（2011），《勞資關係》，一品文化，頁003。

吳佳珍，〈胖＋不運動…十大死因 糖尿病竄升第四〉，《聯合報》，
　　2014/06/26。

吳怡靜，〈未來職涯──你必須不斷自我改造〉，《天下雜誌》第523期，
　　2013/05/29，頁24-26。

吳怡靜，〈美國媒體女王歐普拉：人生沒有「失敗」這回事〉，《天下雜誌》
　　第524期（2013/06/12-06/25），頁16-18。

吳思達（2005），《生涯規劃與管理》，全華科技圖書，頁181。

吳錦鳳、呂宗麟、彭國樑、溫娥玫、蔡寶隆、鄭錫聰（2012），《商道倫理與人文精神》，五南圖書，頁94。

呂玉娟，〈專業與人脈——轉職者不可沒有的兩本存摺〉，《能力雜誌》總第697期，2014年3月號，頁69。

宋紅超（2006），《世界500強員工必備的7種能力》，中國經濟出版社出版，封面文字。

李永然（1989），〈共享權利與義務：勞資雙方僱傭關係的促進與協調〉，《管理雜誌》第178期，1989/04，頁166-173。

李良達，〈人際關係與職場倫理〉，希望森林，http://www.seewant.org/?START=TOP&TOP=article&DO=read&sno=6191。

李涓鳳，〈我國職業災害勞工保護法之回顧與展望〉，《台灣勞工季刊》第29期，2011年3月，頁63。

沈清松（2000），《追尋人生的意義：自我、社會與價值觀》，台灣書局，頁107-108。

周志盛（2007），《先上課！再上班》，泛亞人力資源顧問，頁76。

周歡儀（2013），《不斷超越——用優秀為人生買單》，大邁文化，頁27-30。

岡田小夜子，NyaKo譯（2006），《日本商業禮儀達人：65招創造雙贏的商場禮貌術》，商周出版，頁218-222。

林大椿（1985），《經國先生知勉錄》，黎明文化，頁57。

林秀姿，〈施崇棠：專才兼通才 要當T型人〉，《聯合報》，2014/06/08，A5話題。

林秀姿，〈產業界奉勸加強「品格教育」：年輕人職場態度太差〉，《聯合報》，2014/05/25，頭版。

林宜慧，〈張忠謀：一周工作50小時就夠了〉，《中國時報》，2014/06/08，A3焦點新聞）。

林偉賢（2001），《成功的14堂必修課》，高富國際文化，頁200-201。

林捷，〈「熱情」為活水源頭，「財富」則水到渠成〉，《管理雜誌》第456期，2012/06，頁65。

林毅璋，〈亞洲員工壓力大、易抑鬱〉，《聯合報》，2013/11/25，AA2產業‧基金版。

果鏡法師主講（2013），《今生與師父有約（三）：克紹箕裘，以報師恩》，財團法人聖嚴教育基金會，頁18-19。

金兒昭文，賴又萁譯，〈爛藉口要你命〉，《講義》第55卷，2014年4月號，頁156。

阿爾伯特‧哈伯德（Elbert Hubbard）著，杜風譯（2005），《態度決定一切》，喬木書房，頁18-20。

阿難，〈溝通是種美德〉，《統一企業》第28卷第9期，2001年9月號，頁90。

施志雄，〈性騷擾為何台灣特多？〉，《讀者文摘》，2003年8月號，頁27。

柯明光，〈當前台灣社會的職業倫理淺見〉，http://careerempower.niu.edu.tw/cms/resource/The%20current%20Taiwan%20society%20of%20professional%20ethics%20humble%20opinion.doc。

洪鳳儀（2000），《生涯規劃自己來》，揚智文化。

洪懿妍，〈5大職場NG穿著〉，《快樂工作人雜誌》第125期，2011年2月號，頁21。

胡宜仁、賈昭南（2011），《2011經濟倫理學術與實務研討會：經濟倫理總論》，淡江大學商學院國際企業學系，頁13。

胡忠銘，〈以心境克服情境〉，《自由時報》，2001/06/30。

孫震（2003），《人生在世》，聯經出版社，頁156。

孫震（2005），《理當如此：企業永續經營之道》，天下文化，頁31-32。

桃園縣政府勞動及人力資源局，〈勞動基準法Q & A〉，《勞動基準法暨施行細則》，桃園縣政府，2014年3月，頁87。

高寶華（2008），〈序〉，《勞資爭議類型化個案選輯（第五輯）》，台北縣政府勞工局。

康洪彬，〈彭凱平對幸福科學的中國思考〉，《人力資源》總第365期，2014/03，頁22。

張忠謀主講，台灣大學商學院研究所編（2006），〈企業三基石：願景價值與策略〉，《台灣奇蹟推手：孫運璿先生管理講座紀念文集第一輯》，台灣

大學出版中心，頁174。

張楚宇（2007），《道歉的力量》，福地出版社，頁12。

張聖典，〈認識過勞死〉，博仁醫院網址，http://www.pojengh.com.tw/
download/PDF/%E5%8D%9A%E4%BB%81%E9%86%AB%E8%A8%8APDF
%E6%AA%94/100/10012/12%E6%9C%88%E8%99%9F%E5%8D%9A%E4%
BB%81-1.pdf。

張瓊方，〈作夥乎乾啦──台灣酒文化〉，《光華雜誌》，2006年6月，頁66。

張鑫隆，〈新勞動三法對台灣工會的意義及未來的課題〉，《台灣勞工季
刊》，http://book.cla.gov.tw/image/no_22/A-4.pdf。

莊蕙嘉，〈企業領導人危機 東電社長蒸發17天〉，《聯合報》，2011/03/31，
頭版。

陳弘美（2004），《西餐禮儀實用新知識：你的氣質就在餐桌上》，麥田出
版，頁39-42。

陳宛茜，〈王浩威：溝通，說容易聽最難〉，《聯合報》，2014/05/25，A5話題
版。

陳金福，〈兩岸勞動三權相關法律之比較〉，《台灣勞工季刊》第31期，2012
年9月，頁94。

陳長文，〈給畢業同學的一封信〉，《講義》第233期，2006年8月號，頁42-
48。

陳冠穎（1996），《生活社交禮儀》，中華民國禮儀推展協會，頁143。

陳風城，〈社交禮儀〉，http://www.cmatw.org.tw/u4/u4_19.pdf。

陳培思，〈職前先修課2：辦公室禮儀〉，《Career職場情報誌》第409期；
引自：國立台北科技大學，http://www.rnd.ntut.edu.tw/ezfiles/5/1005/
img/1087/20110303-7.pdf。

陳瑞敏（2003），〈勞委會公布競業禁止參考手冊〉，《理律雙月刊》，2003
年5月號，http://www.leeandli.com/web/bulletin/artical.asp?id=1527

陳慧寧主講，柯淇聆文，〈職場形象學〉，《台肥季刊》，2010年10月，http://
www.taifer.com.tw/search/051003/49.html。

陳韻涵，〈芬蘭經濟衰退 新總理怨賈伯斯〉，《聯合報》，2014/07/06，A13國

際版。

陳繼盛（2013），《勞動倫理要義》，台灣勞動學會，頁216-217。

陳繼盛，〈勞動關係之倫理課題〉，財團法人陳隆志新世紀文教基金會，2000/12/30，http://www.taiwanncf.org.tw/ch01/public_show.asp?title=02.%B3%D2%B0%CA%C3%F6%ABY%A4%A7%AD%DB%B2z%BD%D2%C3D%A1%5D%B3%AF%C4~%B2%B1%A1%5E。

陸洛，〈職場衝突不可怕，管理最重要〉，《T&D飛訊》第86期，2009/10/10，http://web.ba.ntu.edu.tw/luolu/6.pdf。

陸啟超（2004），《生涯規劃》，全威圖書。

傅偉勳（1989），《西洋哲學史》，三民書局；引自：李小璐（2002），《護理倫理學》，永大書局出版，頁1-7-1-8。

勞工保險局（2008），《勞保年金快易通》，頁4。

勞動部勞工保險局（2014），「103年度勞動部勞工保險局業務研討會講義」，頁75。

單小懿，〈離職五高招 連前老闆都幫你講好話〉，《商業週刊》第1376期，2014/03/31，頁126-128。

曾淑賢，〈公共圖書館專業倫理探討〉，《台北市立圖書館館訊》第27卷3期，2010/03/15，頁3-4。

黃玉嬿，〈從「三累」到「三贏」〉，《管理雜誌》第454期，2012/04，頁6。

黃崑巖（2005），《黃崑巖談教養》，聯經出版社。

黃智儀，〈職場情侶，高難度的挑戰〉，《張老師月刊》第404期，2011年8月號，頁131-134。

黃達夫（2005），《有願景的憤怒》，天下文化，頁166-167。

新北市政府勞工局（2014），「求職防騙：求職多留心 就業有信心」文宣。

新華網遼寧頻道，〈生涯發展理論〉（2010年12月21日8020人才網），網址：http://big5.xinhuanet.com/gate/big5/ln.xinhuanet.com/zjy/2010-12/21/content_21685511.htm

楊千，〈冗員有幾種？〉，《管理雜誌》第451期，2012/01，頁19。

溫玲玉（2010），《商業溝通：專業與效率的表達》，前程文化。

聖嚴法師，〈團隊精神勝過個人表現〉，鳳凰網論壇，http://bbs.ifeng.com/
　　viewthread.php?tid=3918499&page=13。

賈伯斯對史丹佛畢業生演講，http://www.facebook.com/notes/%E9%96%B1%E8
　　%AE%80/%E8%98%8B%F.6%9E%9Capple-ceo%E8%B3%88%E4%BC%AF
　　%E6%96%AFsteve-jobs-%E5%B0%8D%E5%8F%B2%E4%B8%B9%E4%BD
　　%9B%E7%95%A2%E6%A5%AD%E7%94%9F%E6%BC%94%E8%AC%9B/
　　454756834719。

趙少康（1995），《上班放輕鬆》，希代出版，頁28-32。

劉玉玲（2007），《生涯發展與心理輔導》，心理出版社，頁226。

劉兆岩，〈學習、學習、再學習〉，《公訓報導》第127期，2007年6月號，頁
　　5。

劉建人、柯菁菁、陳協志（2006），《資訊倫理與社會：重建網路社會新秩
　　序》，普林斯頓國際。

廣梅芳，〈人際關係，職場必勝關鍵之一〉，《張老師月刊》第406期，2011年
　　10月號，頁134-137。

編輯部，〈托爾斯泰講義〉，《講義》第5卷，1989年7月號，頁30。

編輯部，〈社交高手的答問技巧〉，《讀者文摘》，2007年3月號，頁136。

編輯部，〈祛病延年的6個數字〉，《讀者文摘》，2007年1月號，頁67-70。

編輯部，〈棋盤式生涯規劃〉，《統一企業》第28卷第5期，2001年5月號，頁
　　1。

編輯部，〈順利升遷的十個秘訣〉，《EMBA世界經理文摘》第318期，2013年
　　2月，頁139。

編輯部，〈道歉的藝術〉，《EMBA世界經理文摘》第201期，2003年5月，頁
　　23。

編譯組，〈紐時：「啃老」不再是暫時社會現象〉，《聯合報》，2014/06/22，
　　A4要聞版。

蔡榮騰，《哈佛商業評論》新版第26期，2008/10，頁53。

鄭慧正，〈一位醫師眼中的「人際關係」〉，《大師輕鬆讀》第76期，
　　2004/05/06，頁67。

曉夫，〈歐普拉鬥志〉，《優渥誌》第13期，2010年9月號，頁10。

盧淵源（2006），〈導言〉，《專業：你的唯一生存之道》，天下文化，頁8-12。

蕭群忠（2009），《中國道德智慧十五講》，北京大學出版社，頁8。

賴惠君，〈I型人、T型人到π型人〉，《台肥季刊》第50卷第2期，2009/06。

錢復，〈談溝通〉，《講義》第55卷，2014年4月號，頁37。

葉石濤文，〈勞動就是報酬〉，收錄於薇薇夫人編（1990），《智典》，黎明文化，頁111-112。

謝明玲，〈過勞的12徵兆〉，《天下雜誌》第457期，2010/10/06。

魏悌香，〈生命中的啟發〉，《講義》第50卷第6期，2012年3月號，頁103。

羅家倫（1976），《新人生觀》，華國出版社，頁1-11。

嚴長壽（1998），《總裁獅子心》，平安文化，頁28-29。

蘇宇飛（2013），《西點軍校育才法則》，萬里機構，頁36。

諸承明、李晉豪、梁成明，〈組織認同與專業認同對於雙軌生涯路徑選擇之關聯性研究——以組織誘因為干擾變項〉，《海運學報》第20卷第2期，2011/12，頁65-86。